Supplier Life-Cycle Management
供应商全生命周期管理

宫迅伟 汪浩 刘成　著

机械工业出版社
China Machine Press

图书在版编目（CIP）数据

供应商全生命周期管理 / 宫迅伟等著 . —北京：机械工业出版社，2020.1（2025.6 重印）

ISBN 978-7-111-64200-8

I. 供… II. 宫… III. 供应链管理 IV. F252.1

中国版本图书馆 CIP 数据核字（2019）第 253997 号

本书是"SCAN 专业采购四大核心能力"系列课程配套教材之一。

《供应商全生命周期管理》首创"供应商筛选漏斗"模型，引入经典 PDCA 管理理论，PDCA 这一工作方法是质量管理的基本方法，也是企业管理工作的一般规律。本书强调供应商全生命周期管理（SLM），准入、选择、评估、提升、退出都应当有规则、有管理；强调 P（计划）、D（执行）、C（检查）、A（行动）循环往复，不断反馈、调整、控制，再反馈、再调整、再控制，打造 PDCA 供应商全生命周期管理闭环。

希望通过这本书，提高采购专业能力，助力采购由行家变大家。

供应商全生命周期管理

出版发行：机械工业出版社（北京市西城区百万庄大街 22 号　邮政编码：100037）

责任编辑：孟宪勐　　　　　　　　　　　　责任校对：李秋荣

印　　刷：固安县铭成印刷有限公司　　　　版　　次：2025 年 6 月第 1 版第 13 次印刷

开　　本：170mm×240mm　1/16　　　　　印　　张：17

书　　号：ISBN 978-7-111-64200-8　　　　定　　价：69.00 元

客服电话：（010）88361066　68326294

供应商全生命周期管理 PDCA 模型

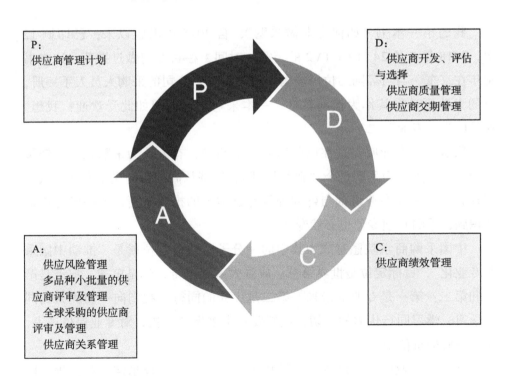

P:
供应商管理计划

D:
　供应商开发、评估
与选择
　供应商质量管理
　供应商交期管理

A:
　供应风险管理
　多品种小批量的供
应商评审及管理
　全球采购的供应商
评审及管理
　供应商关系管理

C:
供应商绩效管理

PDCA，打造供应商全生命周期闭环管理

我的第一本书《如何专业做采购》，自 2015 年出版以来，已印刷 12 次，2018 年 7 月 24 日 CCTV2 的《第一时间》栏目专门做过推荐，这本书常年在京东、当当等网站位居畅销书榜单，很多公司的采购人员人手一册，有的大学更是将其作为辅助教材。一本采购书，为何如此受欢迎？我想，就是因为"专业"二字。

采购需要专业吗？这在以前需要画个问号，有人认为采购就是花钱买东西，还有人认为采购是个"肥差"。随着经济从高速到高质量发展、众多实践者的努力和专业讲师与咨询师等专家学者的推广传播，人们已经逐渐意识到，采购必须专业也必然专业。

中国采购商学院愿意成为其中的一分子，使命定位就是"推动中国采购专业化"，目标定位是世界第三。或许大家很好奇，你是第三，那谁是第一和第二？第一是专业的未来，第二是优秀的同行。我们向一切优秀的同行学习，学习同行优秀的一切，我们要对未来保持敬畏，对专业保持谦卑，这是我们的价值观。

欧美有专业的采购经理人认证培训，大学里也开设采购专业课程，国内的一些领先企业也开始投入预算开展采购培训、采购咨询。制造业是国民经济的主体，是立国之本。回顾历史，管理理论往往诞生在制造业、制造大国。毫无疑问，中国应该有人总结实践、萃取经验，搭建一套中国自

己的采购知识体系，创作出专业权威的采购书籍，很多同行在为此努力着。

《如何专业做采购》这本书，把采购的专业能力概括为四大核心能力，即专业的采购人必须有能力回答四个问题：

（1）为什么选择这家供应商？

（2）为什么是这个价格？

（3）如何控制合同风险与合规？

（4）如何进行一场双赢的谈判？

这四个问题，每个采购人每天都在面对，每位领导、每次审计都在询问，它写出了采购人的痛点。

回答这四个问题，必须具备四大核心能力，即：

（1）供应商关系管理与选择评估。

（2）成本分析与价格控制。

（3）合同风险与合规管理。

（4）双赢谈判技巧。

取其英文核心内涵概括为 SCAN：

● 供应商管理（supplier management）。

● 成本管理（cost management）。

● 合同协议管理（agreement management）。

● 谈判技巧（negotiation skills）。

这本书广受欢迎，是一本专业的畅销书，但如果想进一步提升其权威性，要有自成体系的理论架构，还要有更深度的理论阐释和创新。于是我想，是不是把这四大核心能力分别写一本书，形成一个系列，变成更具权威的书呢？很多读者也提过这样的建议，于是我起心动念决定把它写出来，供大家参考。

我给这套书做了这样的定位，描绘了这样一幅画像：系统全面、结构清晰、表达有力。

系统全面。希望它能涵盖市面上的各种权威论断，涵盖采购业务的方方面面，让大家"一册在手，全部拥有"，节省大家的时间。为了突出"全"，我斗胆在每本书的书名里都加了一个"全"字。希望它能兼收并蓄，博采众家之长，站在巨人的肩膀上，在此要感谢一切同行，尤其是写过书的同行。

结构清晰。希望它有一个好的逻辑架构。判断一本书的好坏，我特别喜欢看它的架构，就像看一套房子，特别喜欢看它的户型。如果缺少逻辑架构，只是简单的文字堆砌，那它就是一本杂记、一本文集，不能作为权威著作。

表达有力。希望它文笔流畅，可读性强，有读者才有影响力，不能变成一本死板的教科书，要让大家读起来轻轻松松，在不知不觉中掌握采购知识。

要完成立意这么高的一套书，我自己的时间有限、水平也有限。于是我组织宫采道弟子，大家一起来打造这套书。他们都是在岗的优秀职业经理人，都是各自领域的专家，我们利用元旦、五一、中秋、国庆等假期数次在一起研讨，历时一年多，反复打磨，最终打造出这样一套书。

这套书由 M1 到 M4，一共四本，即四个模块：

M1：《供应商全生命周期管理》

M2：《全面采购成本控制》

M3：《采购全流程风险控制与合规》

M4：《全情景采购谈判技巧》

期待这四本书与《如何专业做采购》，以及之后出版的《全方位采购领导力》组成一个整体，作为"三步打造采购专家"晋阶培训的配套教材，助力采购人"由行家变大家"。

读者拿在手上的这本书是 M1，即《供应商全生命周期管理》。这里的"全"字，强调供应商整个生命周期，也就是从供应商准入，到供应商考核、绩效提升等日常管理，最后到供应商退出，都应当有规则。

但"供应商全生命周期管理"，似乎暗含着供应商早晚要被淘汰。我总觉得用它来描述供应商管理不够完美，那用什么来表述比较好呢？我想到了 PDCA 管理理论。

大家知道，PDCA 循环，是美国质量管理专家休哈特博士首先提出，由戴明采纳、宣传普及的，所以又称戴明环，它是全面质量管理的思想基础和方法。

PDCA 即计划（plan）、执行（do）、检查（check）和行动（action）。

（1）P（plan，计划），订立目标，决定达成目标的流程方法以及评估的基准，这是一个策划的过程。

（2）D（do，执行），依据计划开始动作，最好在执行前进行一个小型的 PDCA 循环。

（3）C（check，检查），依据执行结果，确认计划是否依据进度进行，检查执行结果是否达成原定目标。这个阶段要明确效果，查找问题。

（4）A（action，行动），依据检查结果，采取对策加以改善，对成功的经验进行标准化，写进制度和流程，对于失败的教训也要总结，对于没有解决的问题，提交给下一个 PDCA 循环去解决。

这一工作方法是质量管理的基本方法，也是企业管理工作的一般规律。供应商管理中出现的问题，常常就是没有做好 PDCA，尤其没有做好 P 和 A，或者做得不到位。看似没做好，实则没想到，缺少 P，策划不够，计划不周，这就要求人们做到"先动脑，再动手"；简单问题重复出现，常常是因为没有做好 A，没有做好管理闭环，没有做到"吃一堑，长一智"。闭环管理就是要不断反馈、调整、控制，再反馈、再调整、再控制，好的管理必须闭环，一定闭环。

在构建本书时，宫采道弟子们进行了激烈的辩论，有人担心"供应商管理计划"人们根本听不懂，查百度，很少出现"供应商管理计划"字样。但大家觉得，恰恰是人们不重视、不熟悉，才更应该强化"供应商管理计划"，让大家理解"计划"（plan）的重要性。其实英文"plan"，有策划、规划的意思，但如果我们写成"规划"，又跟 PDCA 中的"P"习惯译成"计划"不符。最后大家妥协的结果是，在"供应商管理计划"中加一个"的"字，写成"供应商管理的计划"，以便大家理解。

供应商管理的目的是什么？它就是要供应商满足企业需求，实现公司目标。供应商交货不准时、质量问题频发、成本高企、不配合，这些都表明缺乏有效的供应商管理，有的企业甚至用简单的淘汰代替管理，这都是错的。本书强调 PDCA 闭环，实施供应商全生命周期管理，就是要解决这些问题。

这本书，让我引以为傲的地方是：引入 PDCA 管理理论、强调全生命周期管理（SLM）、首创"供应商筛选漏斗"理论，尤其是重点诠释 P 和 A，这是很多中国本土企业管理非常欠缺的地方。

本书在**中国机械工程学会指导下，由宫迅伟主导**，宫采道弟子汪浩、刘成执笔，盖启明、李斌、赵平参与讨论，霍绍由做了适当补充，盖启明修订，最后汪浩统稿完成，他们对后期完成书稿做出了非常大的贡献。

本书力求倾尽作者所能，让 CEO、COO、CFO、CPO 等高级管理者，让广大采购从业者乃至初学者，让咨询师、培训师、教师乃至其他一切对采购管理感兴趣的人，都可以轻松理解，快速掌握，拿来就用。

当然，限于时间和水平，本书一定还有很多不足，还望读者包涵，也请专家学者指正。

有任何问题，请联系 gongxunwei@cipm-china.com。

本书已被纳入中国机械工程学会培训教材系列。

宫迅伟

Contents
目录

第三部分　C：检查阶段

A P

P：计划阶段

Plan——计划，即订立目标，决定达成目标的流程方法以及评估的基准，这是一个策划的过程。

通过集体讨论或个人思考确定某一行动或某一系列行动的方案，包括工具和方法。

本阶段针对国内企业供应商管理现状的分析，以及采购需求分析，制定相应的供应商管理的目标与计划。

C D

第一章

供应商管理计划
——制胜之道，谋定而后动

 学习目标

1. 掌握供应商管理计划的内容。

2. 了解为什么要做供应商管理计划。

3. 学会如何做好供应商管理计划。

福喜事件：供应商管理不能掉以轻心

2014 年 7 月 20 日，上海福喜食品有限公司被媒体曝光，其生产过程中出现众多违法违规行为。

一、散落在地上的鸡肉、牛肉等原料没有被报废，被工人直接放回了生产线。

二、过期近半个月的鸡肉原料（标注生产日期为2014年5月28日和5月30日，保质期为6天）搅碎后重新用于生产。

三、将次品肉搅碎后，和原料混在一起重新利用。

四、将超过保质期7个月的"臭肉"切割成小片重新包装，并将保质期时间涂改延后了一年。

五、自称该公司前质量管理人员的举报者提供了阴阳账本：一本记录了使用过期原料、延长保质期、修改生产日期等现场情况；另一本则经过修改，用于应付审核和监管。

截至7月25日，监管部门共发现涉嫌存在问题的麦乐鸡18吨，烟熏风味肉饼78.1吨，小牛排48吨，共计144.1吨。

在调查中，福喜的质量部经理承认，对于过期原料的使用，公司多年来的政策一贯如此，且"问题操作"由高层指使，并称至少有厂长级别以上人员的同意才能实施。

2014年8月29日，因涉嫌生产、销售伪劣产品罪，上海福喜的6名涉案高管被上海市人民检察院第二分院依法批准逮捕。

上海市食药监管局初步查明，麦当劳、必胜客、汉堡王、棒！约翰、德克士、7-11等连锁企业及中外运普菲斯冷冻仓储有限公司、上海昌优食品销售有限公司、上海真兴食品销售有限公司普陀分公司9家企业使用了上海福喜的产品。

福喜事件发生之后，各公司立即做出了反应，以麦当劳为例，它立刻做出了紧急声明，终止与上海福喜的业务合作，转为与河南福喜合作，福喜也承诺派出最优秀的领导团队参与管理和运营。但是，该事件的发生，给各家公司造成了相当大的负面影响，同样以麦当劳为例，其销售业绩接连下滑。麦当劳CEO唐·汤普森（Don Thompson）不久之后也因此下课。

声明

在获悉上海福喜事件后，我们无比震惊。食品安全及其标准的严格执行一直是麦当劳全力捍卫的核心价值，报道中提及的食品安全违法行为不仅令人愤慨，更与我们坚守的核心价值背道而驰。

今天，上海福喜的母公司——福喜集团的全球主席兼首席执行官Sheldon Lavin先生向中国所有的顾客致以歉意，并承诺类似事件绝不再发生。相关声明：http://www.osigroup.com.cn/。

基于Lavin先生的承诺，麦当劳决定终止与上海福喜的业务合作，并逐步将我们的供应来源调整为福喜集团旗下的河南福喜。其间，我们将继续向河北福喜采购部分产品。与此同时，我们也欣慰地看到，Lavin先生已承诺将向河南福喜派出其集团内最优秀的领导团队，参与管理和运营。河南福喜于2013年10月投产，其配备了福喜集团目前最新和最先进的生产设施。

此次事件对麦当劳是惨痛的教训。我们正在重新审核并评估公司在中国的供应商质量管理体系。前事不忘，后事之师。我们直面问题，绝不回避，用心为顾客提供优质、安全的食品——正如你我所期待。

麦当劳（中国）有限公司
2014年7月24日

麦当劳的供应商用过期肉的问题，表面上看是一个单纯的供应商内部质量管理问题，从本质上来看，是麦当劳的供应商管理出了重大漏洞。作为一家世界知名的全球快餐连锁企业，食品的安全和卫生是头等大事。而当时的麦当劳，显然忽视了食品原料源头的可追溯性、供应链全程可视化管理，以及供应商质量控制的落实等与供应商管理有关的问题，从而导致不可挽回的损失。

福喜事件后，麦当劳在2014年第四季度财报中披露，其全球门店销售额下降了4.8%，超出了此前1.2%的下跌预期。曾经迅速增长的亚洲市场，更是下降了12.6%。麦当劳2015年第一季度财报显示，营收同比由67亿美元下跌至59.6亿美元，比上年同期下滑11%；净利润大跌32.6%至8.115亿美元，比起上年同期的12亿美元，下滑了将近1/3。同时，麦当劳的门店销售数据也不佳。全球开店13个月以上的餐厅门店销售额下滑2.3%，在亚洲、中东以及非洲市场，门店销售额的降幅达到了8.3%。

一、供应商管理计划的必要性：运筹帷幄，决胜千里

（一）什么是供应商管理的计划

供应商管理在企业里是一项持久性的工作，所以企业在实施供应商管

理时应当有计划地进行，避免没头没脑地管，供应商管理的计划是供应商全生命周期管理中，与供应商相关的一系列行动计划的总和，包括供应商开发、供应商评审、供应商质量改善、供应商发展等。供应商管理的各个环节都应有相应的计划，并且供应商管理的各个计划行动方案要与各相关部门达成共识，落实行动方案所需要的资源，确保行动方案按计划实施。

（二）企业为什么要做供应商管理计划

供应商的质量、价格、交货、服务、技术等都是衡量供应商能力的重要指标，但其权重在不同部门眼中却大不相同。生产部门注重质量和按时交货率，设计部门重视技术研发能力，而供应管理部门的目标则往往是价格和交付。这就不能让每个人都满意。结果是部门之间在供应商选择和策略上有分歧。例如，新产品开发部喜欢专业性强、反应速度快，能更好地满足新产品开发要求的公司；生产部门则倾向质量持续问题，喜欢大公司，因为其有更好的质量管理体系，能够确保质量和供货。

因为这种分歧的存在，采购部门需要在行动之初就与多方沟通，化解分歧，在策略和行动方案上达成一致，确保后期的目标和行动能够保持一致，形成一个具有广泛共识的供应商管理的计划，并为计划配备好相应的资源，确保各项计划按期完成。

（三）供应商为什么需要被管理

当企业发展到一定规模，其供应商数量越来越多的时候，企业会发现与不同的供应商打交道非常辛苦：一是沟通起来会比较困难，由于供应商的规模、企业文化、经营理念、地域背景各不相同，以及内部复杂的人员关系等，企业需要花费大量的时间成本去沟通；二是企业需要供应商能够持续稳定地按时提供质量合格、价格有竞争力的产品，确保供应没有风险，在实际操作中，这并非一件容易的事。

所以，如果企业没有系统性地对供应商进行分类、管理和持续改善，企业就会一直耗费很多精力和成本在供应商身上，企业的供应管理人员疲于奔命，与供应商反复就交期、质量、价格等各种问题进行博弈，却总是得不到期望的结果。

（四）供应商管理计划的三句箴言

1. 供应商是资源

一个企业要发展，离不开供应商的支持和配合，供应商具备一定的专业技术和竞争优势，好的供应商能帮助企业提高竞争力。有些企业家认识到供应商是价值链上一个非常重要的环节，并发出感慨，"供应商是我们的第一工厂"。

2. 好供应商是筛选出来的

不管是合作的意愿，还是供应商在质量、交货等各方面的表现，不同的供应商之间存在着各种各样的差距，因此在合作的过程中，企业需要不断地对供应商的表现进行观察、考核与评估，才能发现哪些是好的供应商。

3. 高效供应商是按计划管理出来的

为了让供应商能够持续地保持好的绩效，企业必须对供应商进行系统性的、有计划的管理，企业需要帮助供应商提高和持续改善工作方法和意识，并提高合作的紧密程度，让供应商的整体能力得到本质的提升，这样它才能够更加高效地为企业服务。

在发展供应商管理程序阶段，许多指标都是基于活动建立的，一家公司要形成一套和供应商合作的生态系统，并有计划地促进该系统的强大。

供应商是采购管理中的重要组成部分，采购应当本着**"公平竞争"**的原则，给所有符合条件的供应商均等的机会。这一方面，体现市场经济的原则，另一方面，也可以对成本有所控制。所以说，供应商的开发与管理对企业的发展具有重要的战略意义。一般来说，供应商开发与管理的重要性可以分为两个层面，如图 1-1 所示。

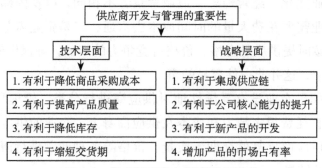

图 1-1　供应商开发与管理的重要性

二、如何做好供应商管理计划

采购部门应当收集供应商管理计划所需的主要输入信息：**各采购品类的战略、需求分析、供应商绩效、供应商零件基本信息、供应商质量物流发展战略、目标**等。

在每一年的年底，采购部门可以与主要利益相关方进行会议，确定下一年相应的资源分配计划，如人力资源（做项目需要足够的人员）、资金资源（很多项目涉及的相应费用，包括认证费、试验费、模具费、差旅费等）。在资源分配过程中，如果遇到比较大的问题，比如人手不够、费用不够，则需要上升到上一级管理人员进行讨论确认。

制订了详细的供应商管理计划，也为其他相关部门提前做下一年度的预算提供了参考，让它们知道来年要做多少项目、项目的投入需要多少，项目的收益有多少，各利益相关方就可以依次来制订下一年度的预算和计划。

制订供应商管理计划要基于一些供应商基本信息，比如供应商物料的基本信息、供应商绩效的基本信息。

 小贴士

某公司供应商基本信息

1. 供应商零件 / 物料基本信息

某公司收集并统计了过去一年供应商的实际按时交货率和目标交货率、实际质量合格率和目标质量合格率，以及通过谈判所达成的降本情况。

这些数据清楚地统计了供应商历史的交货情况、质量情况、年度降本情况，让我们可以对供应商的绩效有一个全面的了解。

供应商审核（SAM）						ABC 零件数量（Count of part numbers）					ABC 采购金额（Spend）				
采购（procurement）	质量（quality）	物流（logistic）	技术（technical）	团队决定（team decision）	复审计划（re-audit plan）	A	B	C	关键部件数量（quantity of critical parts）	总部件数量（quantity of total parts）	A	B	C	2018 年总支出（total spend）	2019 年支出预计（forecasted spend）

通过以上信息，我们清楚了供应商供应的零件 / 物料情况，如 A、B、C 类零件的数量及采购金额，通常 A 类零件的采购金额占到该供应商采购金额的 80%，也是我们在制订供应商管理计划时重点关注的零件。一般地，

80% ～ 95% 的零件属于 B 类零件，95% ～ 100% 的零件属于 C 类零件。

2. 供应商绩效基本信息

供应商 名称 （supplier）	供应商代码 （vender Code）	品类 （catergory）	供应商绩效						
			交货 及时率 2018	交货目 标 2019	零件 不良率 2018	零件 不良率目标 2019	供应商 合作等级	上一年 谈判降价 比率（%）	新的一年 谈判降价 比率（%）

我们在制订供应商管理计划的时候需要收集好供应商的绩效情况，如交货情况、质量情况、供货属于哪个品类、双方的合作水平、年度降价的情况，我们可以根据这些供应商的基本绩效来制订相应的供应商改善计划。

3. 供应商审核状态及计划

了解了供应商的审核状态，包括采购审核、质量审核、物流审核、技术审核，以及审核结论、复审计划等，哪些供应商都做了审核，哪些供应商审核还有缺项，根据审核状态制订相应的供应商审核计划，复审的还需要安排相应的复审计划。

4. 采购行动计划

采购行动计划（procurement strategy）														
年度谈判	年中谈判	应当成本项目	基准（bench-mark）	多采购资源（multisourcing）	供应商转移（COS）	国产化（reb lance）	淘汰供应商（disengage-ment）	供应商整合（concentration）	电子反向竞标（ERA ariba）	模具改善（tooling improvement）	价值工程（VE）	内制或外包 In/（outsourcing）	合同状态（contract status）	供应商风险管理项目（SRiM）

供应商管理中采购行动计划是采购一年里工作的计划，包括年度谈判、年中谈判、应当成本（should cost）项目的开展、市场价格的基准（benchmark）、重要物料的多供应源（multi-source）、供应商转移计划（change of supplier）、国产化项目计划（localization）、供应商整合计划（supplier base optimization）、电子反向竞标计划（electronic reverse auction）、模具改善计划（tooling improvement plan）、价值工程项目（value engineering，VE / value analyse，VA）、外包与自制计划（outsourcing/subcontract/in-house）、供应商风险管理计划（supply risk management plan）等。这些都是采购每天工作所围绕的核心内容。

根据不同供应商的具体情况，制订相应的采购工作计划，有条不紊地安排好年度工作的主要内容、主要项目。

价值工程项目

定期举办一些头脑风暴会议（工作坊、内部精益、改善活动）是为了在各个层面找到降低成本的机会。针对工厂的主要产品组织一些质量价值工程工作坊（QVE workshop）：

- 列出并跟踪所获得的想法。
- 协调事业部（BU），以及工程、工业和采购部门，收集新产品方面的一些改进机会。
- 创建并提交项目给管理层确认。
- 必要时，也可以分析、分解、研究竞争对手的产品，相互取长补短。
- 在组织上保证项目的实施，有完整的项目团队，有项目负责人统一协调。
- 创新是一项持续不断的活动。

供应商整合计划

- 将业务整合到推荐/战略供应商，以减少供应商数量，淘汰落后的、不符合要求的供应商，业务倾向于推荐/战略供应商，提高管理效率。

模具改善计划

- 对模具进行维护或改进，以改善工艺周期、废料利用情况、质量等，从而达到提高效率、降低成本的目的。

电子反向竞标计划

- 整理好需要采购的品类物料信息，通常是标准化程度比较高的品类物料，同时也是杠杆物料，例如包装、紧固件、电子元器件等。我们可以基于同样的技术规范、质量要求，邀请几家规模相近的供应商参与网上电子竞标，竞标规则需要提前发给参与投标的各个供应商，在公平、公开、公正的前提下，选择最终的中标单位，以期严谨、高效地达到降低成本的目的。

外包与自制计划

- 外包还是自制，这是一个战略性的重要决策，通常需要采购、技术、质量、生产、工艺、设备、财务等部门在一起组成项目组，对需要论证的项目从各个维度进行系统的分析和论证，最后给公司管理层一个综合的评估报告，以帮助管理层在产线的自制还是外包上做出正确的选择。评估、立项、项目执行等环节都需要提前做好计划，以便各部门提前为项目安排好相应的资金预算和人员预算。

5. 供应商质量物流改进行动计划

供应商物流质量改进行动计划							
精益生产项目	物流改进项目	质量改进项目	供应商管理库存项目	寄售项目	看板项目	交期改进项目	最小订货量改进项目

供应商管理中针对供应商在质量和物流方面的提高和改善，也会制订相应的项目计划，如精益（lean）生产项目、物流改进项目、质量改进项目、供应商管理库存（VMI）项目、寄售（consignment）项目、看板（Kanban）项目、交期（lead time）改进项目、最小订单量（MOQ）改进项目等，这些改进项目针对不同的供应商，计划做的项目也会有差异，针对供应商的不足之处制订相应的行动计划以重点帮助供应商改进薄弱点，从而提高供应商的绩效水平和采购的绩效。

供应商精益项目

供应商精益项目包括建立精益伙伴关系，进行精益培训，开展精益项目。需要按照一定的规则筛选出合适的供应商，选出合适的精益项目，做好计划，并跟进计划的实施，最终达到预期的效果。

供应商物流改进项目

企业与供应商开展计划协作，评估出合理的送货频次、送货时间，以及运输车辆的选型，有时还要考虑海外物流、国内物流的合理安排，Milk run 项目的评估和运行等。

三、供应商管理计划的沟通

采购计划的管理是对采购业务过程进行组织、实施、规划和控制的管理过程，在这个过程中我们需要经常与企业的相关部门沟通并及时做出调整。

（一）向上汇报

（1）及时地汇报供应商成本改善项目、供应商质量改善项目的进展与遇到的问题及需要的资源，以得到管理层最大的支持和资源。

（2）及时地汇报需求和市场变化引起的采购成本变化，并监控市场的变化，跟进及调整采购额度。

（3）及时地汇报自然灾害引起的重大采购变化，调整采购计划，缓解公司风险。

（4）及时地汇报供应商的风险、零件的风险以争取相应的资源，采取行动降低风险，确保供货安全。

（二）平级沟通

（1）会议沟通：在采购计划发生紧急（影响在两周内）、重大变化，直接影响到财务预算、生产停线、货仓收货储存空间及进厂质量检验（IQC）检验产能时，组织相关部门一起开会，应对变化。

（2）邮件沟通：在采购计划发生不紧急（影响在两周外）、小量变化时，用邮件通知相关部门，提前做好准备，应对变化。

（3）电话沟通：在发生只影响单一部门，且不紧急、不重要的变化时，电话沟通处理。

（4）立即去现场：对于救火、止血级别的，如产线发现来料品质问题、急料影响停线等，立即去现场处理和沟通。

（三）供应商的沟通

（1）每年年初需要将供应商的目标及我们的期望准确正式地发给供应商的管理层，并得到相应的反馈。

（2）定期发采购订单和物料需求预测。

（3）定期与供应商召开相应的业务回顾会议，肯定成绩，检讨不足。

（4）定期安排公司的高管与核心供应商的高管见面，沟通相应的行动计划。

（四）供应商管理计划需要与各部门沟通

（1）与生产计划部沟通，确认供应商交付是否满足公司生产的需要。

（2）与进厂质量检验沟通，确认供应商来料不良情况。

（3）与供应商质量工程师（SQE）沟通，确定相应的供应商质量改进计划。

（4）与工程技术沟通，确定 VA、VE 等价值工程项目的计划及需要投入的资源和费用。

（5）与工程技术等相关的利益相关方（stakeholder）及事业部的相关人进行沟通，确保 VA、VE 等价值工程项目、国产化项目、供应商转移及整合项目有相应的人员和资源，能够按照计划实施。

（6）与战略采购团队或品类采购团队保持定期沟通，供应商管理计划在战略上与他们保持一致。

总结：严格按照采购制度程序和相关部门的人在事前、事中、事后的各个环节中主动沟通并分享相应的进展，做好向上汇报，平级友好沟通，定期与供应商沟通，确保及时按计划完成各相关项目。

四、做好供应商管理计划的七个方法

（一）企业外部环境分析

要在一个行业发展并取得成功，我们首先要充分了解这个行业内的一些基本情况，为此，我们需要对以下两个方面进行深入的分析。

第一，宏观环境，分析宏观环境可以识别影响行业和组织的未来的条件。

第二，影响行业竞争、机会和要求的主要因素及特征、动力。

1. PESTEL 分析

常用的宏观分析工具首推"PESTEL 分析"，通过对政治（political）、经济（economic）、社会文化（sociocultural）、技术（technological）、环境（environmental）和法律法规（legal/regulatory）这些重要变量进行分析，来研究企业所处的宏观环境（见图 1-2）。

（1）政治因素。政治因素是指对组织经营活动具有实际与潜在影响的政治力量和有关的政策、法律及法规等因素。"政治"包括在公众政策中出现的对待某些话题的态度，描述政府愿意参与一些问题的程度，例如介入结束一场罢工。政治层面也可以考虑政府及其组织的稳定性和影响的角色，或者对待腐败的态度。

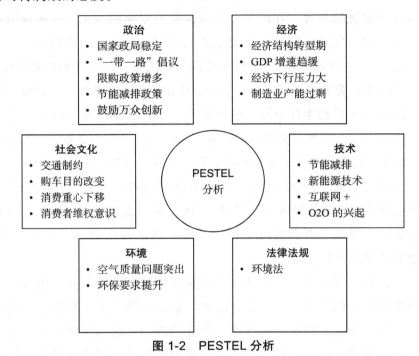

图 1-2 PESTEL 分析

（2）经济因素。经济因素是指构成企业生存和发展的社会经济状况及国家的经济政策，包括社会经济结构、经济发展水平、经济体制、宏观经济政策、当前经济状况和其他一般经济条件等要素。与正式法律环境相比，经济因素对企业生产经营的影响更直接、更具体。

在 PESTEL 分析里，经济数据的重要性对不同的企业来说不一样，在经济低迷的时候，消费者没有足够的信息去购置房产或汽车。这对于地产商和汽车行业来说也许是坏消息。但是，从另一个方面看，家居装饰行业可能会有好的发展，因为大家可能会把现有的房屋装饰一下，以便住得更舒服。

（3）社会文化因素。社会文化因素是指企业所处的社会结构、社会风俗和习惯、信仰和价值观念、行为规范、生活方式、文化传统、人口规模与地理分布等因素的形成和变动。

社会文化因素的范围较广，主要包括人口因素、社会流动性、消费心理、生活方式、文化传统和价值观等。

（4）技术因素。技术因素是指企业所处的环境中的科技要素及与该要素直接相关的各种社会现象的集合，包括国家科技体制、科技政策、科技水平和科技发展趋势等。在科学技术迅速发展变化的今天，技术环境对企业的影响可能是创造性的，也可能是破坏性的，企业必须要预见这些新技术带来的变化，在战略管理上做出相应的战略决策，以获得新的竞争优势。

技术的变化能够毁掉某些行业，例如印刷媒体，在智能手机迅猛发展的时代，已经很难找到生存空间；电子商务、物流行业以及手机 App 移动用户端的共同发展，使网购变得非常普遍，导致实体商店的业务大幅减少。这些受到冲击的行业需要及时进行调整，否则未来将面临困境。

（5）环境因素。环境因素包括自然事件和趋势，例如一些资源的耗尽、天气的变化（剧烈的暴风或者干旱等）。这个层面也包括应对这些事件和趋势的措施，例如增加保险费率、改变一些农业活动或者生产能源的方法，或者增加节能设备的使用。

（6）法律法规因素。法律法规因素包括国家制定的法律、法规、法令以及国家的执法机构等因素。法律法规因素是保障企业生产经营活动的基本条件。在一个稳定的法治环境中，企业能够真正通过公平竞争，获取正当的权益，并得以长期稳定地发展。国家的政策法规对企业的生产经营活动具有控制、调节作用，同一个政策或法规，可能会给不同的企业带来不同的机会或制约。

对外部环境的分析可以给制订供应商管理计划提供一个可靠的外部环境因素的参考。

2. 波特五力模型

在行业研究的综合性分析方法中，"波特五力模型"是不可或缺的分析工具，它将行业环境的构成力量分解为五大类。

波特在《竞争战略》一书中，从产业组织理论的角度，提出了产业机构分析的基本框架——五种竞争力分析。波特认为，在每一个产业中都存在五种基本竞争力量，即潜在进入者、替代品、购买者、供应者与现有竞争者之间的抗衡。波特五力模型如图 1-3 所示。

潜在进入者是指可能加入这个行业而成为企业直接竞争者的企业，要关注进入门槛如何；对于供应者，要关注其产品替代性如何，是比较强势还是弱势（卖方市场或买方市场）；面对的购买者有没有转移成本，讨价还价能力如何；替代品是指可以提供企业所生产产品相同功能、有替代效果的产品；最重要的是现有竞争者的情形（即现有竞争者之间的抗衡）。通过这个模型，我们可以：

（1）识别每个领域中竞争压力的主要来源。

（2）评估压力的强度。

（3）决策整个局面是否可以支持盈利。

然而，在当今时代，在实践中进行波特五力模型分析也有一定的局限性，如：

（1）战略制定者需要了解整个行业的信息，这显然不太容易做到。

（2）同行业之间只有竞争关系，没有合作关系，而现实中同行业的企业之间也存在多种合作关系，并非一定是竞争关系。

（3）行业的规模是固定的，只有通过抢夺竞争对手的份额才能占有更大的资源和市场。而现实中企业的发展有些是把行业做大，能够得到更大的蛋糕，增大市场的容量。

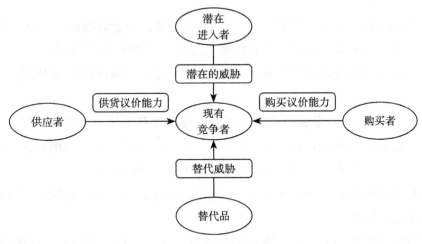

图 1-3 波特五力模型分析

（二）企业内部环境分析

1. 资源与能力分析

资源与能力分析可以识别一个组织的所有资源与能力，并判断是否可以带来竞争优势。

（1）识别资源。一个企业的资源包括有形资源和无形资源。有形资源是可以被量化的，而无形资源是不能被量化的。表 1-1 对企业的有形资源和无形资源进行了区分。

表 1-1　企业的有形资源和无形资源

有形资源	无形资源
• 物质的（如土地、设备、可以获得的资源如矿山） • 财务的（现金和现金等价物、证券、借款能力） • 技术（专利和版权、工艺） • 组织（IT 和通信系统）	• 人力资源和知识资本（工人的专业技能和创造力、管理层的专业能力、组织的学习能力） • 品牌和声誉（商标、在客户和供应商中的商誉、在公众和行业中的名声） • 关系（结盟或者合资企业，与供应商或分销商的网络） • 文化和薪酬系统（对员工的激励程度、独立的决策、诚信）

（2）识别能力。能力使用资源创造价值。有些能力是有形的，例如计算机系统和人员能够处理数据（分析大量数据来提取有用信息）。有些能力是无形的，例如开发某种新产品、创建功能和创新的设计，或者创造一个高效的配送网络。

（3）VRIN/VRIO。巴尼（Jay Barney）是现代企业资源观（RBV）之父。巴尼认为，自安索夫提出 SWOT 理论以来，以波特的产业结构分析为代表的分析工具使外部环境分析得到比较快的发展，而内部资源分析还近似空白。

巴尼在 1991 年发表的《企业资源与可持续竞争优势》（Firm Resources and Sustained Competitive Advantage）一文明确指出，超常的租值在一定程度上可以通过"VRIN"资源来获得。这里，VRIN 的含义是：

有价值的资源（valuable，V），它是公司构想和执行企业战略，提高效率和效能的基础。

稀缺的资源（rare，R），资源即便再有价值，一旦为大部分公司所拥有，也不能带来竞争优势或者可持续的竞争优势。

无法仿制的资源（imperfectly imitable，I），一般需同时具备以下三点特征——历史条件独特、起因模糊，以及具有社会负责性。

难以替代的资源（non-substitutable，N），不存在一种既可复制又不稀缺的替代品。

　　1994 年，巴尼对其理论进行了调整，提出 VRIO 分析框架，即价值问题（V）、稀缺性问题（R）、可模仿性问题（I）和组织问题（O）。

　　该框架的核心思想是：可持续竞争优势不能通过简单地分析环境机会和威胁，然后仅在高机会、低威胁的环境中通过经营业务来创造。可持续竞争优势还依赖独特的资源和能力，企业可把这些资源和能力应用于环境竞争中。

2. SWOT 分析

　　优势（strength，S），指在某些资源和能力方面比较强，包括一个组织中的核心工艺和核心竞争力。

　　劣势（weakness，W），指组织中较弱的环节，或者根本不具备这样的能力，劣势包括资源的匮乏，如有形的生产设施、无形的企业文化和管理水平的匮乏。

　　机会（opportunity，O），指能够给企业带来好的影响，如开发出新的客户或者某主要竞争对手退出。

　　威胁（threat，T），指一些可能会影响企业竞争力和盈利能力的环境因素。

　　所谓 SWOT 分析，即基于内外部竞争环境和竞争条件的态势分析，就是将与研究对象密切相关的各种主要内部优势、劣势和外部的机会和威胁等，通过调查列举出来，并依照矩阵形式排列，然后用系统分析的思想，把各种因素相互匹配起来加以分析，从中得出一系列相应的结论，而结论通常带有一定的决策性。SWOT 分析如图 1-4 所示。

　　按照企业竞争战略的完整概念，战略应该是一个企业"能够做的"（即组织的强项和弱项）和"可能做的"（即环境的机会和威胁）的有机组合。运

S：优势	O：机会
你的优势是什么？ 你有哪些特长？	你身边有哪些机会？ 哪些外部因素对你有利？
W：劣势	T：威胁
你的劣势是什么？ 你有哪些不足？	你身边有哪些阻碍？ 哪些外部因素对你不利？ 你有哪些敌人？

图 1-4　SWOT 分析

用这种方法，可以对研究对象所处的情景进行全面、系统、准确的研究，从而根据研究结果制定相应的发展战略、计划以及对策等。

3. 价值链分析

价值链分析是了解在一个组织或者在一个供应链内部成本是如何发生的一种方法，以及在这个链条中，一项活动如何影响另一项活动的成本。

通过分析这些相互关联，企业在不影响质量和长期盈利性的前提下，可以找到降低成本的方法并提高竞争力。

任何一个企业都是其产品在设计、生产、销售、交货和售后服务方面所进行的各项活动的聚合体。每一项经营管理活动就是这一价值链上的一个环节。企业的价值链及其进行单个活动的方式，反映了该企业的历史、战略、实施战略的方式以及活动自身的主要经济状况。图1-5就是一个企业的价值链分析。

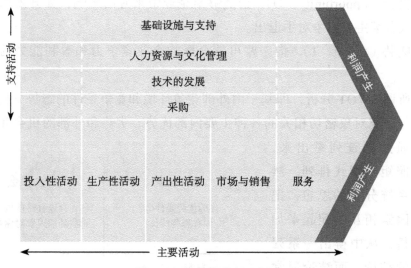

图1-5　价值链分析示例

价值链的增值活动可以分为**基本增值活动**和**辅助性增值活动**两大部分。

企业的基本增值活动，即一般意义上的"生产经营环节"，如材料供应、成品开发、生产运行、成品储运、市场营销和售后服务。这些活动都与商品实体的加工流转直接相关。

企业的辅助性增值活动，包括组织建设、人事管理、技术开发和采购管理。这里的技术和采购都是广义的，既可以包括生产性技术，也可以包括非生产性的开发管理，例如决策技术、信息技术、计划技术，采购管理既包括生产原材料，也包括其他资源投入的管理，例如聘请有关咨询公司为企业进行广告策划、市场预测、法律咨询、信息系统设计和长期战略计划等。

通过对内部环境的分析可以给制订供应商管理计划提供一个可靠的内部环境因素的参考。

（三）产品的生命周期分析

波特认为，"预测产业演变过程的鼻祖是我们熟知的产品生命周期"。关于产品生命周期只适用于个别产品还是适用于整个产业存在着争论。下面概括了我们认为适用于产业的观点。

一个产业从萌芽到衰落，要经过四个阶段：导入期、成长期、成熟期和衰退期（见图1-6）。

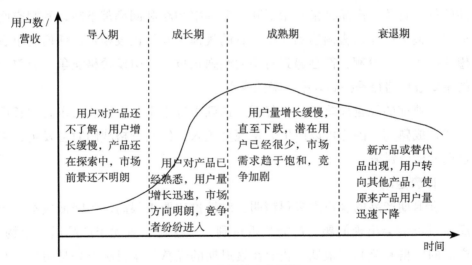

图1-6　产品的生命周期

1. 导入期

产品导入期也叫引入期，导入期的产品很少，只有很少的竞争对手，产品的独特性使得价格弹性很小，可以采用高价格、高毛利的政策，但销量少使得净利润低。

导入期的经营风险非常高。通常,新产品只有成功和失败两种可能,成功则进入成长期,失败则无法收回前期投入的研发、市场开拓和设备投资等。

2. 成长期

成长期的标志是产品销量节节攀升,产品的销售群体扩大。此时消费者对质量要求不高,会接受参差不齐的质量。由于需求大于供应,此时产品价格最高,单位产品净利润也最高。企业的战略目标是争取最大市场份额,并坚持到成熟期的到来。成长期的主要战略路径是市场营销,此时是改变价格形象和质量形象的好时机。

成长期的风险有所下降,主要是产品本身的不确定性在降低。但是经营风险仍然维持在较高的水平上,原因是竞争激烈了,市场的不确定性增加了。

3. 成熟期

成熟期开始的标志,是市场中出现大量竞争者,竞争者之间出现挑衅性的价格竞争。产品价格开始下降,毛利率和净利润率都下降,利润空间适中。整个产业销售额达到前所未有的规模,并且比较稳定,任何竞争者想要扩大市场份额,都会遇到对手的顽强抵抗,并引发价格竞争。成熟期的主要战略路径是提高效率,降低成本。

成熟期的经营风险进一步降低,达到中等水平。企业和股东希望长期停留在成熟期,因为可以产生大量现金流入,但是价格战随时会发生,衰退期迟早会到来。

4. 衰退期

衰退期产品的客户大多很精明,对性价比要求很高。为降低成本,产品质量可能会出现问题。产能严重过剩,有些竞争者先于产品退出市场。产品的价格和毛利都很低。企业在衰退期的经营战略目标首先是防御,获取最后的现金流。这时的战略路径是控制成本,以求能维持正的现金流量。

进入衰退期后,经营风险会进一步降低,主要的悬念是什么时间产品将完全退出市场。

制订供应商管理计划时一定要结合产品的生命周期来全盘考虑,对于生命周期不同的阶段,供应商管理计划的侧重点也会不同。

（四）物料和供应商的 ABC 分类

ABC 分类思想源于"二八定律"，也称"80/20"原则和帕累托分析法或者主次因素分析法。无论怎么表达，其核心思想是找出影响一件事物的因素中"关键的少数和次要的多数"，识别出少数的但对事物起决定性作用的关键因素和多数的但对事物影响较小的次要因素。分清主次，将有限的力量用于解决关键性事物上，可以得到事半功倍的效果。如果主次不清，胡子眉毛一把抓，则管理效率和效益都不会高。

1. 物料的 ABC 分类

从采购的角度来看，企业所需要采购的物料包括原材料、零部件、产品、服务及其他资源，当种类比较多时，可以进行分类，分为战略物品、关键物品和普通物品。

对于 A 类，即战略物品，采购企业应当寻找能够设计协作并能与供应链的其他成员协调设计与生产活动的供应商，并与其保持长期合作的关系。

对于 B 类，即关键物品，采购目标不是低价，而是保障供应，由此采购企业要加强与供应商供应计划的协调，大批量采购，保持高库存。

对于 C 类，即普通物品，如包装材料，可以选择单一供应商，签订长期供货合同，大批量采购，保持少量库存，多次供货。

图 1-7 展示了物料的 ABC 分类。

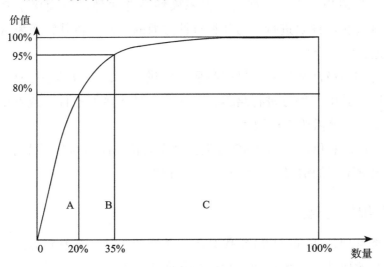

图 1-7　物料的 ABC 分类

2. 供应商的 ABC 分类

在评价和选择供应商时，我们可以用 ABC 分类管理思想，将众多不同的供应商按照两个方面（一方面是供应商能力，另一方面是供应商积极性），分成四个象限、三个类别，然后做出评价和选择（见图 1-8）。

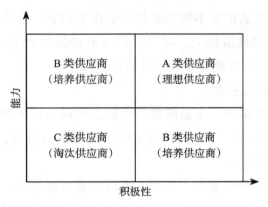

图 1-8　供应商的 ABC 分类

对能力的评价通常包括质量、成本、供货及时性以及服务与响应；对积极性的评价则包括战略一致性、财务稳定性、未来潜力等。

能力积极性高的供应商是 A 类供应商，和 A 类供应商要进行深层次的合作，签订长期合同，建立伙伴关系。

能力强但积极性差、能力差但积极性高这两种供应商属于 B 类供应商，对 B 类供应商要进行能力和积极性方面的培养，将其转变为 A 类供应商，再进行深入合作。

能力和积极性都很差的供应商是 C 类供应商，要看其是否具备培养条件，可以对其中一部分进行培养，但如果不具备培养条件，或者培养后仍然无法改变，就需要直接淘汰。

有了产品和供应商的 ABC 分类，供应商管理计划的制订就有了明确的方向，根据不同的情况制订相应的管理计划。

（五）采购品类管理

品类管理是 20 世纪 90 年代兴起于美国的一种商品管理方式。其卓越的管理绩效使其成为各行业竞相模仿和研究的对象。业界品类管理流程主要包括品类定义、品类角色定位、品类分析、品类战略、品类战术、品类管理实施与回顾。

1. 品类定义

品类管理首先是定义品类，即根据商品和服务的相关性来划分品类，建立品类结构，给出清楚准确的定义，其目的是决定该品类的产品构成。统计显示，通过深入的消费者研究来定义品类可以比竞争对手获取更多的生意机会。

2. 品类角色定位

定义品类之后，我们需要决定品类角色。品类角色是从消费者需求角度出发阐明每个品类对于消费者和对整体生意的重要性。决定品类角色需要对大量数据（包括销售、市场、竞争对手数据等）进行分析，以发现每个品类对于不同消费者的意义、对自身销售和利润的贡献，以及对在市场竞争中胜出的作用。

3. 品类分析

简而言之，品类分析是通过对品类表现、市场竞争环境、消费者需求和供应商的综合分析来发现品类增长的机会。

4. 品类战略

在发现品类机会之后，品类战略决定对不同品类采用何种战略来充分利用这些机会，比如是重点采用吸引客流到该品类，或是侧重于增加该品类的平均交易量，还是集中强化品类中的某些产品以保证该品类的竞争优势等。

5. 品类战术

品类战略制定后，还需要通过制定相应的产品组合、陈列、定价、促销、新品引进和订单库存管理等品类战术来保证战略的实施。

6. 品类管理实施与回顾

在实施阶段，一般是通过制订详尽并切实可行的计划，包括目标、方式、时间、成本等来保证品类管理各阶段目标可以在预期的时间和成本范围内达成。

采购品类管理是一种采购管理的实战，将企业购买产品与服务的支出费用按照不同的功能，对应不同的供应市场，划分为不同的采购大类。分类后，企业中的跨职能部门对不同的品类进行采购费用支出分析，并对各品类的产品与服务的使用、供应市场和供应商进行管理。

基本上，采购的品类可分为两种。

（1）直接采购品类，即直接使用在最终产品上，或者用于最终产品生产制造的原材料、元器件和服务。

（2）间接采购品类，即与最终产品不相关，或从总体上与企业运营相关的产品或服务。

企业在实施采购品类管理时常根据直接采购品类和间接采购品类的不同安排项目组工作和跨职能团队，以便发现各品类间的联系和机会。

品类管理并不是一个局部的优化行为，而是一个涉及供应链上多方合作伙伴和多个业务领域的系统的优化过程。品类管理协作需要来自多渠道的信息和数据来支持决策，例如在确定品类角色时需要来自消费者和竞争对手的多方面数据。因此，可以看出，一个多渠道集成共享的数据平台是实现有效品类管理的基础。

从供应链发展趋势看，品类管理处于高级阶段，更加接近价值管理。其目的是最大化实现品类价值：降低总拥有成本（total cost of ownership），降低供应风险，提高组织运营绩效，提升产品和采购创新等。

品类管理是一个不间断的日常行为，品类经理需要在日常工作中关注市场变化，及时调整采购战略来降低供需变化带来的价格波动和供应风险，并采用一系列工具，如价值分析（VA）、价值工程（VE）、流程再造等来实现价值目标。

品类管理提供了供应商的发展战略、采购产品的市场分析，这些都给供应商管理计划的制订提供了客观的参考依据。

（六）自制与外包／外协分析

在中国，由于传统思维的影响，企业往往喜欢自给自足，特别是国有企业，外包的意识比较淡薄。自从 20 世纪 90 年代初开始，随着一些欧美企业逐渐进入中国，外包的理念才逐渐被企业接受。

进入 21 世纪以后，社会分工越来越细，产业越来越多，人的需求也越来越高。一来企业明白自己不可能把所有的事情都做好，二来为了集中精力做好自己的专业领域，就需要把一些不重要的、辅助的产品或者服务外包给其他组织，让专业的人做专业的事。

这样一来，外包业务是企业必不可少的，例如企业通常会把餐厅外包给专业做餐厅管理的公司，有些企业会把招聘工作外包，或者把物流、安保、设备维修外包，还有的中小企业由于没有专业的全职财务人员，会把财务外包。这些都是服务外包，企业还外包一些需要加工的产品、一些需要特殊工艺的产品等，例如机械加工企业需要对产品做一些表面处理，一些企业由于产能饱和，需要外包一部分同行的产线，而有些企业根本没有生产工厂，把所有产品的生产全部外包，如苹果公司把生产外包给富士康。图 1-9 显示了产线外包的好处。

企业根据自身在生产过程的实际情况，把非核心的、辅助性的、季节性强的或者不定期性生产的生产环节或生产线外包出去，由公司负责组织人员按计划和指标进行生产

图 1-9 产线外包的好处

通常，企业选择外包，主要有以下几个原因。

1. 企业不具备投资能力（资金、技术、人才等）

这一类外包，主要是由于企业缺少资金投入，或者企业即使有资金，但对专业技术缺乏了解，没有合适的人才，更主要的是，企业为了更加专注于自身业务的发展，不愿意分散精力去涉及陌生的领域，毕竟运营和管理不同的业务也有很大的风险。

2. 企业更倾向于轻资产运营

外商投资企业，特别是大型的跨国公司，一般喜欢租赁，它们租赁厂房、汽车、复印机、电脑，甚至生产设备等，难道是因为它们买不起吗？当然不是，是因为它们不愿意投资这些固定资产。它们为什么不愿意投资固定资产呢？

这主要有两方面原因，一方面，企业为了降低退出成本，控制风险。有些外商投资企业进入中国，只是一种尝试，它们不太确定在中国市场的未来发展，不敢太冒进，一旦各种外界因素影响阻碍了公司的发展，它们可以随时考虑退出。另一方面，企业的管理者偏向于提高企业的投资回报率（ROI），他们需要给公司股东提供看上去不错的财务报表，而这些财务指标是股东评价经理人水平和能力的重要因素。因此，这些企业多倾向于轻资产运营，它们控制固定资产的投资尽可能少。

3. 只是偶尔有需求，也不是企业核心竞争力

对于一些不是一直需要，只是偶尔需要的产品或服务，考虑到经济因素和管理的负担，企业自然倾向于选择外包。但是，需要注意的是，这些应该不是企业的核心竞争力，或者说企业的核心能力，同时满足以下三个关键测试才能称为核心能力。

（1）它对客户有价值。

（2）它与企业竞争对手相比有优势。

（3）它很难被模仿或复制。

企业的核心能力就其本质来讲非常复杂和微妙，一般很难满足上述三个关键性测试，因而识别企业的核心能力并非易事。

4. 外包比自制成本更低

从成本上考虑，毫无疑问，企业总是希望能够在保证质量的同时降低成本，来获得更多盈利，如果企业在进行成本核算和成本分析的时候，得出外包的成本比自制的成本更低的结论，那自然没有必要自制了。当然，这个成本不仅仅包括直接材料和人工成本，还包括管理成本、设备折旧、财务成本等多方面的成本。

总的来说，外包是为了合作共赢，那么企业是否需要外包，如何决策？企业需要综合各方面因素考虑，这是一个战略的行为。但是， 一旦选定了外包，我们还需要考虑外包在管理上的风险，以及如何规避这些风险。

在制订供应商管理计划时，外包还是自制是要重点考虑的项目，需要提前和各相关部门做出评估，制订好行动计划。

（七）供应商是如何划分它们的客户的

1. 开发和维护客户的阶段

企业需要寻找和开发供应商，供应商也在寻找和开发客户。供应商开发和维护客户基本上可以分成以下五个阶段（见图 1-10）。

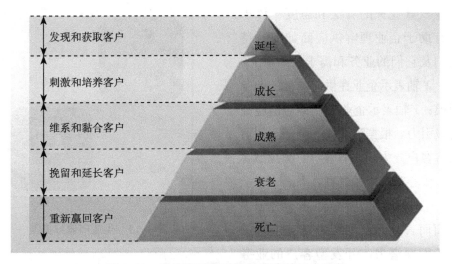

图 1-10　供应商开发和维护客户的五个阶段

第一阶段，发现和获取客户，供应商通过各种渠道，开发出新的客户，双方开始建立合作关系。

第二阶段，刺激和培养客户，供应商通过与客户的磨合，进一步获得客户的信任和认可，业务关系开始成长。

第三阶段，维系和黏合客户，供应商与客户合作进入成熟阶段，双方配合默契程度高，客户对供应商产生一种依赖。

第四阶段，挽留和延长客户，由于各种原因，客户对供应商失去了原有的兴趣，开始寻找其他供应商，双方关系开始走下坡路。

第五阶段，重新赢回客户，供应商尝试重新赢回客户，但由于自身的原因，或者双方之间产生了一些信任危机，或者客户转而投向其他更优秀、更有吸引力的供应商，使得原供应商失去了与客户合作的机会，合作关系终止。

2. 供应商偏好模型

既然企业会对供应商进行分类，那么作为供应商，根据战略的考虑和客户的重要性，它们也会对客户进行分类和区别对待。供应商如何划分它们的客户呢？

图 1-11 是供应商偏好模型（supplier preference model），这是从设备制造企业的供应商组织角度出发，对企业及其业务的看法和态度。该模型有助于企业理解供应商如何看待它们及它们的业务和需求。

X 轴表示企业在供应商处的业务规模；*Y* 轴表示企业的业务对供应商的吸引力。根据程度的不同，我们可以将客户分为开发型客户、躁扰型客户、核心客户以及盘剥客户。

图 1-11   供应商偏好模型

（1）**开发型客户**特征：对于供应商而言，开发型客户是其未来的业务发展潜力。开发型客户的业务在供应商组织中具有较高的吸引力，尽管业务所占比例不高，但通常由于及时的付款、高效的沟通交流、基于问题解决的业务关系等因素，或是因开发型客户在行业内具有较高的知名度，对于供应商组织来讲具有业内广告效应。供应商组织的最终目标是将开发型客户发展成为核心客户。

（2）**躁扰型客户**特征：躁扰型客户的采购物料，具有量少、价值低的特性，也称 C 类物料。躁扰型客户对供应商来讲是低价值且低吸引力的。最典型的物料如设备制造企业所需的一些非标件。

（3）**核心客户**特征：核心客户对设备制造企业的业务具有较高的吸引力和较高业务份额。企业在此供应关系中占据主导地位。视企业为核心客户的供应商组织通常会努力维护与该企业的业务关系。被供应商组织视为核心客户的企业在供应商方面具有较高的议价空间。

（4）**盘剥客户**特征：盘剥客户又称为过路型客户，盘剥客户对供应商而言不是很有吸引力，尽管采购业务份额占供应商全部份额较高。正因如此，企业也将具有盘剥特性的物料视为成本节约中最重要的机会之一。企业通常会通过谈判和对供应市场调查等方法以尽可能低的价格获取该物料。

作为专业采购人，对供应商进行划分后，要能够判断出对于每一个供应商来说，我们属于它的哪一类客户，处于一个什么样的定位，这样才能够针对不同的供应商进行合理的分类，采取不同的采购战略，制订相应的供应商管理计划。

五、供应商管理的发展方向

在汽车行业，供应商管理的重要性尤为突出，汽车行业供应商管理的特殊性在于生产所用的设备和材料即汽车零部件品种繁多。对于大多数汽车生产厂家而言，外购率达到 60% 以上。供应商的业绩对汽车制造企业的影响巨大，在价值、交货、产品质量、提前期、库存水平、产品设计等方面都影响着汽车制造企业的发展。有数据统计，汽车制造企业中 30% 的质量问题和 80% 的产品交货期问题是由供应商引起的。

 小贴士

一汽大众：打造一支"靠得住、跟得上"的核心供应商队伍

在佛山，随着一汽大众佛山分公司一同拔地而起的是一个完整的零部件园区。园区分为主机厂区域、零部件区域、整车物流区和零部件物流区，在北部的供应商区域，一共有 19 家供应商，都是准时化零部件的供应商，其中就包括第一批进驻园区的一汽富维东阳佛山分公司。一汽大众与供应商之间的战略合作伙伴关系在整个佛山项目的布局中展现得十分充分。

一汽大众采购总监对记者说："一汽大众倡导的与供应商的共赢，体现在方方面面，包括共同发展，为了一个目标共同努力，当然也包括共同盈利，整个佛山项目进展得这么好，也反映出我们和供应商互相之间的精诚合作。从战略角度来说，一汽大众一直致力于打造一个能够支撑未来大众发展的采购体系。2018 年，一汽大众目标年产量超过 200 万辆，我们在思考，要支撑这样的产量，应该有一个什么样的采购体系？目前我们的供应商管理体系，是不是能够支撑未来的发展？一汽大众现在是三地四厂，对采购集中管理来说，怎样才能适合异地的管理？这些都是我们面临的新课题。当汽车年产量达到 200 万辆，我们有很多的零部件，有很多的总成，可能会变成紧缺的资源。发展得越快，就会有很多的紧缺资源。不一定每个供应商，都能跟得上我们的发展，因为供应商的产能是有限的，资源是有限的。所以未来我们可能面临资源紧缺这样的风险。"

因此，一汽大众的发展理念是，要在自身发展的同时，带动核心供应商共同发展，采购体系要实现从业务导向到战略采购导向的转变。

采购总监还说："通过采购战略的实施，使得供应商队伍能够适应我们的发展，能够形成一些核心的供应商，尤其是对一些紧缺资源，我们希望能有一支'靠得住、跟得上'的核心供应商队伍，防止未来可能产生的资源紧缺的风险。通过这样的努力，希望我们的供应商，能够在各自的行业里面，排到前三或者前五这样的位置，只有我们的供应商是优秀的，我们生产出来的产品才可能是优秀的。"

因此，对于未来的考虑，随着产销量的加大、车型的增多，一汽大众对供应商也提出了更高的要求，一汽大众采购体系提出要建立一个**全生命周期的供应商队伍的管理体系**。

具备系统性的、高水平的供应商管理方法的中国企业，在面对全球化的挑战和竞争时将会脱颖而出。成为优秀的企业，必然需要有一批优秀的供应商资源。供应商管理必将越来越被重视。对大部分企业来说，采购活动由始至终都是围绕供应商展开的。企业与供应商之间从相互博弈，到谈判合议、公平交易，再到合作共赢、共同命运。企业与供应商的关系随着市场经济的发展不断走向新的阶段，企业对供应商的管理也逐步走向成熟。

未来，各个行业、产业、企业将逐渐使用**全生命周期的**管理理念来对供应商进行可持续的管理。

供应商全生命周期管理理论，着眼于企业的可持续发展，通过不断加强供需双方的互动管理，有效平衡资源，全程规避风险，从而降低企业的风险，保障企业的正常运营和供应链的正常运转。

（一）供应商管理，要由始至终

供应商的全生命周期是指供应商在供应链中的寿命，也就是从供应商进入公司的供应链开始，到供货任务结束，完成供应商年度业绩考核，一直到供应商退出公司供应链的全过程。供应商生命周期管理包括从供应商的开发，供应商的认证、准入，供应商的绩效评估和风险管理到供应商废止的全部管理过程。

传统的供应商管理一般会头重脚轻或前松后紧，与之不同的是，供应商的全生命周期管理是建立起一个标准化的供应商管理体系，通过流程和管理方法，在每个不同的阶段进行专门的管理，对供应商进行有效的分类，让企业能够集中资源和精力在关键核心的供应商身上。这要求企业不局限于降低采购成本，而是着眼于企业的战略，选择合适的供应商，优化供应链，保持供应链的连续性和稳定性，降低采购总成本和供应链风险，全面有效地满足企业的供应商管理和供应链管理需求。

（二）供应商开发，着眼于长远

在全生命周期理念下，供应商开发是一种可持续的策略性行为，寻源的周期、合规性、寻源方式，都要有策略性的规划。寻源的重点不在于考虑一时之需，而是从单个的产品供应，演化为企业能力的补充。企业要挖掘具有协同能力的供应商，通过能力互补来提升整体竞争度。这种能力可能是补充性的，也可能是关键性的。

在全生命周期的理念下，寻源会周密分析，处理近期与长期目标、短期与长远利益的关系。企业从长远目标出发，可能会选择表面上看上去苛刻、昂贵的供应商，但实际上是从长远利益出发，选择了一个优秀元素组成的供应链。

（三）统筹布局，供应商类别的划分

供应商分类是对供应商进行系统性管理的重要一部分，通过对供应商实施统一、客观、公正的分类标准。根据物料的重要性以及采购花费的金额，对现有或潜在的供应商进行分类管理。企业要充分了解供应商的优势和劣势，将资源集中在战略物料和重要物料的供应商身上。

供应商分类管理一般侧重于通过绩效管理，按供应商的企业能力，将主要精力投入到主要的供应商上去。而全生命周期理念下的供应商分类管理还要关注潜在供应商和废止供应商的管理。通过挖掘或积累潜在供应商资源，实现对现有供应商资源的平衡；通过对已经废止或即将废止的供应商进行分析统计，找出背后的原因，为以后更加科学的供应商管理提供指导策略和依据。

全生命周期理念下的供应商分类，不仅仅指关注供应商能力本身，还要关注市场行情、价格波动以及供求双方的合作意愿等一些客观因素，有针对性、有侧重地对供应商进行分类。例如，可以分成需方主导型、供方主导型、战略型、松散型等。

（四）绩效管理，整体把控资源

供应商的绩效管理是对供应商的供货表现进行考评，进行良性竞争，筛选优质供应资源。全生命周期理念下的绩效管理是有重点、持续性、周期性的供应商绩效管理。

从长远的周期考量，通过关键绩效指标（KPI）发现并应对供应链剥脱环节，对绩效表现优异的供应商进行奖励。

进行阶段性的连续评价，将供应商评价体系分为进入评价、运行评价、改进评价以及供应商战略伙伴关系评价几个方面，供应商选择不仅是入围资格的选择，而是一个连续的、累计的选择过程。

供应商的评价、评估指标，工具与技术都要不断调整、改进和更新，要与采购的整体战略相契合。通过动态的、持续的供应商关键业绩指标，打造一套评估供应商能力的机制，对供应商进行判定，为未来的采购提供依据。

通过全生命周期的供应商绩效管理，一方面能够实现供应商资源的最优选择；另一方面能够从整体供应链上进行把控，有效实现资源平衡。

（五）全程控制供应风险

现代化的供应商管理核心是对上游供应商资源的统一安排、最大程度降低企业的风险、强化企业的竞争优势。一旦供应商无法满足企业的基本需求，如不符合的质量、错误的数量、供货延误，以及供应商自身资源出现了危机，就会对企业的正常运营造成一定的影响。

全生命周期理念下的供应商风险控制，贯穿整个供应商管理的源头阶段到末端，向上延伸到供应商的供应商，向下延伸到供需关系解除后的格局，因而要建立起全程的风险管理机制，特别是潜在风险的预警机制。

通过对关键指标的监控，掌控对供应商风险进行预警管理的重要依据，让企业能够及时了解潜在的供应中断风险、质量风险、价格波动等；通过对潜在的问题进行风险评级和预警来避免供应中断；通过制定有效的纠正措施和备选方案，降低破坏性事件带来的影响；对风险发生概率高、可能性大和整体风险指数高的供应商实施风险应急机制；对废止供应商，及时启用备选供应商或新供应商。

一个优质的供应商会帮助企业降低成本、增加企业柔性、提高企业竞争力。企业在开发潜在供应商的过程中需要在科学评价与选择的基础上，积极采取风险预防原则，将前期开发工作做到系统化、全面化。

我们来看看跨国公司是如何做到供应商管理有计划进行的。

 【最佳实践】强生公司如何制订成功的供应商管理计划

强生公司副总裁兼首席采购官（CPO）汉斯·梅洛特（Hans Melotte）说："在当今世界，一家公司不可能把一切都做好。"

强生已明显感悟到垂直整合不再适合他们，公司需要通过与外部实体建立合作伙伴关系，寻求专门知识或技能。面对成千上万的供应商，横向整合给汉斯·梅洛特和他的工作人员带来了新挑战。强生如何与供应商建立规范化的方法，并发展与战略供应商的业务关系？

汉斯·梅洛特在2012年就任强生首席采购官后接受记者采访时表示，采购必须是把自身整合到新的商业模式中，首席采购官则需要具备发展与供应商关系的能力，他也让强生做到了这一点，并一直持续到今天。

几年前，强生就制定了采购流程，并通过一贯的方式整合到企业中。程序是作为规范和共同语言引入的，强生的采购员工明白，在特定情况下如何进行管理、利用资源和进行工作。

一项供应商管理程序的开发阐明了应如何与供应商进行互动，该程序分三个组成部分：对供应商分类、注重合作关系的管理、与供应商建立共同参与的标准。供应商管理程序描绘了如何基于战略重要性、类型和会议频率划分供应商，而且供应商应该参与公司业务。

对于强生来说，其目标包括：首先，对于所有的供应商，公司应以一致和制度化的方式与其合作；其次，适当地根据战略需要对供应商进行分类；最后，激发供应商的参与热情，激励供应商不仅要与强生合作，还要认识到强生是必须选择的合作伙伴。

激励供应商参与

强生的一个主要目标是激励供应商合作伙伴与其进行长期对话。强生根据多种标准把供应商分为三类，其工作重点是业务关系，而不是管理供应商。因为管理供应商会有居高临下之感。

"业务关系"意味着双方平等。每一方都有兴趣和需要，另一方需要协助完成。像强生这样规模的公司，应该把公司的供应链延伸到合作伙伴的生态系统中。

契约伴随着与供应商讨论战略目标和需求而开始，而不是起始于付款条款或交货时间表的讨论。这些关系是一个长期的对话，并且二者的关系是双向的，而非一方拥有一切控制权。

汉斯·梅洛特总是希望听到供应商如何把强生作为一个客户。他还希望从合作伙伴处了解新的和更好的想法，强生希望成为供应商的首选客户。

强生的愿望是合作伙伴有商业机会或想法分享时，会主动来找他们。这可能会以推广新产品、开拓新市场或合作研发的形式出现。正因如此，强生才能与供应商拥有约300亿美元的交易金额。供应商获得这些收入之后，其中的约3.8%被再投资用于研发，这相当于强生的研发投资多出了10亿美元。

合作基本规则

合作伙伴关系必须有一个诚实、透明、具体的对话。汉斯·梅洛特的目标就是"任何供应商都会说，强生对我们非常重要"。但是，其重要的程度有多高，企业需要坐下来面谈，我们需要知道这种关系基础的重要性，因为它定义了伙伴关系的对话和发展。

每一方在谈合作时，最高领导层都参与其中，以表明这家公司是认真合作的，而且最高权力者也能够及时做出决定和解决问题。在早期的会议中，应仔细描述和比较两家公司的业务和目标。

这并不意味着双方目标要一致，但它确实意味着合作不是排外性的。建立合作关系的关键是要促进双方达成共同目标，并了解如何加强彼此关系。

合作协议可能涉及建立一个制造工厂或重新设计产品，倡议或程序需要设置目标，描述成功的标准、职责、时间安排和资源。

市场细分与伙伴选择

建立合作伙伴基于公司的定位和业务需求。商业领域、公司历史或规模并非是进入细分市场选择供应商首先考虑的因素。相反，供应商的战略更为重要。

首先，需要了解公司自身的供应链，并确定具有最佳组合供应商基础，以提供你所需要的服务，同时需要对符合公司战略业务计划的基础进行检测。例如，一家公司想要进军亚洲，可能需要寻找亚洲的供应商来补足其现有供应商基础。由于其优越的地理位置或专长，新的合作伙伴可能会变成细分市场的供应商。

在选择细分市场供应商方面，另一个要考虑的因素基于公司的角度。即使公司已经选定了供应商，但某些地区的业务要求不同，也应随时更换，寻找更合适的供应商。

细分市场是一个动态的过程，需要跟上不断变化的市场和机会的步伐。例如，强生的业务组合、业务需求，以及战略重点在不断发生变化，所以供应商也需要改变。汉斯·梅洛特认为，他们的供应商管理程序提供了满足各种变化的平台，它要求对强生的供应商基础的规模和结构进行持续评价。如果有必要，工作人员可以再细分供应商，并继续以一致的方式处理合作关系。

加强合作关系

维持合作关系需要一致的、面对面的接触和反馈。强生会定期与供应商接触，了解合作的进展，并根据情况更新有关的业务。这些会议是合作关系工作的"晴雨表"。

除了这些频繁的会议，偶尔把合作伙伴聚集在一起，进行一般流程性的公开对话也是有帮助的。例如，2012年强生推出其供应商参与的计划，强生邀请一部分选定的战略供应商的领导者召开圆桌会议。其目的是提供一个场所，让合作伙伴可以与强生高层领导就有关业务策略公开对话，以推动公司发展。

强生还通过其高层管理人员的圆桌会议，宣传他们对同行的要求。强生的行政领导会通过会议致辞来向合作伙伴分享他们的商业模式、产品、计划和战略需要。在进一步的讨论中，他们还可以就共同的问题与分组后的供应商交流思想，促进工作合作网络的建立。强生的相应部门代表与对应供应商配对，并进行讨论和记录反馈。在随访中，供应商表示愿意继续在个人基础上开展对话，并每年在一些论坛上见面。供应商都表示，其他的合作公司尚未提供这种平台。

在发展供应商管理程序阶段，许多指标都是基于活动建立的。不过，这需要时间、失败和在成功中学习如何管理与其他公司的业务关系，强生的经验正是当今其他公司需要学习的。为了发展和生存，一家公司需要形成供应商和合作伙伴的生态系统，并不断促进该系统的强大。

思考题：

1. 结合本章内容，思考在实际工作中你将如何制订供应商管理计划。

2. 结合工作实际，思考如何利用供应商管理计划提升供应商管理工作。

D：执行阶段

Do——执行，依据计划开始动作，最好在执行前进行一个小型的 PDCA 循环。

本阶段根据相关的信息和分析，制订具体的供应商开发和评审行动方案并实施。

第二章

供应商开发、评估与选择
——男怕入错行，女怕嫁错郎，做采购怕选错供应商

 学习目标

1. 了解供应商选择的主要因素及权重。

2. 了解如何做好供应商的选择。

3. 了解如何建立供应商评审团队。

Dickson 与 Weber 供应商评价准则

1966 年，Dickson 开始系统研究供应商评价准则，他整理出 23 项评价供应商的准则，随后向美国经理协会的 273 位采购经理与采购代理进行了调查，收集到 170 位的回复，占 62.3%。根据调查结果，对 23 项评价供应商的准则的重要性进行了排序，重要程度排前三的分别是：**质量、准时送货、历史绩效**。

1991 年，Weber 在对研究文献统计的基础上，对评价准则进行了系统分析，他选择了 1967 ~ 1990 年的研究文献 74 篇，这些文献从不同角度研究了 Dickson 提出的 23 项评价供应商的准则。经过统计，Weber 对这 23 项准则的重要性进行了重新排序，**价格、准时送货与质量**这三项准则分别出现在 80%、58% 和 53% 的研究文献中，即其重要程度在 23 项评价准则中排在前三名。具体如表 2-1 所示。

表 2-1 Dickson 与 Weber 供应商评价准则

供应商评价准则	Dickson		Weber	
	重要性排序	重要性描述	文献篇数	文献百分比（%）
价格	6	相当重要	51	80
准时供货	2	相当重要	44	58
质量	1	非常重要	40	53
装备与能力	5	相当重要	23	30
地理位置	20	重要	16	21
技术能力	7	相当重要	15	20
管理与组织	13	重要	10	13
行业名誉与地位	11	重要	8	11
财务状况	8	相当重要	7	9
历史绩效	3	相当重要	7	9
维修服务	15	重要	7	9
态度	16	重要	6	8
包装能力	18	重要	3	4
运作控制	14	重要	3	4
培训帮助	22	重要	2	3
程序合法	9	相当重要	2	3
劳工关系记录	19	重要	2	3
通信系统	10	相当重要	2	3
互惠安排	23	不太重要	2	3
形象	17	重要	2	3
交易迫切性	12	重要	2	1
以往业务量	21	重要	1	1
担保与赔偿	4	相当重要	0	0

通过对比 Dickson 和 Weber 对于供应商选择标准的排序结果，可以看出，他们的排序是不同的，这主要是因为：

第一，两者的研究方法不同，Dickson 采用的是实际问卷调查的方法，其结果主要基于采购经理的偏好。Weber 主要建立在文献统计分析的基础上，是从学术研究的角度排序的。

第二，他们两人的研究在时间上相差很大，在不同时代的经济和市场环境下，供应商选择准则的重要程度发生了一些变化。例如，准时制（JIT）等先进制造方式的出现，对供应商评价准则的排序会有一定的影响。

2003 年，Zhang 等人又以同样的方法回顾了 1992～2003 年的 49 篇相关文献，Weber 和 Zhang 等学者对 Dickson 的 23 项指标按引用频率重新进行排序，揭示了这些指标的变化情况。例如，在 Zhang 等人的研究中，这 23 项指标的排序已变为：价格、质量、交货期、生产设备与产能、技术能力、财务状况、地理位置、组织管理、历史表现、操作控制、交流系统、行业美誉度、维修服务、包装能力、培训、程序遵守情况、劳资关系、保证条款、态度、联营安排、印象、合作热情和以往业务量。

比较 Dickson 与 Weber 和 Zhang 等对这 23 项指标的排序，可以得出以下结论。

第一，某些指标（价格、质量、交货期、生产设备与产能、技术能力）始终占据主要地位。

第二，大多数指标的排序已有显著变化，反映出供应商选择研究者和实践者对某些指标的关注度因某些因素而发生了变化。例如，财务状况的权重在 Weber 等的研究中是 9%，而在 Zhang 等人的研究中上升到了 29%，这说明这项指标越来越受重视；地理位置的权重在 Weber 等的研究中是 21%，而在 Zhang 等人的研究中却只有 11%，造成这个变化的原因主要是经济全球化和物流行业的快速发展，使得地理位置不再是制约供应商选择的一个重要因素。

英国供应链管理专家马丁·克里斯托弗说过，"企业间的竞争，不再是一个企业对一个企业的竞争，而是供应链和供应链之间的竞争"。企业的成败和做采购供应链管理的人是有很大关系的。道理很简单，大家都在竞争这个市场，那么我们一定要比竞争对手做得好。什么叫好？质量要好，价格要便宜，交货要及时。

要想质量好、价格便宜、交货及时，一定要供应商符合这样的条件，供应商的供应商也是一样。**供应商的供应商、供应商、我们、客户、客户的客户就组成了一个供应链**，这个供应链也是一个企业的价值链的基础，所以说企业间的竞争是供应链间的竞争。这样想，采购在企业中的作用就非常大。为什么？因为在供应链的环节中，采购与供应商管理至关重要，采购要把供应商当作资源，当作供应链条中非常重要的一环来看。

供应链这个"链条的总体强度不取决于最强的一环，而取决于最弱的一环"。如果有一个供应商不好，就会给企业带来问题。"男怕入错行，女怕嫁错郎，做采购怕选错供应商"，开发了一个不好的供应商等于源头没有控制好，后续带来的麻烦将是巨大的。

一、什么是供应商开发、评估与选择

在供应商全生命周期的管理中，供应商开发、评估与选择的含义，包括企业从确定需求，到最终确定供应商以及评价供应商的不断循环的过程。

供应商的开发、评估与选择是采购体系的核心，其表现也关系到整个采购部门的业绩。一般来说，我们首先要确认供应商是否建立有一套稳定有效的质量保证体系，然后确认供应商是否具有生产所需特定产品的设备和工艺能力。其次是成本与价格，要运用价值工程的方法对所涉及的产品进行成本分析，并通过双赢的价格谈判实现成本节约。在交付方面，要确定供应商是否拥有足够的生产能力，人力资源是否充足，有没有扩大产能的潜力。最后一点，也是非常重要的，就是供应商的售前、售后服务的记录。

很多企业在选择供应商时，主观的成分过多，有时往往根据对供应商的印象而确定供应商，供应商选择中还存在一些个人的成分；供应商选择的标准不全面，企业的选择标准多集中在供应商的产品质量、价格、柔性、交货准时性、提前期和批量等方面，没有形成一个全面的供应商综合评价指标体系，不能对供应商做出全面、具体、客观的评价。

开发新供应商是采购从业者都一定会面临的任务，也是一项非常重要的工作。好的供应商合作方，不仅能提供优质的产品、合理的价格，还能降低商业运营事故风险，缩短产品的开发周期，获得更多的市场竞争机会。

所以，供应商开发、评估与选择，必须要有一套既全面系统，又简明科学，还稳定可比的管理制度。

二、如何进行供应商开发、评估与选择

评估与选择供应商从来都没有什么最好的方法，这是很多采购专家都认同的说法，不同的公司有着不同的标准和方法对供应商进行选择和评估。但是无论如何，供应商评估流程的目标就是降低采购风险，并让采购的价

值最大化。

　　企业要经营发展，就要选择供应商进行合作。在选择供应商上花费精力的程度与这种产品或者服务的重要性有关。执行供应商的选择和评估的过程需要开展大量工作和耗费大量资源。归纳起来，共有七个步骤。

　　步骤一：确认供应商选择的需求。

　　步骤二：识别关键的开发要求。

　　步骤三：确定采购战略。

　　步骤四：识别潜在供应商的资源。

　　步骤五：锁定供应商选择范围。

　　步骤六：确定供应商评估与选择的方法。

　　步骤七：选择供应商并签订协议。

　　下面就根据这七个步骤，对供应商进行有效的评估和选择所需要关注哪些问题进行了详细解答。

（一）确认供应商选择的需求

　　评估与选择供应商的第一步，是我们要确认企业的某种物料或者服务有一个评估与选择供应商的需求。采购经理人可以根据对未来采购需求的预期，开展供应商评估与选择的工作。采购要通过早期的参与，对新产品开发有什么样的需求做提前预判。工程技术人员会提供初步的技术规格要求，但也许并不详细。拿到这些初步的信息和要求，采购可以进行初始的潜在供应商开发与筛选工作。

　　这些要求包括产品设计和详细产品的基本构成、设计要求、功能、使用范围和用途、项目周期、数量和大概的研发周期表、主要负责的技术主管人等，只有了解了自身产品的信息才有可能找到合适匹配的优质供应商。否则，供应商开发将会变得低效、拖沓，甚至充满商业风险。

（二）识别关键的开发要求

　　通过供应商评估与选择流程，重要的是我们要了解开发要求对采购的重要性。这些要求，是由价值链上的外部客户和内部客户确定的，根据物料的类别不同有不同的要求。采购需要确定关键的选择要求是什么，也就是哪些事项是需要评估的。

当然,评估的要求也有所不同,不过,其中一部分通用的要求类别可能是供应商的质量、成本、交期表现,这些都需要被评估。

(三)确定采购战略

一种采购的战略不能满足所有的采购需求,所以对于某一类物料或者服务的采购战略,会影响供应商选择与评估的流程。采购在开发采购战略的时候需要考虑以下几个问题。

(1)单一还是多供应渠道。

(2)短期还是长期采购合同。

(3)选择的供应商是否需要具备设计能力。

(4)国内还是国外的供应商。

(5)期望与供应商建立紧密的关系还仅仅是交易关系。

(5)选择什么样的采购战略,会对供应商的评估与选择带来影响。

(四)识别潜在供应商的资源

采购通过各种各样的信息来源,收集潜在供应商的信息。采购产品的战略重要性的和技术难度,对开发供应商的难度有着一定的影响。图 2-1 是常用的开发和识别潜在供应商的渠道。

1	互联网	7	外国驻华领事馆	13	组织内的工程师和技术
2	电台广告	8	邮局		人员
3	电视广告	9	贸易协会和相关采购协会	14	行业厂商名录
4	硬拷贝或供应商	10	公共场所的广告牌	15	黄页 / 电话目录
	在线名录	11	现有供应商也是一个了解	16	到访的销售人员
5	贸易杂志		供应商资源的途径	17	专业协会
6	贸易展览会		竞争对手的供应商也可以成	18	采购和供应链的培训会
		12	为备选供应商		

图 2-1 18 个开发和识别供应商的渠道

我们在这里重点讲述几个。

1. 互联网

一般来说,网络搜索引擎是一个便捷的获取供应商信息的工具,使用百度、阿里巴巴可以搜索到各种供应商的信息,而且可以通过网络了解一些专门的行业网站和专业展会信息等。

2. 贸易展览会

参加展会可以很集中地看到非常多好的供应商，能一下子收集很多信息。在展会上往往还有很多行业的发展论坛、讲座。如果有机会，可以去参加一下，对我们了解行业发展的趋势、市场信息的收集都是很有好处的。

在这些展览和会议上，可以和不同的生产厂家代表会谈，讨论需要购买的产品，因为有众多的供应商聚集在一起，你可以充分地利用时间，搜集更多的供应商资源。

3. 外国驻华领事馆

这个渠道很多人不太了解，也从来没用过，当你涉及全球采购，而你对某个国家的供应商信息不是很确定，需要进一步了解的时候，你可以求助于该国家在中国的大使馆或领事馆，他们自然对其本国的企业有很多了解，也有很健全的信息，大使馆也可以提供商务方面的指导意见，甚至教你怎么去进一步查询你需要的信息，所以领事馆也是一个寻找供应商的有效渠道。

4. 专业协会／采购和供应链的培训会

国内有很多采购相关的协会或者论坛，可以通过它们找到所需要供应商的相关信息。例如，通过每年12月初在上海举办的"中国好采购"千人大会，还有诸如"采购之家""跨国采购交易会"等各种不同的企业协会，都可以结识各行各业的采购专家或者采购经理人，帮你高效地了解你所需要的信息。采购同事或者采购经理人之间非正式的信息交流，例如相关物料的供应商的基本情况，以及供应商的绩效表现情况、有关供应商的口碑，都可以帮助我们找到需要的供应商。

另外，市场上有很多采购与供应链的培训、沙龙、论坛等，一般去的都是不同行业的采购和供应链人员，通过培训等能够结识一些同行，加入一些社群，尽管有的行业不同，但有些供应商的资源，例如间接物料、物流供应商等，还是可以共享的。此外，这些同行提供的供应商信息，一般比网络上找到的更加可靠。

5. 利用现有的供应商找新供应商

怎样利用现有的供应商找新供应商呢？这听起来似乎是不可能的，哪个供应商这么傻，会主动告诉你竞争对手的情况，这不是引狼入室吗？这就需要我们在与供应商交流的时候，通过一些沟通技巧，有意无意地谈到它们的竞争对手。有时候，我们不清楚供应商的竞争对手是谁，或者对市场信息了解得不充分，但供应商并不一定了解我们到底掌握了多少信息，我们可以故弄玄虚地向供应商透露，我们收到另外一家公司的报价了，这时候供应商会非常好奇，可能会报出几家不同的供应商的名字向你求证，这样你就知道了其竞争对手是谁。总之，会沟通的人，总是有办法通过各种暗示或者套路，在不知不觉中了解他需要的信息。

6. 组织内的工程师和技术人员

这指的是公司内部的工程师和技术人员，甚至公司的销售和市场人员，他们都可以通过他们的角度和圈子带来很多供应商资源和相关信息。有些市场和销售人员长期跑市场，与各行各业的客户打交道，也能带来一些信息，尤其是某些定制化项目的采购，销售往往能够把握客户的需求，提供一些符合客户要求的采购渠道。当然，作为采购要有工作的独立性，既不能不分青红皂白地拒绝销售和客户推荐的供应商，也不能毫无原则地照搬照收。采购需要按照公司的采购流程，了解尽可能多的供应市场信息，并在众多的供应源信息中寻找最合适的供应商。

7. 通过反向营销寻找供应商

营销是把东西卖出去，反向营销是把东西买进来。反向营销的案例很多，例如上海市政府每年会举办一次中国（上海）国际跨国采购大会，组织邀请很多境外的公司、跨国公司中国区采购负责人、联合国采购组织等来参加。跨国采购大会设立了采购商的专门展位，邀请各行业供应商来参加。它提供了一个平台，给很多供应商厂家直接与采购商见面的机会，它们可以到采购商展位询问洽谈相关的业务机会，这就是一种反向营销。

关于开发新供应商，可能还会有很多其他渠道，大家可以"八仙过海，各显神通"，各自选择和采用自己最熟悉、最可靠的渠道，快捷迅速地找到合适的供应商。管理好源头很重要，良好的开始等于成功了一半。

（五）锁定供应商选择范围

根据不同的物料，采购首先收集各种信息，然而供应商的能力也各不相同。对于企业来说，利用有限的资源对所有的潜在供应商进行深入的评估也是不现实的。因此，采购在进行正式的评估之前，通常要去掉一些明显不合适的，或者做一个初步的评估，筛选出一个潜在供应商的名单。

1. 财务风险分析

采购要对供应商做一个粗略的财务评估，财务状况不好的公司可能会有潜在的风险。这个阶段的财务分析和正式评估相比要简单得多，采购可以对供应商的财务状况做一个大体的了解，可以从外部侧面了解一些信息，也可以通过邓白氏了解一些信息。

2. 供应商的绩效

一个供应商肯定也有别的客户，它和别的客户合作的绩效记录，不管是同类型的产品，还是其他类型的产品，我们都可以了解一下，作为参考。

3. 评估供应商提供的信息

对于潜在的供应商，采购可以要求它们提供一些信息，向它们发一个信息请求（RFI），做一个初步的供应商调查。通过供应商提供的这些信息，采购可以评估一下供应商的能力与企业的要求是否匹配。采购可以要求供应商提供成本结构、过程工艺、市场份额数据、质量表现等其他重要的信息来做决策。

（六）确定供应商评估与选择的方法

初步筛选淘汰了一些不合适的供应商之后，下一步我们要决定怎么去进行正式的评估，筛选出合格的供应商。这就要求我们有详细的评估标准。当然，我们可以运用各种不同的方法来对剩下来的潜在供应商进行评估。这些方法主要包括评估供应商提供的信息、拜访供应商，以及使用优先供应商等。

1. 评估供应商提供的信息

在与供应商签订合同之前，采购要评估从潜在供应商处获得的详细信息。这些信息来自之前发出的询价请求（RFQ）和方案请求（RFP），这是以前采购常用的方法。

现在，很多公司都会用更直接、更深入的方式来评估潜在的供应商，例如越来越多的公司会要求其供应商在响应 RFQ 进行报价的时候，把价格做一个详细的分解，进行分项报价，包括人工费用、材料费、管理费和利润。

2. 拜访供应商

跨部门的专家团队要对潜在供应商进行拜访。大公司一般都是通过团队对供应商进行评估与选择的，因为他们有一定的资源。团队进行评估的优点就是，每个人可以用独特的视角，对供应商进行全面的评估。团队的成员一般具有质量、工程技术，或者制造技术等方面的专业能力，是有资格在这些领域对供应商进行评估的。

3. 使用优先供应商

越来越多的采购，都倾向于把表现最好的供应商列入优先选择供应商名单，这样可以简化供应商评估与选择流程。优先供应商是指那些可以持续满足严苛标准的供应商。采购可以参考采购数据库，来确定是否存在某个供应商可以满足采购需求。如果有，就省去了评估供应商的时间。平时，采购也可以通过列入优先供应商名单，来激励供应商做出改进和提升的水平。只有那些表现最好的供应商，才可以被列入优先供应商名单。

4. 外部和第三方信息

通过第三方对供应商评估是一个很好的方法。采购可以通过邓白氏（本章第四节有介绍）的信息来确保第三方的信息是可靠的。使用第三方的信息是快速和有效地了解潜在供应商的方法。

（七）选择供应商并签订协议

供应商开发、评估与选择的最后一个步骤就是选择供应商并签订协议。这些活动会根据采购物品的不同而有所不同。例如，常规采购物品只需要通知供应商，并发一个采购订单给供应商就可以了；对于主要的物料采购，流程则要复杂得多，买卖双方需要进行详细的谈判，才能就采购协议上的各个细节问题达成一致。

三、供应商开发与招投标采购管理

采购部门在服务项目采购时，会处理一些项目采购所特有的情况。例如，在项目投标文件中会有客户指定供应商的开发，销售在项目投标时会根据项目的需要以及地域、行业、客户支持、售后服务等综合因素的考量将供应商推荐给采购，有些项目供应商还是为特定项目服务和配套的一次性供应商，对于这类供应商我们如何开发、评估和管理呢？

我们总结了"三早原则"，即"早发现、早介入、早管理"。在项目采购中需要尽早了解采购的需求，发现项目供应商的开发需求，尤其是一些特殊的项目供应商需求，以便提前行动，赢得时间，变被动为主动。我们可以在项目启动的初始阶段，就介入到相关供应商的规划中，将采购的职能向前推，采购要深入到前端，与销售沟通甚至与客户沟通，更好地支持与推动项目的进展。项目采购时效性要求更高，有时为了赶项目交期，各相关部门可以通宵达旦地推进进度，供应链及采购需要管理前置。兵马未动，粮草先行，就是这个道理。

（一）一般项目供应商开发

通常，项目供应商优先从公司的合格供应商名单中选择，如果没有合适的，可以从投标部、项目部、销售部、技术部等不同渠道收集满足项目需求的供应商信息，采购部再根据项目信息和供应商信息进行相关的资质审查和现场审核。

有些项目是针对特定地区、特定行业或者特定服务的，或是客户定制化的项目，因此常规的合格供应商有时不能满足项目需求，需要根据项目的实际情况针对性地开发新供应商，甚至一些特殊项目还需要开发一次性供应商。这就要求采购能与前端、销售或市场密切沟通，甚至能和客户直接对话，及时准确地了解客户的要求，在配套供应商的开发上可以有的放矢，迅速有效地满足需求，支持业务的发展。

图 2-2 列出了项目供应商开发的基本流程，供项目采购开发供应商时参考。

（二）客户指定 / 推荐的供应商

有些项目，客户会在合同中注明一些特殊部件的供应商，有时候是一家，有时候是两家或者三家，也就是客户指定或者推荐的供应商。有的采购遇到这样的情况，觉得非常头疼。

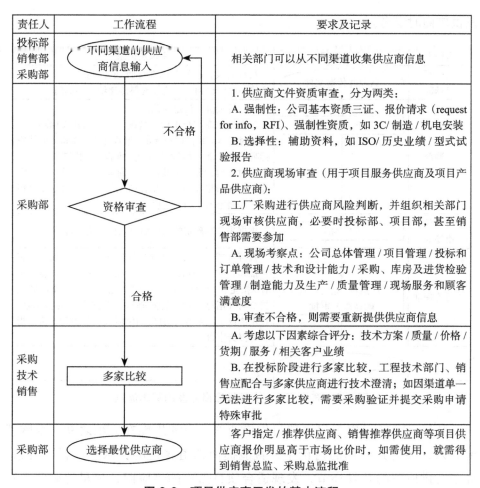

责任人	工作流程	要求及记录
投标部 销售部 采购部	不同渠道的供应商信息输入	相关部门可以从不同渠道收集供应商信息
采购部	资格审查 不合格 合格	1. 供应商文件资质审查，分为两类： A. 强制性：公司基本资质三证、报价请求（request for info，RFI）、强制性资质，如 3C/制造/机电安装 B. 选择性：辅助资料，如 ISO/历史业绩/型式试验报告 2. 供应商现场审查（用于项目服务供应商及项目产品供应商）： 工厂采购进行供应商风险判断，并组织相关部门现场审核供应商，必要时投标部、项目部，甚至销售部需要参加 A. 现场考察点：公司总体管理/项目管理/投标和订单管理/技术和设计能力/采购、库房及进货检验管理/制造能力及生产/质量管理/现场服务和顾客满意度 B. 审查不合格，则需要重新提供供应商信息
采购 技术 销售	多家比较	A. 考虑以下因素综合评分：技术方案/质量/价格/货期/服务/相关客户业绩 B. 在投标阶段进行多家比较，工程技术部门、销售应配合与多家供应商进行技术澄清；如因渠道单一无法进行多家比较，需要采购验证并提交采购申请特殊审批
采购部	选择最优供应商	客户指定/推荐供应商、销售推荐供应商等项目供应商报价明显高于市场比价时，如需使用，就需得到销售总监、采购总监批准

图 2-2　项目供应商开发的基本流程

因为客户指定供应商，采购对它们的影响力有限，价格、交期、付款条款都不好谈。采购对这类客户指定供应商的开发和评审由被动接受变为主动参与，借力打力，善于借用客户的力量来增加对指定供应商的影响力，相关商务条款也可以采用背靠背的方式。

背靠背，即指定供应商的报价，采购与销售和客户共同确认，并在投标文件中相应体现；付款方式也是相关联的，即有时指定供应商需要预付款，那么客户也需要相应支付预付款；在交期、质量和服务等方面，指定供应商完全要符合客户的要求，采购可以打着客户这杆大旗来管理指定供应商。

图 2-3 列出了客户指定/推荐供应商开发的基本流程，供项目采购开

发供应商时参考。

责任人	工作流程	要求及记录
投标部 市场部	获取并传递文件	投标阶段，投标部门在接收到客户指定/推荐文件后第一时间将相关外购件资料传递给采购部门
采购部	询价、比较	1. 进行询价并设定明确的时间节点 2. 在供应商配合报价的情况下，可以在投标部门设定的时间点前提供客户指定/推荐件相关报价并确认应标唯一供应商（针对客户指定/推荐多家供应商情况） 3. 对于客户指定/推荐供应商只有一家的，采购需要与市场价格比较，给出比价结果。如果价格差异很大，书面给出采购的建议
投标部 市场部	投标响应	根据采购部确定的供应商放入招标文件进行响应
项目管理部	《客户推荐/指定供应商确认表》审批	投标部或者项目部在项目销售合同签订前填写《客户推荐/指定供应商确认表》，在系统中上传《客户推荐/指定供应商确认表》及客户推荐/指定供应商支持文件（招标文件、客户邮件、客户签字的备忘录、技术协议、图纸等）、有效的供应商报价表和比价分析表，提交审批
	结束	

图 2-3　客户指定/推荐供应商开发的基本流程

从以上介绍可以看出，项目供应商的开发如果能在立项之初，采购就能介入，参与到前期的讨论中，就能提前知道客户的需求、项目的背景，提前在供应商的开发环节，发现适合项目需要的供应商，尽早协调资源管理好项目供应商。这就是我们建议的早发现、早介入、早管理。

四、供应商评估的关键要素

虽然 Dickson 和 Weber 有 23 项准则，但这些准则在实际操作中一般不容易实现，供应商评估包括的因素可能广泛而复杂，不同的国家、不同的行业或者企业有着不同的标准，国内外各种专家学者也有不同的理论，英国皇家采购学会对此有一个 10C 模型，还有一个 FACE2FACE 模型，有兴趣的读者也可以去了解一下。既然供应商选择需要有一个既全面系统，又简明科学，还稳定可比的原则，那么到底有多少个因素需要在评审时考虑呢？

采购通常对潜在的不同类别的供应商有自己的选择标准以及权重：如果企业对供应商及时交货有很高的要求以满足企业 JIT 的生产需求，那么就要重视供应商的计划和生产体系是怎么运营的；高科技公司的采购可能会比较重视供应商的过程控制和技术能力，或者在研发上的持续投入；对经销商或者提供服务的供应商，则又是另外一套选择标准。

大部分的评估标准都离不开三个主要因素：①成本 / 价格，②质量和③交期。这三个因素的绩效通常是最显著和最关键的，影响着采购人员的绩效。而一套更详细的供应商评估标准会有更多的因素。经过认真研究、对比分析和总结国内外的研究成果与理论，集合中国的国情和当下本土企业的情况，概括出来，我们对供应商进行系统性评估时，需要考虑以下八个因素。

- 管理能力　　·技术能力　　·财务能力　　·质量体系和理念
- 生产能力　　·采购策略　　·社会责任　　·可持续发展能力

（一）供应商的管理能力

采购对一个供应商的管理能力进行评估是非常重要的。毕竟，一个企业的管理层在运营这个企业，他们做的决策会影响到这个供应商的竞争力。采购在评估一个供应商的管理能力时，可以了解以下这些问题。

（1）管理层是否有长期发展计划？

（2）管理层有没有致力于该公司全面质量管理和持续改善？

（3）管理层员工的职业经历是怎么样的？

（4）公司未来发展的方向是怎么样的？

（5）管理层是否以客户为中心？

（6）企业每年的投入是否能够支撑长期的业务发展？

（7）管理层对战略采购的重要性是如何理解的？

（8）公司管理层对公司未来的竞争力和挑战是如何应对的，是否安排员工的培训和成长计划？

当然，通过一个问卷调查、一次供应商拜访，想全面了解一个供应商的真实状况，还是有一定难度的。尽管如此，提这些问题，能帮助采购经理人了解供应组织的基本情况，以及领导者与管理团队的职业素养及能力。

当我们在询问管理层的时候，要尽可能见到更多的人，与他们交流，才能够获得更全面真实的信息。

（二）供应商的技术能力

对于供应商的技术能力，我们一般首先会看其技术开发人员使用的软硬件、开发人员的数量、项目经验、学历背景和年龄结构。当然，不同的行业对技术人员的要求也不一样。传统制造业需要技术人员有足够的经验，所以我们要看供应商工程师的年龄结构，看他们从事这项工作的年限，仔细询问他们是否有开发同类产品的经验。资深工程师、专家、学者往往是这些行业的技术"大拿"，也是这些企业的财富。在很多跨国公司，比如德国企业里，很多工程师已经四五十岁了，日本企业中还有很多六十多岁的，经验丰富，是产品开发的带头人。而对于一些新兴的行业，例如互联网、人工智能、物联网、软件等，就需要更多年轻、学习能力强、善于接受新事物、勇于创新的技术人员去搞研究和开发。

在评估技术能力时，我们要特别注意的是产品认证能力。这些能力，本土的企业普遍较弱，有些企业甚至省略这种能力，只有少部分要求非常严格的企业做得比较好。做得好的企业在产品认证时，对样品、小批、大批有一个严谨详细的认证计划以及一系列的实验计划和评价系统。而这里的"一系列试验及合理评价"，是我们国内企业的短板。当然，技术评审是个复杂而严谨的系统，往往需要研发工程师一起参与。

（三）供应商的财务能力

对于一些重要的供应商，它们的财务能力，也是我们在评估供应商的时候需要考虑的。

为什么要评估供应商的财务状况？这是因为供应商的财务状况，说白了，就是供应商的经济实力。财务状况的好坏，资金状况是否良好，直接关系到它未来发展的好坏，供货的稳定与否，所以我们必须通过评估供应商的财务状况，来判断与它进行合作可能存在的风险。

评估财务风险，可以看财务三张表，即资产负债表、利润表、现金流量表。根据这三张表可以看出供应商的财务能力，这些能力可以分成偿债能力、盈利能力和运营能力三个方面。

1. 偿债能力

偿债能力是指企业偿还到期债务（包含本金及利息）的能力。能否及时偿还到期债务，是反映企业财务状况好坏的重要标志。通过对偿债能力的分析，可以考察企业持续经营的能力和风险，有助于对企业未来的收益进行预测。

企业偿债能力包括短期偿债能力和长期偿债能力两个方面。这里最重要的是短期偿债能力，因为短期偿债能力有问题，马上就会遇到危机。通过评估供应商的偿债能力，可以看到它对其供应商的付款能力、短期借债能力等，这需要两个指标：流动比率（一般来说，这个指标在 2 左右比较健康）和速动比率（一般来说，健康指标应该大于 1）。

$$流动比率 = 流动资产合计 / 流动负债$$
$$速动比率 = 速动资产合计 / 流动负债$$

2. 盈利能力

盈利能力是指企业获取利润的能力，也称为企业的资金或资本增值能力，通常表现为一定时期内企业收益数额的多少及其水平的高低。衡量盈利能力的指标主要包括投资回报率、资产回报率、利润率。在实务中，上市公司经常采用每股收益、每股股利、市盈率、每股净资产等指标评价其盈利能力。

$$投资回报率 = 利润 / 权益$$
$$资产回报率 = 利润 / 资产利润率$$
$$销售回报率 = 利润 / 收入$$

这三个指标越高证明这家公司盈利能力越强。

3. 运营能力

运营能力是指运作一个企业的能力，就是在一定的外部市场环境下，内部干得怎么样。它常常成为考核工厂经理的重要指标，一般使用下面四个指标来衡量。

$$应付账款周转率 = 销售成本（COGS）/ 应付账款$$
$$应收账款周转率 = 销售收入 / 应收账款$$
$$库存周转率 = 销售成本 / 平均库存$$

$$现金周转率＝销售收入／现金$$

用 365 除以上面的指标，就得到了周转天数，这样可能更容易理解。通常，库存周转天数越短越好；现金周转越快越好；应付账款周转天数、应收账款周转天数要匹配，维持现金流平衡，不能简单地说长好还是短好。评估这些能力的数据都可以从供应商提供的财务报表中提取，用这些数据进行计算即可得出相应的指标，从而评估供应商的财务能力。

那供应商会不会给你数据呢？当然，这要看你和供应商的关系。如果你是供应商的重要客户，或者是长期伙伴关系，供应商应当会提供；如果供应商是上市公司，你可以直接在网上查询该公司的年报；如果不是上市公司，可以到邓白氏（Dun & Bradstreet，D&B）等调查机构查询。

当然，在很多情况下，在国内要拿到供应商的报表确实有一定困难，一方面，主要是因为买卖双方还没有建立起互相信任的伙伴关系，另一方面，就是这些企业的报表本身可能就存在一些问题，不愿意对外公开。

4. 邓氏编码

邓氏编码（Data Universal Numbering System，D-U-N-S Number）是一种实时动态的企业身份标识。它源自一个独一无二的 9 位数字全球编码系统 DUNS，相当于企业的身份识别码（就像是个人的身份证），被广泛应用于企业识别、商业信息的组织及整理。它可以帮助识别和迅速定位全球 2.4 亿家企业的信息。

邓白氏注册是邓白氏在全球范围内推广的一种电子标识，它通过互联网链接到你在邓白氏全球企业数据库中的最新注册档案——经邓白氏权威认证的企业信息。

很多《财富》500 强企业通过各种方式将邓氏编码嵌入其内部运作系统和流程，对其业务伙伴的信息进行管理。例如，德尔福、通用、大众、苹果、VeriSign、富士通、飞利浦、三星、沃尔玛、戴尔、采埃孚、惠而浦、UPIK、汇丰银行等诸多大型采购商，在与供应商合作之前，都会要求对方必须取得邓氏编码，

这样才能成为它们的最终供应商。

　　这些机构和企业可以通过邓氏编码，从邓白氏全球数据库（拥有 2.4 亿家企业的信息）调取企业的资信档案。而邓白氏全球数据库的记录是不断被更新和完善的，可以说是全球最庞大的企业数据库。因此，拥有邓氏编码是企业符合跨国采购商要求的首要标准。

　　中国企业获取邓白氏注册服务，首先需要向华夏邓白氏中国提出注册申请，在邓白氏的官网上面注册并且付费，输入对应的企业名称（并且该名称已经列入邓氏数据库），其才会将对应的编码发送给你。通过邓氏编码可以查询相关企业的经营情况、信用评级等信息。

邓白氏信息表

（四）供应商的质量体系和理念

供应商评估的一个主要部分，就是评估供应商的质量管理过程、体系和理念。

采购不仅要评估与供应商质量相关的因素（管理层的承诺、统计过程控制（SPC）、缺陷等），还要评估安全、培训、设备设施的维修维护。所以，广义上的供应商质量评审包括四个方面：质量、测量、安全与培训、设施类。

当然，许多采购希望潜在供应商都是按照ISO9001质量管理体系执行的。

（五）供应商的生产能力

1. 生产技术能力

好的产品肯定有好的质量，好的质量肯定是制造出来的。显然，供应商的制造能力对我们来说非常重要，在评估中，我们要看供应商的设备是什么样的，具体采用什么工艺，以及设备型号、工艺参数、新旧程度、使用状况，这些在评审时都要记录下来。

不过，这些可以看作硬实力的部分，评审起来相对比较容易；难的是软实力部分，我们更要重视，也就是供应商是否有一套工艺文件、作业指导书，并检查员工是否一直都是按照这些文件上的要求去做的。

作为采购，对于我们负责的这部分品类物料，我们需要对制造工艺、质量标准、行业水平等情况加深了解，这样我们在审核时，就能看得更专业。

2. 生产计划控制

生产计划包括释放、安排并控制一个供应商的生产过程。供应商是否使用物料需求计划（MRP）来确保所有需要的物料都到位？供应商是否追踪物料和生产循环时间，并与绩效标准进行对比？供应商的生产计划系统是否支持采购的JIT要求？供应商的生产计划和控制系统能保证的交期是多少？供应商过去按时交货的比例是多少？对供应商的生产计划和控制系统进行评估的目的，就是要识别供应商对计划和生产控制的能力。

采购企业在考虑大批量采购的时候，要充分考虑供应商是否有足够的产能。审核员在对供应商评估后，根据符合要求的程度，给供应商的生产体系定义一个等级。

（六）供应商的采购策略

我们一定要充分认识到，供应商的供应商是我们供应链管理的一部分。所以，我们需要对供应商的供应商有所了解。当然，一家公司不可能有那么多资源和人力去调查它供应链上的所有供应商。不过，对于主要材料，我们还是有必要去了解二级供应商甚至三级供应商的一些情况的。

对采购来说，我们完全有可能开发出一套程序，对一级、二级和三级供应商的采购方法和技术进行深入的了解。如果在供应商选择的过程中，我们评估了一级供应商的采购战略、方法和技术，再通过与一级供应商采购部门的交流，我们就可以了解二级供应商的一些情况。如果二级供应商也对它自己的一级供应商（对于采购来说，则是三级供应商）的采购战略、方法和技术进行评估，那么我们就可以了解三级供应商的一些情况。

这一点在汽车行业特别明显，汽车行业的供应商都要通过 TS16949 的认证，主机厂在考察供应商时，必须要供应商提供审核它的供应商的证据，而且有时候也会直接对一些二级和三级供应商做一定的调查。

评估一个潜在供应商的采购战略、政策和技术，是对供应链更深入、更广泛的了解。只有为数不多的采购才能深刻理解，加深对二级供应商和三级供应商的了解，相对于竞争对手，是一个重要的优势。

（七）供应商的社会责任

随着经济和社会的进步，企业不仅要对盈利负责，而且要对环境负责，并承担相应的社会责任。越来越多的企业会对供应商做社会责任评审，在审核供应商时会考察供应商是否执行了劳动合同法，是否污染了环境，是否保护了员工的职业健康与安全，甚至会考察企业是否遵守了必要的商业道德。

为什么要评审企业的社会责任？

从表面上看，供应商是否执行劳动合同法，这和采购企业是没关系的。而做这样的社会责任评审，既不产生直接收益，还要投入成本，同时还可能挡住一些以传统采购眼光来看，交付、质量和成本都很好的供应商。

企业对供应商做社会责任评审是有价值的。对具有一定规模的企业而言，消费者、政府、投资者、非政府组织（NGO）对它的要求会比较高。一家具有一定规模的企业的行为对社会有一定的示范作用。

这些企业在招聘的时候不能对人的性别、宗教信仰等有歧视，企业不能雇用童工，每周加班不能超过规定的时间，否则就影响了员工的休息和健康。

举个例子，前些年，富士康加班过多，多名员工因工作压力过大而自杀，富士康也成为血汗工厂，而富士康又是苹果的供应商，苹果公司的手机在中国这么流行，发生这样的事情对社会的负面影响太大了，公司为了赚钱就可以不顾别人死活吗？当然不行，这就要求苹果公司加强对富士康在社会责任方面的要求。

评审企业的社会责任，对这些企业自身来说，也是有好处的。因为它一旦做这样的评审，就有了道德准则来约束自己，有了道德底线，就促使它成为一个既注重经济效益，又注重社会效益的可持续发展的企业。

（八）供应商的可持续发展能力

供应商是我们的资源，开发和选择供应商是采购的一项非常重要的工作，选择了之后，我们需要在合作中进一步加深对供应商的了解。我们更加希望与一些供应商建立长久合作的伙伴关系，而不只是传统的交易性质的关系，所以对供应商的评估也不能局限于质量、价格、交期和服务，虽然这几个因素非常重要，但对作为长期可持续发展的合作伙伴的供应商，我们需要考虑得更多。如何评估一个供应商是否可以进行长期的可持续发展的合作？以下这些问题是我们需要进一步了解的。

（1）供应商是否表达出建立长期合作关系的意愿或者承诺？

（2）供应商是否愿意为长期的合作提供专门的资源？

（3）在产品设计阶段，供应商是否愿意早期介入？

（4）供应商是否有独一无二的地方？

（5）供应商是否有兴趣共同解决困难和提升？

（6）双方是否可以开诚布公地进行信息的交流？

（7）供应商是否愿意与我们一同探讨未来的发展计划？

（8）供应商是否认真对待信息的保密？

（9）双方合作的默契程度如何？

（10）供应商对采购方的行业了解多少？

（11）供应商是否愿意公开成本数据？

（12）供应商是否能够主动提供一些创新？

（13）供应商是否能够承诺为采购方提供一部分独家专用产能？

当然，这些问题可能并不全面，但是它们对采购方来说都是很重要的，在对供应商进行评估和选择的过程中，这些问题可以用来衡量供应商是否是具有可持续发展的潜力。

五、供应商评估与选择的内容

一般来说，企业采购的产品首先是安全的，不会对人造成伤害，不能有安全隐患。这是我们选择供应商时考虑的第一要素，在考虑产品的组成成分同时也要考虑产品的包装。这个安全是指不会给使用者带来伤害，员工也不能因为制造这些产品受到身体的伤害。三鹿奶粉就是因为不安全，而给社会带来了巨大的伤害。

其次，我们采购的这些产品，质量必须是合格的，否则就是废品或者次品，那会给企业带来损失。

再次，这些产品必须能够及时交付，交付不及时，特别是交付晚了，可能会给公司带来很大的损失。

最后，在满足前三个因素的前提下，我们再追求成本上的最优。

我们必须要强调，**安全第一、质量第二、交付第三、成本第四**。

然而，不同的行业、不同类型的产品，跨度很大。可能我们在执行采购时，侧重点和标准也会不一样。

例如，有些市场上标准的产品，国家相关部门已经对安全严格把关了。对我们来说，这就不存在安全的隐患，也就不用把安全放在第一位去考虑了，此时，我们通常就会考虑质量第一。

如果在采购的时候，供应商的质量也没有太大的差别，供应商很多，一般也都有库存，交付可以在任何时间完成，这时候成本的权重就会比较高了。

这些评估要素，对于不同的企业、不同类别的产品，是有不同的权重的，我们如何在评估过程中去执行呢？简单地说，可以总结为以下两句话。

第一句话：统一考试，不同分数录取。 对供应商的评审用的是统一的评估表，打分标准都一样。相当于高考，但不同专业录取时，重点看的东西不一样。数学系录取学生一定重视数学成绩，外语系更看重外语成绩。供应商评估也会打分，是否要选那个分最高的呢？其实不是看总分高低，而是分专业来看，看我们最需要的地方，对方是不是能满足我方的要求。考大学报物理系，如果物理不及格，人家一定不要你。这就是统一考试，不同分数录取。

第二句话：不同考试，按分数录取。 这好比艺术学院招生要看形体表演，体校要看体育成绩。这是个加试，当然分数标准是不一样的，企业招标就是为了获得单独的、特殊的项目而制定评价方案，然后给供应商打分。这就是不同考试，按分数录取。

（一）供应商评估的原则

在实际操作中，我们怎么开展供应商评估呢？评估是要有一套标准流程的，建立一套完善的供应商评估程序，应当要符合以下几个原则。

第一，评估应当是全面综合的，包括我们认为对评估和选择流程重要的各个方面。

第二，评估的过程必须尽可能具有客观性。这就需要制定一个评分系统，明确每一项评分标准的定义。

第三，评估的每一项和分数的衡量都要是可靠的。也就是说，当不同的个人或者团体对同一项进行评估时，得到的结论应当是一致的。可靠的评估需要明确的衡量方法和内容清晰的评估事项。

第四，一个好的评估是要具有柔性的。每家公司应当有一个供应商评估的标准格式，在针对不同类别的采购物料时，评估的格式可以有一定的柔性。让评估过程具有柔性的最简单的方法，就是根据不同类别的物料，调整评估事项的权重。重要的事项在整个评分体系中的权重应当比较高。

第五，有效的评估体系必须是清晰明了的。使用权重和分数，可以让参与评估的每一个人都能够明白评分机制和选择过程。

（二）供应商评估的步骤

为了确保供应商评估符合以上这五项基本原则，我们需要有序的按步骤进行（见图 2-4）。

第一步	识别供应商评估的事项	
第二步	对每个评估事项设置权重	建立评估的规则
第三步	设置各事项下的分项及权重	
第四步	确定每个事项及分项的评分机制	
第五步	对供应商直接评估	
第六步	审核评估结果并做出选择	评估和选择供应商
第七步	定期回顾并持续改善供应商	回顾供应商的表现

图 2-4　供应商评估的步骤

以下通过对这七个步骤进行详细说明来指导我们如何开展供应商评估工作。

1. 识别供应商评估的事项

供应商评估的第一步，就是确定需要对哪些事项进行评估。如上面所述，存在着很多评估的事项。为了说明，假定一个采购选择质量、管理能力、财务状况、供应商成本结构、期望的交货表现、技术能力、体系的能力，以及一些其他需要包括的因素。这些事项就是采购需要考虑的最重要的领域。

2. 对每个评估事项设置权重

各个性能事项通常都会有一个权重，来反映这个事项的相关重要程度。所设的权重反映各事项的重要性。各事项权重加起来的总和必须是 1。

评估系统的一个重要原则是要具有柔性。管理层可以根据实际需要，通过设置不同的权重，增加或减少一些事项，来达到这一柔性。

3. 设置各事项下的分项及权重

第二步确定了需要评估的事项之后，第三步就要将每一个事项分成若干小的事项。同样重要的是，采购还需要对各分项的权重进行设定。例如，质量这一项就可能包括对供应商的过程控制体系、全面质量管理和百万次品率（PPM）的评估。这就是说，供应商评估的质量事项，是由所有这些分项组成的。

所有分项的权重之和也要与各类别权重之和相等。采购需要很清晰地对每一个事项里各个分项的分数进行设定，这是下一步需要说明的。

4. 确定每个事项及分项的评分机制

第四步就是确定每一事项之内的评分机制。如果你用 5 分作为衡量某一个事项的尺度，那么采购就需要明确定义，各分值之间分别有什么区别。例如，某家公司，把对供应商评估的每一个事项的分数都定为 10 分，那么评分标准就是 1 ～ 2 分为很差，3 ～ 4 分为较差，5 ～ 6 分为可接受，7 ～ 8 分为合格，9 ～ 10 分为优秀。但是这样的分数，评判标准很模糊，没有进一步解释每一档分数分别表示什么含义，有一定的主观性。

这家公司对评分系统进行了改进，现在换成一个 4 分的评分机制，这样就更容易解释，也是根据全面质量管理来定义的。

重大不符合（0 分）　缺少能够满足要求的体系，或者体系处于崩溃状态，或者发现的不符合将会导致交付的产品不符合。

轻微不符合（1 分）　有不符合项，虽然并不严重，但是根据经验判断，该不符合项可能导致质量管理体系的失效，或者对过程控制或产品的控制能力减弱。

符合（2 分）　在评估中，没有发现重大或轻微的不符合项。

充分（3 分以上）　供应商的具体表现和文件资料，都满足甚至超过了给供应商设定的范围的要求。

一个相对完善的评分系统，应当是客观的，并且可以定量地测量出来。这样，即便不同的人来评估，评出来的分数也非常接近。如果评分系统的标准是比较宽泛、模糊的或者定义得不清晰，那么让不同的人去评估，得出的分数或者结论，则很有可能会大相径庭。

5. 对供应商直接评估

在这一步，审核人员就要去供应商的现场进行评估了，现场评估的时间通常需要 1 天或者几天。一个公司对供应商的选择要相当慎重。一般，评估供应商的工作由跨部门的团队来完成，因为他们可以从不同的专业角度提出不同的问题。

采购一般要提前通知供应商，在评估中需要准备哪些文件资料。例如，一般我们在评估新供应商的时候，审核人员可能要求供应商提供过去的绩效表现。这其中就包括要求供应商提供加工能力、过程控制能力和交付绩效的证据。

例如，在质量事项里，有三个分项，如表 2-2 所示。

表 2-2　质量事项中的分项及相关数据

类别	权重	分项权重	分数（5分制）	加权得分	得分
过程控制体系		5	4	4.0	
全面质量管理	20	8	4	6.4	17.4
百万次品率		7	5	7.0	

过程控制体系　总分 5 分，实际得 4 分，4 分相对 5 分是 80%，加权得分应该是 5 × 0.8=4 分。

全面质量管理　总分 5 分，实际得 4 分，4 分相对 5 分是 80%，加权得分应该是 8 × 0.8=6.4 分。

百万次品率　总分 5 分，实际得 5 分，5 分相对 5 分是 100%，加权得分应该是 7 × 1=7 分。

这样一来，把三个分项的分数相加，质量这一项的得分应该是 4+6.4+7=17.4 分。

采购可以比较不同供应商的评估分数，并根据评估的分数选择与一个供应商签订合同。也有可能，供应商被评估不合格，暂不考虑合作。那么采购需要制定一个可接受的标准，供应商在改进之后能够满足这样的要求，才可以成为合格供应商的一员。例如，某个供应商其他的都符合，只有一项是不符合的，那么审核人员需要确定这项不符合是可以纠正的，还是供应商确实缺乏这项能力。

6. 审核评估结果并做出选择

在这一步里，对某家供应商进行评估之后，审核人员必须做出决定，即是推荐还是拒绝。作为采购，我们应当考虑与供应商未来的合作机会，而不只是为了一次合作。实际上，我们一般要在有确切的采购需求之前，就评估、选择供应商，这样才会为采购提供柔性。一旦有了采购需求，我们就可以快速行动，因为之前已经对供应商做过了评估认证。

我们在评估中，需要对每一项供应商的缺点及其严重性做出说明，并评估该项缺点可能带来的影响的程度。

这个步骤主要的输出结果，就是我们要决定是否接受一个供应商，是否可以与其签订合同。

采购可能会同时评估几家同一类的供应商，而它们会形成竞争。在对供应商进行客观的评估之后，我们可以对供应商进行各方面的对比，然后决定最终选择哪一个。当然，根据评估的结果，采购应当选择不止一家供应商。

供应商选择最后的决定权在谁，这在不同的公司也是不一样的。评估供应商的审核人员或者审核团队可能就是最终做出决定的人。评估供应商的人员或团队把评估的结果和建议提交、汇报给供应商选择委员会，或某高层经理，由他们来做最终的决定也是有可能的。

7. 定期回顾并持续改善供应商

对供应商的评估和拜访，仅仅是评估流程的第一步。如果采购决定选择一个供应商，那前提一定是该供应商满足了采购的要求。经过评估之后，对于供应商比较薄弱的地方，需要推动供应商进行改进，这时候，采购需要将工作的重心从初始的供应商评估与选择，转移到跟踪供应商持续改进的证据。

六、供应商筛选漏斗模型

供应商选择，简单来说，也可以分为三个步骤，我们称之为"供应商筛选漏斗模型"（supplier filter funnel/model，SFF）（见图2-5）。

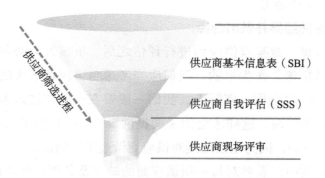

图2-5　供应商筛选漏斗模型

第一步，在前期开发的初期，我们锁定一些潜在供应商，然后我们需要对这些潜在供应商有一个基本的了解，这时候，就可以要求它们填一个供应商基本信息表（supplier base information，SBI）。这样，我们根据它们的基本信息、供应商的合作意愿，就可以对哪些可以进入下一轮的筛选做出一个判断。

第二步，我们再让这些被筛选出来的供应商做一个供应商自我评估（supplier self survey，SSS），这样再筛选一轮，剩下的潜在供应商就不多了。

经过两轮筛选之后，我们就基本确定了目标供应商，这时我们就要对供应商进行一个全面了解和评估，就要做一个正式的供应商评审，建立一个供应商评估模型（supplier evaluation model，SEM）。

经过三轮的筛选，我们就挑选出来了一些比较合适的、潜在的供应商名单。由浅入深，SBI 了解的是基本信息，获得一个长的供应商名单；SSS 是对供应商进一步的了解，得到一个短名单；最后再做一个全面评估，得到的是一个我们锁定的目标供应商名单。

通过这个方式，我们可以用供应商基本信息表和供应商自我评估先筛选出来相对合适的潜在供应商，再安排相应的供应商现场评审，不至于匆忙地去供应商现场，反倒浪费了时间。而且，我们建立了供应商数据库以收集行业的信息，对我们开展供应市场分析也是有好处的。

上面的三个步骤，一步一步过滤供应商，就好比建立了一个供应商筛选的漏斗，而且漏斗里的水是在不断流动的，把通过各种渠道找到的供应商都放在漏斗的大口上，让它们通过漏斗进行过滤。是否可以流到小口里，就要看后面评审的结果了。

是否要对所有新开发的供应商做全面的供应商评估呢？

这里有必要指出，全面的供应商评估费时费力，所以不需要让所有的新供应商一一过堂。例如，一些一次性的供应商、低值易耗品的供应商、标准化物料的供应商，对这些新开发的供应商我们就没有必要做全面的供应商评估，可以针对性地做一些简化评估；对于战略性物料、重要的高价值采购、有可能建立长期伙伴关系、国际供应商的开发、外包供应商等情况，进行全面的供应商评估就显得尤为重要。

【最佳实践】A 公司采购部门供应商开发方案

供应商开发的背景

1.A 公司产品生产的要求。A 公司经营的产品：销售和出口展示货架，来图来样加工的铁丝、钢管、钢板等组合成的五金制品，基础零配件均符合国家标准。因此在对零配件的采购上适合标准化配件大批量采购，因此供应商的开发具有多种选择。

2.供应商开发积极配合项目的需要。供应商是项目采购管理中的一个重要组成部分，项目采购时应该本着"公平竞争"的原则，给所有符合条件的供应商提供均等的机会，在成本、交付和质量上为项目的实施提供保障。

供应商开发战略

1.供应商的开发战略。供应商的开发是从无到有选择新的供应商，建立起满足企业需要的供应商队伍。结合 A 公司的经营产品的不同特点，采购部门制定相应的供应商开发及选择战略，并且此战略需要充分满足企业发展的战略要求。

2.供应商的开发渠道。供应商越多，A 公司选择供应商的机会就越大。结合 A 公司生产的实际情况、产品特点、采购类别，提供供应商开发的主要渠道如表 2-3 所示。

表 2-3　A 公司供应商参考信息

序号	A 公司供应商信息源
1	国内采购指南、产品发布会
2	国内新闻传播媒介、产品展销
3	国内行业协会会员记录、产品公报
4	同行试调（代理公司、114 查询、网页搜索）
5	其他各类出版物的厂商名录

3.供应商开发步骤。当完备的供应商信息搜集整理完毕，就要按步骤实施供应商的开发，具体的步骤在上面也有详细的介绍。

供应商选择需要考虑的因素及相应步骤

采购部门需要帮助公司找寻合适的供货商，而合适的供货商是公司的好伙伴，不好的供货商是公司的潜在危险，所以选对供货商是重要的工作。

1.供应商选择考虑因素。在选择供应商的时候，许多的因素值得考虑。各个方面的重要因素因企业而异，甚至因同一企业的不同产品或服务而异。

结合 A 公司目前供应商的开发情况需考虑以下因素（详见表 2-4）。

表 2-4　A 公司的供应商开发情况需考虑的因素

序号	供应商选择考虑因素	说明
1	质量	有无质量管理制度手册、年检作业方案、评鉴等级、ISO9000 质量体系认证等
2	价格	价格是否合理，明确报价单，供应商提供折扣等因素
3	交货能力	及时交货能力、持续改善能力
4	服务	更换残次产品，指导设备使用、投入程度等
5	柔性	供应商面对数量、交付时间，产品变更的灵活性
6	位置	供应商所处的位置对送货的时间、运输成本、紧急订货与服务的响应因素
7	存货政策	是否持有随时备件存货，以解决突发性事件（如产品残次）
8	信誉	供应商是否依赖其他买主，是否满足以上因素要求
9	财务状况	供应商财务是否稳定，是否会在紧急情况下抬价以及发生不良经济行为

2. 供应商选择步骤。供应商的选择就是从众多的候选供应商中，选择可以长期合作的供应商，并建立长期的合作关系。针对 A 公司目前供应商的情况以及开发供应商的流程，制定详细的新供应商的选择步骤（详见表 2-5）。

表 2-5　A 公司供应商选择步骤

步骤	供应商选择具体内容	说明
1	分析市场竞争环境	针对产品市场开发供应链合作关系，分析现有供应商，总结存在的问题
2	确定供应商选择的目标	建立实质性、实际性的目标，有效实施运作各个环节
3	制定供应商评价标准	通过产品质量、性能指标；对供应商选择因素满足与否
4	成立评价小组	组员来自采购、质量、生产、工程、研发等部门，成立专门考核评价小组
5	供应商参与	与供应商保持密切联系，及时获知商品信息，商讨注意事项
6	评价供应商	做出决策，选择通过符合条件的供应商，未通过的至步骤 2 审核
7	实施供应链合作关系	根据市场变化以及实际生产需要，及时调整供应战略，选择最佳供应商

思考题：

1. 请列出供应商开发、评估与选择的七个步骤。

2. 请画出供应商筛选漏斗模型。

3. 请列出供应商评估与选择的内容。

4. 根据本章的学习，思考如何进行供应商选择与评估。

5. 结合自身的工作经验，拟定一系列供应商评估与选择的文件与指标框架。

第三章

供应商质量管理
——质量是供应商管理的法宝

 学习目标

1. 了解供应商质量管理的定义和内涵。
2. 熟悉质量管理在供应商管理中的价值。
3. 掌握供应商质量管理中的常用工具和方法。

江淮汽车供应商质量管理现状

虽然江淮汽车的供应商大部分已通过各种形式的质量管理体系认证，但实际的质量管理体系运行状况并不理想，存在诸多方面的问题。

2015 ~ 2016 年，江淮重型商用车公司对 31 家供应商进行了审核，审核过程中发现问题点 31 项，如表 3-1 所示。

从表 3-1 可以看出来，目前供应商最主要的问题为管理文件和测量试验。

管理文件是最严重的问题，

表 3-1　审核问题分类

序号	问题类型	问题数	占比（%）
1	管理文件	108	29.92
2	测量试验	53	14.68
3	设备维护	38	10.53
4	来件控制	37	10.25
5	工艺执行	34	9.42
6	质量改进	33	9.14
7	产品审核	31	8.59
8	不合格品	27	7.47
合计		361	100

文件策划不够细致，可操作性有待改进，包括图纸、企业标准、工艺文件、检验文件、设计文件的缺失、遗漏、矛盾、下加实际等。

从文件的健全程度和使用程度，可以判断一个企业质量管理体系策划的完善程度。在大部分企业里，文件对企业的质量管理没有良好的指导作用。原因有可能是企业的领导层对此不重视，也有可能是专业人士的缺乏。

检验测试的规范性和科学性也需要供应商加以重视。目前大部分供应商检验抽样方案、检验记录、检验结果判定等方面的问题直接影响到产品的质量控制、质量管理体系的监控与改进。

此外，很多供应商对检测仪器、量具检具的校准工作重视程度不够，对设备的维护保养不到位，更使得生产过程控制和产品检验环节的漏洞增加。

一、什么是供应商质量管理

（一）质量管理的发展

在学习供应商质量管理之前，我们先了解一下质量管理的发展。从 20 世纪早期的科学管理开始，直到我们现在的供应商质量管理，质量管理的理论和方法一直在持续发展和完善中，它涉及我们生活、工作的方方面面。整个质量管理理论的发展历程如表 3-2 所示。

表 3-2　质量管理理论的发展历程

时间	代表性人物和理论
20 世纪早期	泰勒：科学管理，奠定了标准化的基础
20 世纪 20 年代	休哈特：统计过程控制，实现过程的管理和控制
20 世纪 30 年代	道奇和罗米格：抽样检验
20 世纪 50 年代	戴明和朱兰：PDCA 循环和质量三部曲，使日本产品的质量得到飞速提升
20 世纪 70 年代	质量成为战略，全面质量管理，马尔科姆·鲍德里奇国家质量奖实施
20 世纪 90 年代	流程再造，六西格玛推行
21 世纪初期	供应链管理，供应商开发和供应链质量管理

由此可见，**供应商质量管理是质量管理发展到一定阶段的产物，它是质量管理工具和方法的集大成者，它使质量管理由公司内部延伸到整个供应链。**

（二）供应商质量管理

供应商质量管理是提升供应商品质的一种活动，是在整个供应链环节中，运用质量管理理论和供应链管理理论对供应商进行评价、选择和管理的过程。目的是维持和改进供应商的品质保证能力，能够持续提供符合甚至超越本公司质量要求以及最终用户要求的产品。供应商质量管理在整个组织的质量管理中占据非常重要的地位，是企业质量管理的重要组成部分。

企业要建立质量管理体系，首先要有质量意识，而质量意识是公司文化的一部分，是一种思维模式，它附着在我们所做的每一件事情上。质量文化反映了公司从上到下的核心价值观和行为，当然也就决定了它怎么设计、制造产品和服务。

富士康总裁郭台铭先生对质量的评论是：**品质是价值与尊严的起点，也是公司赖以生存的命脉**。第一句从客户的角度出发，第二句从公司内部的角度出发。前者影响企业的发展和竞争力，后者则关系着企业的生死存亡。

必须要指出，**质量不是企业老板决定的，而是客户决定的**。对客户来说，他们愿意支付更高的价格购买质量更好的产品。对供应商企业来说，第一次就把质量做好，是可以减少成本、使利润增加的，因为避免了返工和报废造成的损失。然而很多供应商老板对这一点仍然不理解，来料的时候没有严格控制，制程中又会出现各种异常，最后成品往往有质量的缺陷，而且有时候，他们明知道产品有质量风险，还是要冒险放行，顺利出货。

二、供应商在质量管理中可能存在哪些问题

在制造业中，每一家公司所采购的产品或者服务，累计起来通常会达到公司营业额的 50% 以上。由于这些材料和服务的采购都是持续性的，所以公司有必要致力于建立缺陷预防和产品接受制度。

一般来讲，采购工作中，我们在开发新供应商的时候，通常需要对供应商进行审核。当审核质量管理体系时，我们发现，很多供应商存在着

各种各样的问题，这些问题往往比较类似，经过总结，可以归纳成以下几点。

（一）供应商管理层对质量体系的重要性认识不足

供应商对其下一级供应商的管理，也是我们在供应商质量管理中所关注的一个重要方面。由于供应商中鱼龙混杂，在实际中，有些供应商往往对他自己的供应商没有进行体系的评审和资质的评估，只是对供应商提供的材料或者样品进行检验并反馈结果。通过检验之后，认为是合格的，就开始批量订货，但这样是不完善的，因为无法正确评估其供应商是否具备很高的质量管理水平，是否能够持续提供质量合格的产品。

（二）供应商缺乏规范流程

很多企业对供应商质量管理的认识，还停留在产品的来料检验上，有的企业选择供应商看重价格低，但质量往往没有保证，于是有一大堆质检人员，每天忙个不停，就在不断地检验、不断地开不合格单、不断地退货。采购也频繁忙于和供应商沟通退换货。

实际上，它们忽略了供应商自身对产品的质量管理。供应商是为企业提供原材料以及服务的供应商上游主体。如果供应商提供的原材料、产品或者服务存在一定的问题或者缺陷，将会在很大程度上影响下游企业的生产。

在工作中，我们经常能发现，有些供应商企业缺乏规范的、系统的质量管理体系，检验程序流于形式，缺乏实际意义。

（三）员工的质量意识淡薄

在走访供应商的工厂时，我们常常能够看到，很多供应商提出"质量是企业的生命"，并把它做成一个标牌，挂在车间墙上醒目的位置。看起来，它们似乎对质量很重视，但实际上，深入了解之后，发现它们的质量并不怎么样，所以我们最后往往会发现它们中的绝大部分仅仅是喊喊口号而已，在实际中并没有付诸行动。

还有一些企业，员工对质量管理的理解，仍然停留在质量就是质量部门的事，质量控制就是产品检验，并没有意识到，质量是靠质量管理体系来保证的，质量管理工作是所有员工都要参与的。

在另外一些供应商企业里，没有专门负责质量体系管理的人员，往往是企业的最高管理者兼任质量管理体系的负责人。一方面，由于他们工作繁忙，缺乏足够的时间和精力去监督和执行质量管理的工作；另一方面，他们也没有完全理解和认同质量管理体系的意义，造成员工质量意识淡薄，企业的质量管理体系有名无实。

（四）不按照标准开展工作，质量信息管理缺失

有些供应商制定了质量管理的流程和制度，但是一方面职责和权限划分不清，存在一些管理死角，经常会发生部门之间互相推诿、扯皮现象，发生质量问题时，很难找到责任源头，也就没有整改方案，没有建立质量档案；另一方面，很多供应商对于做记录的重要性认识不足，靠口口相传，很多信息和记录被遗忘或者随着人员的离职而丢失。

总而言之，质量信息管理是不完整的，就无法对有质量问题的产品进行追溯，就不能提出纠正方案来预防以后出现同样的质量问题。

（五）产品过程质量管理能力欠缺

由于很多企业的采购人员是老板的亲戚，或者老板亲自采购，这些物料采购回来之后，没有进行相关的质量检验，就直接入库或者直接投入生产，在生产现场发现有问题时，再退给供应商，要求供应商退换货。

然而，靠现场的生产人员对质量进行自检，由于工人们的收入一般跟产量有关，如果又要负责质量控制，往往会不严格按照要求，这样就不能实现有效的控制，只能靠操作人员的责任心。另外，有的供应商，为了节约成本，减少检验的工序，这样的风险更大。

（六）对供应商质量管理效果缺乏评价机制与改善措施

有些企业意识到了供应商质量评估的重要性，也制定了规范的管理体系，但是还缺乏对质量管理效果的评价机制和改善的措施。

有些企业在对供应商进行质量管理的过程中，通过严格的管理措施发

现了一些问题，由于缺乏规范的管理效果评价机制，企业解决问题的方式往往还是通过采购部门的经验去解决。一个缺乏相应的效果评价机制的管理机制就失去了其本身的意义，影响了企业的发展。

（七）不重视质量教育培训

质量培训对于提高员工的质量管理的意识至关重要。如果供应商企业一直缺乏对员工的系统性和针对性的教育，仍然沿用师傅带徒弟的模式对员工进行技能的传授，那么将会造成员工没有理解质量管理的本质，不能掌握质量工具的运用。

在现代管理中，这种方式已经不能适应企业的发展。企业必须有完善的质量培训制度，不断地进行员工培训，灌输质量管理的概念，提高员工的整体意识。

三、四个措施改善和提高供应商质量管理水平

无论你所在的企业是什么样的性质，你遇到的供应商水平都会是参差不齐的，即便你是大型的跨国公司，你的供应商群体中都会不可避免地碰到一部分中小型民营企业，它们中有一部分企业对于质量管理的意识还是比较欠缺的。

当我们面临这些供应商的时候，我们如何来帮助它们提升质量管理体系，让它们更好地为我们企业服务呢？

（一）措施一：主导供应商建立一套完善的质量监督和考核体制

供应商管理层对质量管理体系的认识水平和态度是决定体系运行有效性的关键因素。只有管理层具备了这样的理念和意识，才能在企业内营造以客户为关注焦点的氛围、建立企业的质量目标，才会用心动脑筋去进行质量资源的配置优化，才能将质量目标管理与监督考核体制有机地结合起来，将企业的质量方针目标逐层分解到部门、车间、班组以及个人，形成供应商企业内的质量意识氛围和质量监督制度。监督的目的是协调和完善制度的执行。

（二）措施二：指导供应商完善质量管理体系文件和进行质量培训

由于这些中小型供应商没有足够的人力和质量思维，作为客户的采购和质量人员应该协助供应商编制既适合自己产品质量要求，又适合中小型供应商的质量管理体系的文件，并且指导供应商对质量管理体系进行有效运行，使质量体系文件成为供应商评价质量管理体系和质量改进所参照的依据。即使供应商通过了某个质量体系的认证，也要不断完善质量体系文件。

为使供应商的质量管理体系能切实对产品质量水平提升有促进作用，必须不断完善各层次的质量文件，尤其是第三层次、第四层次的质量文件，不断扩大培训范围，特别是对操作层面人员的培训。

（三）措施三：培训供应商树立"事前预防"的质量意识

发现在早，预防在先。供应商必须能够预防不合格现象的发生，这样才能够有效地保证客户产品的质量。

为此，应当指导供应商通过各种质量培训，提高企业员工的整体素质。加强"三不"意识教育。如果这些理念能够被供应商所接受，就能够间接地保证质量体系有效地运行，从而使不良率大大降低，制造成本也能够相应降低。

（四）措施四：辅导供应商进行质量体系的内审和管理评审

作为客户，应当定期同供应商各部门开展质量体系的审核和管理评审，协助供应商质量人员一起通过对所建质量体系不断地进行符合性、适应性及有效性的审核，跟踪纠正预防措施的实施和验证，及时发现运行中存在的问题，保证所有的不符合项和质量问题能够得到快速有效的改善。

在管理评审中，必须实事求是，坚决提出影响质量体系正常运行的关键风险和问题，验证质量体系的适宜性、充分性和有效性，评价质量目标和质量方针的实现情况。供应商要确保管理体系的持续改进和变更，确保质量管理体系具备能够持续实现供应商的质量方针和目标，建立质量管理体系及其过程要具备持续满足客户产品质量的能力。

供应商质量管理体系的提升，能够有效地提高供应商产品的合格率和质量水平，不仅能够帮助供应商迅速提高企业的经济效益和社会效益，也有利于客户和供应商之间的经济合作。只有加强供应商的质量管理，持续不断地提高自身产品的质量，才能够进一步满足客户的期望，使企业获得长足的发展。

四、六个要素影响供应商质量

经常有采购人员反映，每次供应商的货送来之后，公司要花费大量人力和时间去检验，也总会有很多不合格品，需要返工或者退货，给采购增加了很多不增值的工作量。特别是，一批货在抽检的时候，发现有一两个不良，质量部门很可能就会判定批次不合格，要求退货，而往往这个时候生产线已经在焦急地等待了，一旦退货，造成供应中断，产线就要停下来，生产会去投诉采购部门，而不是质量部门。

对供应商的质量管理是采购部门一项非常重要的工作，为什么供应商的质量难以控制呢？

评估一个新的供应商的质量管理水平，首先要对质量管理体系进行审核，如果审核执行得当，它就是一个很有价值的工具。审核是对某一项功能做有计划的检查，它的执行方式不外乎观察过程中的程序是否符合要求，或者对该过程的产品或服务做严格的分析。

很多时候，采购人员对供应商进行所谓的"质量审核"，根本没有太大用处。一般我们会提前通知供应商，供应商就会准备好相应的文件资料，待我们的审核人员去了之后，检查一下文件，然后到车间里走马观花似的看一下，这样走过场的形式，根本没有办法去了解它们的质量体系是否在工厂里良好的运行。

在执行供应商质量审核时，大致可以从人、机、料、法、环、测这六个角度展开。

人（man）、机（machine）、料（material）、法（method）、环（environment）、测（measurement），这六个字反映了影响质量波动的系统性因素，称为5M1E 分析法。

在实际工作中，我们对供应商进行质量审核，也是主要围绕这六个关键因素来进行的，这六个因素分析并不是独立的，是相互关联的，是你中有我，我中有你。只要我们把供应商这六个方面的情况搞清楚了，基本上就可以对这个供应商的能力和水平做一个判断，或者评一个分数。通过对这六个因素的分析，我们往往可以快速找到问题的关键。

（一）人

在人、机、料、法、环、测这六个因素中，人的因素是最重要的，这一点从目前看来毫无疑问。当然，也许随着未来人工智能的广泛应用，在配备全自动化生产系统的工厂里，人的影响会被削弱，但至少在当前，在大部分制造型企业中，人的因素对质量的影响应该是最关键的。

1. 人的培训 & 安全

员工要上岗，必须要具备一定的技能，这就需要入职培训和岗前培训，特别是生产一线的员工，他们必须要被培训后，才能上岗，如果没有培训，很可能会出现以下几种情况。

（1）人伤机器：人由于缺少培训，操作不熟悉，导致设备故障或工装模具的损坏，维修设备或模具会造成产线的中断，不但会增加额外的维修费用，而且势必会延误客户的交期。

（2）机器伤人：由于操作不熟练，或者不小心，人在操作机器中可能伤到手或身体其他部位，这就造成了安全事故。这一点，外资企业做得比较好，有些工厂会在厂区内设置一个电子显示屏，上面会显示连续多少天没有发生过安全事故。

（3）效率低下，报废率高：未接受培训的员工，跟熟练工相比，必然产出低，而且做出来的产品合格率低，造成材料报废，让企业的成本上升。

虽然企业的第一目标是赚钱，但是没有什么比人的安全更加重要。目前，我们国内的企业对安全的重视程度越来越高了，但是在一些中小型的企业中，安全问题仍然被忽视。

在与很多采购从业者交流的过程中，一谈到安全事故，他们总是会提到自己看到或者听到过一些供应商由于安全防护措施不当，而发生的让人遗憾的事故，例如有人被机器飞出来的铁屑伤到眼睛，有人的手指被铝水烫伤，有人的手指被机床切断，等等。这些都是安全防护意识不强或者安全防护工作没做好造成的。

欧美企业的安全意识非常强，永远把人的安全放在第一位，有专业的 EHS 人员负责生产安全管理。他们要检查进入车间的人员有没有佩戴安全防护设备，消防设施是否齐全，是否在有效期内，是否正确使用危化品，现场是否有不安全的隐患等，并经常对员工进行安全培训，用一些安全事故的视频来给大家培训，给大家带来视觉上的记忆，使他们印象更加深刻，让大家提高安全意识，减少安全事故的发生。

我们在审核时，必须关注安全因素，如果发现供应商的安全意识薄弱，现场有安全隐患，需要立即提出整改要求。

2. 人员的稳定性

一个企业如果人员流动过于频繁，那么对企业的产品质量肯定是有影响的，因此我们要了解供应商人员流动比率是否在合理的范围内。过于频繁的人员变动或者人员流失，会造成一直有新老员工在交替，新员工如果没有从事过同类工作，短时间内就很难熟悉操作流程，必然影响产品质量的持续稳定性。

另外，在审核中，我们可以适当了解一下企业文化，例如供应商是否有一些团队建设和团队活动。因为完成这些活动，需要人与人之间相互协作，可以提高员工之间的互相熟悉程度，加强员工之间的关系，员工在工作上的配合意愿和默契程度也自然会提高。

（二）机

机器和设备在使用过程中，需要根据使用说明做定期的维护和保养。审核的第二步，就是看机器设备、模具等是否有保养计划，保养是否按计划进行并保存了维护维修的记录，以及设备的备品、备件是否有库存。

常常有供应商为了加班加点生产，没有安排把设备停下来做检修的时间，造成设备的过度使用，或者易损件没有及时更换，在长期高负荷运转下，说不定某台设备某个时候突然就不工作了，这就像一颗定时炸弹，等到设备损坏了，再紧急联系设备厂商派人来维修，更换备件，往往会耽误很长时间，费用也会更高。

　　另外，设备如果有问题，就会对人身安全造成伤害，可能带来更加严重的后果。有一次，我们拜访一个浙江的供应商，谈到设备安全的问题需要特别重视。老板非常认同，他说，几年前，他们附近有一家公司，车间里的货梯可能长期没有维修保养，而这家公司又擅自对货梯进行了改造，有安全隐患，但公司并未重视，结果发生了安全事故，造成三个工人死亡，这是一个小型的私营公司，一下子出了这么大的事故，在对死者家属进行赔偿之后，就再也没有资金运转了，这家公司也就关门大吉了。你想，如果有这样的供应商，那风险多大啊！如果都要等到经历了血淋淋的惨痛教训后，才能提高安全意识，那代价将是巨大的！

　　未来，设备将取代人，成为影响产品质量的第一因素。审核的时候，我们一定要密切关注供应商是否对设备维护有足够的重视。定期的设备检修和维护保养，可以减少故障的发生，就像人定期体检，可以提前发现健康问题，及时进行治疗，避免产生更严重的问题。

　　磨刀不误砍柴工，机器设备必然要定期检修和维护，做好预防维护措施，这就减少了纠正维护措施，设备被很好地维护保养，才能持续稳定地生产。

（三）料

　　料，指供应商采购的原料或产品，主要看以下几个方面。

　　（1）供应商对来料是否进行检验，检验的结果是否会统计分析，对于不合格品的处理方式是什么？

　　（2）供应商对它的供应商是否有系统性的评审，有没有一个合格供应商名录？它们是否每次都在合格供应商处采购？

　　（3）客户退回的不合格品是如何处理的，有没有流程？特别要注意，有的供应商可能会换个包装，又发给别的客户。

　　（4）物料的存放，是否符合存放条件，是否做到先进先出，库存水平是怎么控制的，是否有过期的材料用到生产中？

　　（5）物料从发放到生产，到在生产的过程中流转，再到制作成产成品，是否有完整的过程跟踪记录？有的话，当发现质量异常时，可以根据成品的批次查询到原材料的物料批次。

（6）是否有过程检验，并确保每个环节的不合格品没有流转到下一个环节？

（7）产成品是否做出厂检验，确保发给客户的产品都是合格品？

此外，我们也要看看，质量部门在来料检验中有多少次让步接收，以及让步接收的原因是什么？一个企业让步接收的次数比较多，会出现三种情况。

（1）质量要求太高，供应商很难达到，而实际不需要这么高的要求。

（2）供应商质量不稳定，是因为频繁更换供应商，还是同一个供应商出现不稳定情况？这些都会带来质量不稳定的风险。

（3）质量人员与采购人员之间是否有矛盾？

如果我们发现供应商的来料检验中让步接收比较频繁，必须要引起注意，不管是什么原因，都是供应商在自己的供应商管理上没有做好，是一种不确定、不稳定的因素。

（四）法

法，就是指在生产过程中所需遵循的一系列规章制度。其中包括生产工艺指导书，标准化作业流程，生产图纸，生产计划表，产品作业标准，检验的标准，各种操作规程等。它们的作用是能及时准确地反映产品的生产和产品质量的要求。

严格按照这些规程进行作业，是确保产品的质量和生产进度的一个条件，也确保了质量是可以追溯和跟踪的。

（五）环

环境的变化对产品的质量也会有影响。

一方面，某些产品（化学化工类、电子、高科技产品等特殊行业或产品）对环境的要求很高，例如生产车间需要对温度和湿度进行控制，或者需要无尘的洁净车间等，也就是说，必须检验供应商是否有完全符合生产该产品的环境。

另一方面，一家公司在北美的工厂和在中国的工厂生产出来的产品质量有可能会因为环境的原因而不同；中国南方和北方的气候不同也会造成产品的质量差异；冬天和夏天，甚至白班和夜班的气温差异对质量也会有微小的影响。

对环境的另一个理解，可以上升到环保因素，近几年国家对污染排放的控制非常严格，必须了解供应商是否有涉及环境安全的隐患，避免被政府勒令停产，造成供应中断。

（六）测

即使人、机、料、法、环这五个因素都审核过了，仍然有可能存在质量问题，那可能是测量和检验的原因。

首先，供应商的检验和测量人员必须具备相关资质，例如做无损探伤（NDT）检测必须由持有该认证（射线检查（RT）、超声检查（UT）、磁粉检查（MT）、液体渗透检查（PT））的检验人员操作。

另外，检验的工具和仪器必须在校验期以内，一般来说，检验工具和仪器每年要送到当地的质量技术监督局进行校验。超过校验期限的仪器可能不准确，用这样的仪器去检验，结果可能与真实结果有偏差。

所以说，检验不是质量管理，质量管理还是要以预防为主，纠正为辅。美国的一位质量专家说过："你可以通过预防缺陷来获得财富，却无法单单通过质保或者品控来获得财富。"这一点值得我们深思。

正确的企业质量理念，应该是"三不"，即不采购不良品，不生产不良品，不放行不良品。如果我们做到这"三不"，客户就会对我们的质量放心，同样我们对供应商也要这样要求。

我们要严格地执行审核，要能够在审核中及时发现供应商的敷衍、潦草、不专心或者管理不当等问题，避免事实真相被表面的文章掩盖了。

对于审核，美国的质量之父菲利浦·克劳士比在《质量免费》一书中特别提到，成功的审核要符合以下几条基本规则。

（1）要明确地指出你要审核的事项以及根据什么样的标准来进行审核。

（2）挑选出来执行审核的人必须跟审核的结果没有利害关系。

（3）对审核小组做一份详细的简报，并给他们时间以完成一份适当的报告。

（4）有关你所期望发现的结果，不要透露一丝口风。

（5）要记住：审核的发现只能是指出前线的问题，至于真正的原因则在你所发现的现象背后。

另外，我们也可以让供应商进行自我审核，列出检查结果，并针对这些结果采取行动。这样我们也可以对它们的诚实与能力有很好的理解。

五、供应商质量管理中的工具和方法

（一）质量管理工具及方法概述

从20世纪初期的科学管理到目前的供应链质量管理，在此期间出现了很多的质量管理的理论、系统、工具和方法。作为一名采购人员，如何能最快和最有效地辨别一家供应商的质量管理水平是非常重要的，也是非常不容易的。一般我们可以从以下几个层次去判断。

1. 第一层次：质量管理的战略层面

我们在和供应商沟通的过程中，几乎每个供应商的管理层都说自己非常重视质量，判别这种承诺是停留在口头上，还是企业经营的理念，很简单的方法就是询问供应商的管理层他们质量治理的理论基础是什么，也就是说，方法论是什么，质量管理是如何从战略到执行落实到公司管理的方方面面的。如果供应商连这个也不知道，只能说其对质量管理有热情，而没有思路，更谈不上做好了。在质量管理理论方面，我们需要了解下列质量管理大师的理念和理论。

戴明（W. Edwards Deming）：提出持续不断改进的理念、戴明14要点，以及著名的PDCA循环（戴明环）。

朱兰（Joseph M. Juran）：定义了对质量管理非常重要的三个基本过程，也称"朱兰三部曲"，即质量计划—质量控制—质量改进。

石川馨（Ishikawa Kaoru）：开发和推广了质量管理的七种基础工具，强调统计分析和质量的全员参与。

费根鲍姆（Armand Vallin Feigenbaum）：提出了全面质量控制的理念，包括质量领导、质量技术以及组织承诺等，其理论的要点如下。

（1）客户不被视为外部的，而是组织的一个组成部分。实际上，客户是组织最重要的一部分。

（2）组织中的每一个人既是内部供应商的客户，也是其他内部客户的内部供应商。

（3）组织中的每一个人都会对质量产生影响。

（4）在预防工作中投入将会降低其他与质量相关的费用。

（5）质量应当被设计到产品和服务中。质量管理应当是主动式的，而不仅仅是被动式的。这个原则通常用著名的口号"第一次把事情做对"来表达。

（6）组织必须有一套流程来确保持续改善。

克劳士比（Philip Crosby）：因其著作《质量免费》而闻名于世，他的核心思想是质量是可控的，是公司利润的来源。

田口玄一（Taguchi Gen'ichi）：田口延续了戴明以及休哈特的质量统计的研究，提出了质量损失函数（质量成本），以及稳健性设计的方法。

2. 第二层次：质量管理的执行层面

我们在选择一家供应商时，经常会询问其是否通过 ISO9000 等质量管理体系认证，这实际上是从执行层面来判断供应商是否有体系去支撑其质量管理。当然，目前质量管理体系的认证也是良莠不齐的，但至少我们保证我们和供应商之间运用共同的质量语言进行沟通。

另外，对于采购来说，应用质量管理体系的知识和方法对供应商进行审核与评估贯穿整个供应商管理的始终，它能让我们全面地了解一家供应商的整体管理水平和质量管理的能力。掌握质量管理体系是每个采购的必备技能，我们经常遇到很多采购对商务的流程和方法比较熟悉，而对质量管理体系知之甚少，甚至部分采购认为这是质量部门的事情，和采购无关。我们曾经遇到一家世界 500 强跨国企业，就没有质量部门，所有的质量管理工作都需要采购去完成。在如此情况下，采购如果不懂质量管理体系，企业内部是没有资源可以帮助我们进行供应商质量的评估的，更谈不上供应商质量管理水平的提高了。

 小贴士

ISO9000（共同性的质量管理体系）

ISO9000 是质量管理的基础架构，也是企业规范化管理的标志，如果一家供应商连 ISO9000 质量管理体系都没有通过，我们就需要做好充分的思想准备，后续的合作不会那么轻松。另外，ISO9000 质量管理体系本身是非常完善的，但是目前国内很多企业和认证咨询公司基于自身利益出发，已经把 ISO 质量管理体系认证商业化、利益化，使之逐步失去了原有 ISO9000 质量管理体系的精髓和价值，仅剩下一堆文件和一纸证书。作为采购，我们需要熟悉质量管理，具备甄别质量真假的能力。

 小贴士

TS16949（汽车行业标准）

TS16949 是相对 ISO9000 要求更为严格的质量管理体系，它和 ISO9000 的最大区别是 TS16949 五大手册（后面会详述），该五大手册使质量管理无论是从战略层面还是管理层面都实现了从概念到执行的突破，其中最重要的两大工具是：APQP（先期产品质量策划）和生产件批准程序（PPAP），这两大工具为我们供应商开发和管理提供了切实可行的工具和方法论，到目前为止没有更好的工具可以与之比拟。除了汽车行业之外，一般不强制要求供应商通过 TS16949 认证，如果一家供应商通过了 TS16949 认证，并且能很好地掌握五大工具，那么对任何一个采购来说都是福音。

3. 第三层次：质量管理方法和工具层面

作为职业经理人，大部分供应商的管理层都可以回答上述两个层次的问题。如何判断供应商或者我们自己是真懂还是假懂质量管理，需要用质量管理的工具去检验，看工具最好的方法不是去看供应商的培训记录，质量工程师或者黑带的证书有多少，而是看实际在现场使用的情况，也就是工具使用的案例。这对大多数采购人员来说，同样是个非常大的挑战，不懂可以问，切记不可不懂装懂，弄出很多笑话来。

（二）重点质量管理方法和工具介绍

本节重点介绍八种常见的质量管理方法和工具，其中：戴明 14 要点、PDCA 循环为质量管理理论；TS16949 五大工具，严格意义上来说，它已经超越了工具和方法论的范畴，它是我们从事供应商产品开发的指引；五个为什么、QC 七大手法，属于问题分析类工具，用以分析质量问题，查找根本原因；8D 工作方法、丰田八大步骤、六西格玛方法论，属于问题分析和解决的步骤和思路，其中六西格玛方法论是到目前为止质量领域内最结构化、最高级的解决问题的方法论。

1. 戴明 14 要点

谈质量管理离不开戴明博士，以戴明博士命名的"戴明质量奖"至今仍然是日本质量管理的最高奖项。他的"戴明 14 要点"成为全面质量管理的重要理论基础。这些原则看起来平淡无奇，在实践中却不太容易实施，是典型的知易行难。

（1）持之以恒地改进产品和服务，顾客永远只购买更好的产品和服务，因此企业要努力保持竞争性就要持续改进。

（2）采用新的观念。要采用能应对竞争的新观念，但也不要低估改变思想观念的困难性。

（3）不要只依靠品质检验提升质量。质量是设计和制造出来的，不是检验出来的。靠检查去提高质量，无效而且昂贵。

（4）结束只以价格为基础的采购习惯。没有质量的低价格是没有意义的，低质量会导致产品品质下降。

（5）持之以恒地改进生产和服务系统。改进质量和生产能力，可持续减少成本开支。只想改进结果，而不改进系统是在骗自己。

（6）实行岗位职能培训。要确认每个人有技能和知识去做好目前的工作。请专业的教师进行培训，因为自学常会有缺陷。

（7）建立领导力企业管理。经理的工作不是监督，而是用领导力来领导。管理的目标是帮助人、机器和设备更好地工作。因此，改进、建立团队精神是领导的责任。

（8）排除恐惧。员工的恐惧感越强，工作效果就越差，极度的恐惧感会对公司或国家造成灾难性的后果。同时，恐惧会引发低效和谎言，也使公司付出沉重代价。

（9）打破部门之间的障碍。部门间要用合作代替竞争，推倒围墙。研究、设计、销售、生产部门的人员必须像一个团队一样去工作，去预测生产问题，尽早发现并解决问题，共同提高产品和服务质量。

（10）取消对员工的标语训词和告诫。过度的标语告诫会产生压力、挫折感、怨气、恐惧、不信任和谎言。这种运动最终会成为一个恶作剧式的坑头。

（11）取消定额管理和目标管理。其实销售定额违反客观规律，生产定额是不断改进的巨大障碍。因此要改变对待人的方式、态度，用信任代替控制。

（12）消除打击员工工作情感的考评。管理人员的责任必须从单纯的数字目标转化到质量。这意味着要废除年度个人目标或排名绩效考核和目标管理。一定要意识到：目标绩效奖励会使员工丧失内在动力。

（13）鼓励学习和自我提高。为了明天，实行强劲的学习和自我提高教育计划。企业里最大的改进来自系统内工作人员的头脑，而学习就是员工和公司明日生存的保障。

（14）采取行动实现转变。让公司的每一个人去工作、去实现转变，转变是每一个人的工作。同时，高管在实现转变中扮演着决定性的作用。

2. PDCA 循环

PDCA 循环是美国质量管理专家休哈特博士首先提出的，由戴明采纳、宣传，使之获得普及，所以又称戴明环。全面质量管理的思想基础和方法依据就是 PDCA 循环。

PDCA 循环的含义是将质量管理分为四个阶段，即计划（plan）、执行（do）、检查（check）、行动（action）。质量管理活动，要求把各项工作按照做出计划、计划实施、检查实施效果，然后将成功的纳入标准，不成功的留待下一循环去解决。这一工作方法，是质量管理的基本方法，也是企业管理各项工作的一般规律。

这四个过程不是运行一次就结束了，而是要周而复始地进行，一个循环完了，解决了一些问题，未解决的问题进入下一个循环，是阶梯式上升的。

3. TS16949 五大工具

为了协调国际汽车质量系统规范，世界上主要的汽车制造商及协会于 1996 年成立了一个专门机构，称为国际汽车工作组（International Automotive Task Force，IATF）。

目前执行的最新标准为 IATF16949:2016。在汽车和汽车零部件行业中，这个体系广泛适用，这个体系对于质量管理具备五大工具，包括统计过程控制（SPC）、测量系统分析（MSA）、潜在失效模式和效果分析（FMEA）、产品质量先期策划（APQP）、生产件批准程序（PPAP）（见图 3-1）。

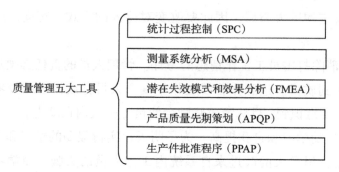

质量管理五大工具
- 统计过程控制（SPC）
- 测量系统分析（MSA）
- 潜在失效模式和效果分析（FMEA）
- 产品质量先期策划（APQP）
- 生产件批准程序（PPAP）

图 3-1　质量管理五大工具

（1）**统计过程控制**（statistical process control，SPC）。SPC 是一种制造控制方法，是将制造中的控制项目，依其特性所收集的数据，通过过程能力的分析与过程标准化，发掘过程中的异常，并立即采取改善措施，使过程恢复正常的方法。

（2）**测量系统分析**（measurement system analyse，MSA）。MSA 使用数理统计和图表的方法对测量系统的分辨率和误差进行分析，以评估测量系统的分辨率和误差对于被测量的参数来说是否合适，并确定测量系统误差的主要成分。

（3）**潜在失效模式和效果分析**（failure mode & effect analyse，FMEA）。在设计和制造产品时，通常有三道控制缺陷的防线：避免或消除故障起因、预先确定或检测故障、减少故障的影响和后果。

FMEA 正是帮助我们从第一道防线就将缺陷消灭在摇篮之中的有效工具。FMEA 是一种可靠性设计的重要方法。它实际上是故障模式分析（FMA）和故障影响分析（FEA）的组合。它对各种可能的风险进行评价、分析，以便在现有技术的基础上消除这些风险或将这些风险减小到可接受的水平。

（4）**产品质量先期策划**（advanced product quality planning，APQP）。APQP 是一种结构化的方法，用来确定和制定确保某产品使顾客满意所需的步骤。APQP 的目标是促进与所涉及每一个人的联系，以确保所要求的步骤按时完成。有效的 APQP 依赖于高层管理者对努力达到使顾客满意这一崇高的承诺。

（5）**生产件批准程序**（production part approval process，PPAP）。PPAP 规定了包括生产件和散装材料在内的生产件批准的一般要求。PPAP 的目的是确定供应商是否已经正确理解了顾客工程设计记录和规范的所有要求，以及其生产过程是否具有潜在能力，在实际生产过程中按规定的生产节拍满足顾客要求的产品。

4.5 个为什么

"五个为什么"即 5WHY 分析法，又称"5 问法"，也就是对一个问题点连续问 5 个为什么，来追究根本原因。

5WHY 分析法最初是由丰田佐吉提出的，后来经过完善，成为丰田汽车生产系统 TPS 的组成部分，是解决问题思路里面非常重要的一个理念和方法。

丰田汽车前副社长大野耐一曾举了一个例子来找出停机的真正原因。

问题一：为什么机器停了？

答案一：因为机器超载，保险丝烧断了。

问题二：为什么机器会超载？

答案二：因为轴承的润滑不足。

问题三：为什么轴承会润滑不足？

答案三：因为润滑泵失灵了。

问题四：为什么润滑泵会失灵？

答案四：因为它的轮轴耗损了。

问题五：为什么润滑泵的轮轴会耗损？

答案五：因为杂质跑到里面去了。

经过连续五次不停地问为什么，最终才找到问题的根本原因和解决的办法，即在润滑泵上加装滤网。

在利用 5WHY 进行根本原因分析时，要把握好以下三个原则。

（1）回答的理由是受控的。

（2）询问和回答限定在一定的流程范围内。

（3）从回答的结果中，我们能够找到行动的方向。

5. QC 七大手法

QC 七大手法（见表 3-3），也叫七大工具，是以统计学即现场的数据为基础对现状进行分析的一种方法。运用现在的办公软件或专业软件制作 QC 七大手法的图表相当容易。因而了解 QC 七大手法的大致原理远比具体制作这些图表更为重要。

表 3-3　QC 七大手法

QC 七大手法	功能
查检表	记数据，查检表是分析的基础，是数据之源
层别法	做解析，将混合在一起的数据按照不同的类别进行层别
鱼骨图	追原因，详细分析原因或对策的一种图形
柏拉图	抓重点，通过柏拉图可以清晰看出主要的因素
散布图	看相关，是两个因素相关性的分析
直方图	查分布，考量制程的优劣
控制图	显漂移，常用于监控制程的稳定性，并提前干预

运用这些工具，可以从经常变化的生产过程中，系统地收集与产品质量有关的各种数据，并用统计方法对数据进行整理、加工和分析，进而画出各种图表，计算某些数据指标，从中找出质量变化的规律，实现对质量的控制。

日本著名的质量管理专家石川馨曾说过，企业内 95% 的质量管理问题，可通过企业上上下下全体人员活用 QC 七工具而得到解决。全面质量管理的推行，也离不开企业各级、各部门人员对这些工具的掌握与灵活应用。

另外，在日本又有新 QC 七大手法（见表 3-4），与老 QC 七大手法相比，更趋向于感性认知层面，运用了大量的文字描述，因此主观性较强，本书就不过多说明。

表 3-4　新 QC 七大手法

新 QC 七大手法	主要功能
亲和图法	综合归纳各种资料以掌握事实并得出结论
关联图法	抽丝剥茧的思考过程以深入探究问题
系统图法	深思熟虑以探索解决问题的手段
矩阵图法	多元思考整理资料群间的相互关系

（续）

新 QC 七大手法	主要功能
PDPC 法	制订完整计划以免发生重大事故
箭头图法	按时间顺序的实施计划
矩阵数据解析法	以图形处理多变量而掌握整体问题

6. 8D 问题解决法

8D 问题解决法也称为 8D 报告，8D 的英文全称叫作 8 Disciplines，意思是 8 个人人皆知解决问题的固定步骤。

8D 问题解决法一般认为是福特公司所创，是全球化质量管理及改善的特殊必备方法。凡是做福特的零件，必须采用 8D 作为改善质量的工具，成为一个固定而有共识的标准化问题解决步骤。8D 问题解决法的目的是识别出一再出现的问题，并且要矫正并消除此问题，有助于产品及制程的提升。

（1）Discipline 1　成立改善小组（form the team）：由议题之相关人员组成，通常是跨功能性的，说明团队成员间的彼此分工方式或担任的责任与角色。

（2）Discipline 2　描述问题（describe the problem）：将问题尽可能量化而清楚地表达，并能解决中长期的问题而不只是眼前的问题。

（3）Discipline 3　实施及确认暂时性的对策（contain the problem）：对于解决 D2 之立即而短期问题行动，避免问题扩大或持续恶化，包含清查库存、缩短 PM 时间、加派人力等。

（4）Discipline 4　原因分析及验证真因（identify the root cause）：分析发生 D2 问题的真正原因、说明分析方法、使用工具（品质工具）的应用。

（5）Discipline 5　选定及确认长期改善行动效果（formulate and verify corrective actions）：拟订改善计划、列出可能的解决方案、选定与执行长期对策、验证改善措施，清除 D4 发生的真正原因，通常以一个步骤一个步骤的方式说明长期改善对策，可以应用专案计划甘特图（Gantt chart），并说明品质手法的应用。

（6）Discipline 6　改善问题并确认最终效果（correct the problem and confirm the effects）：执行 D5 后的结果与成效验证。

（7）Discipline 7　预防再发生及标准化（prevent the problem）：确保 D4 问题不会再次发生的后续行动方案，如人员教育训练、改善案例分享、作业标准化、分享知识和经验等。

（8）Discipline 8　恭喜小组及规划未来方向（congratulate the team）：若上述步骤完成后问题已改善，肯定改善小组的努力，并规划未来的改善方向。

7. 丰田八大步骤

（1）**明确问题**。我们常常会犯还没有把问题搞清楚就匆匆忙忙地开始解决问题这样的错误，结果我们花了很多精力，却没有解决根本问题。

（2）**分解问题**。问题搞清楚之后，下一步就是把问题拆解成数个小问题。

（3）**设定目标**。解决问题的目标就是消灭问题，为了防止复发，需要深入考虑，找到彻底解决问题的方案。

（4）**原因分析**。原因的分析可以用上面提到的"五个为什么"，找到原因其实并不难，困难在于，找到原因之后，矛头往往指向人，有时候会是一些高层领导，一般到这个时候，员工不敢冒犯领导，分析工作也就到此为止或者巧妙地避开了。这样一来，不去面对真正的原因，对企业造成的危害就没有及时终止。

（5）**制定对策**。如果把原因搞清楚了，接下来就是要制定对策，也就是寻找解决方案。在条件允许的情况下，尽量列出所有可能的方案，进行对比和选择。时效性固然重要，但对企业有长远影响的更值得重视。要把计划做好，再实施，避免节外生枝，衍生出其他问题。

在实施解决方案之前，一定要和相关的人员进行充分的沟通，把情况说明清楚，取得共识，否则有些人或者部门可能会抗拒解决方案，不配合，让之前的努力白费。沟通的方法，要抓住几个要点，可以从 5W2H 这七个维度去考虑：

- What？（什么事情？）
- Why？（什么原因引起？）
- Who？（谁解决？）
- When？（什么时间？）

- Where？（什么地方？）
- How！（怎么解决？）
- How much？（需要花费多少？）

（6）**导入解决方案**。导入解决方案需要坚持到最后，再加上确认、确认再确认。很多时候，都是因为没有坚持下去或者没有多次确认，最后功亏一篑，让人感到可惜。如果方案层面低，通常容易导入，效果也明显。如果牵扯到人、组织、成本的调整，往往很难推进。这时候最关键的是需要得到企业领导的大力支持，才能推进下去。

（7）**监控解决流程及结果**。导入解决方案前，应该先定义何为"解决"，也就是要确定如何评估结果有效，需要收集和对比哪些参数。监控整个流程很关键，在监控过程中，要和相关部门的人员频繁沟通，让他们了解时间进度。

（8）**结果流程标准化**。问题解决后，需要有收尾工作，这通常是最容易被忽略的一步。要让改进后的结果持续下去，就必须把新的措施或方案标准化。这时候，要把需要标准化的方案提交给各相关部门的主管，让他们按照新的方案执行，并请他们自查，避免恢复原状。

国际上，为提升核心供应商的质量管理水平，提高整车产品质量，通过供应商审核进一步确保供应商满足要求的方式一直是选择供应商和协助供应商改善质量管理的一项有效方式。福特公司就设立有专门的供应商技术协助（STA）部门为新供应商的选择和辅导提供服务。

随着对质量水平要求的持续提高，国内整车生产企业也发现通过第三方认证在很多情况下已不能满足主机厂对供应商质量管理水平的要求，它们也开始使用供应商审核来进一步提升供应商的产品质量，通常是借助第三方认证机构的力量并结合自身的供应商管理要求和人员一起实施供应商审核。

审核的目的不仅是发现供应商质量管理体系的不足，还寻求提供专业的技术辅导以协助供应商改善其质量管理。供应商审核的兴起无疑是国内汽车生产企业质量意识持续提升的一个重要表现。

当然，最后还是要说明一点，在供应商质量管理方面，采购并不能解决所有的问题，在对所有物料供应商评估的阶段，还是需要得到公司的质量部门的同事的大力帮助和支持。

8. 六西格玛方法论

六西格玛方法论属于质量改进的工具，它最早产生于美国摩托罗拉公司，发扬光大于通用电气（GE）、这套结构化的分析问题和解决问题的方法论，完美地结合了众多质量管理的工具和方法，尤其是统计学的工具和方法，辅之以 MINITAB 统计软件，它把质量和质量改进提高到前所未有的位置，充分展现了质量对于企业的价值和意义。

六西格玛最重要的方法论是 DMAIC，具体包括下列步骤。

（1）定义阶段（define）：定义项目的目标以及顾客的需求。

（2）测量阶段（measure）：测量过程，以确定当前的状态。

（3）分析阶段（analysis）：分析并确定问题的根本原因。

（4）改进阶段（improve）：确定解决方案，并实施改进。

（5）控制阶段（control）：如何保持改进的成果。

此外，在六西格玛方法论 DMAIC 的基础上，又发展出六西格玛设计（DFSS）、精益六西格玛（LSS）等更具深度和广度的方法论，进一步推动了质量在企业内部和供应链整个环节中的发展。

 【最佳实践】洛马公司的供应商质量管理

洛克希德·马丁空间系统公司（Lockheed Martin Space Systems Company），简称洛马公司。该公司前身之一是洛克希德公司（Lockheed Corporation），它创建于 1912 年，是一家美国航空航天制造商，于 1995 年与马丁·玛丽埃塔公司合并为洛马公司。

洛马公司依据 AS9100 和供应链理论实施供应商质量管理。

要求供应商通过 AS9100 标准认证

洛马公司要求供应商的质量管理体系符合 ISO9001 标准或 AS9100 标准，更倾向于 AS9100 标准，并要求供应商通过国际航空航天质量协调组织 / 美国航空航天质量小组的第三方认证，确保供应商质量管理体系与其相符。洛马公司明确要求供应商质量管理体系发生变更或重新认证时，应在规定的时间内通知洛马公司。

洛马公司根据供应商提供的产品特性划分为金属原材料、非金属原材料、地面保障设备、软件等 17 个不同的专业类别，分别给出不同类型产品适用的质量管理体系标准，如 ISO9001、AS9100、AS9111《对维修组织的质量管理体系评估》、AS9120《质量管理体系—航空航天—对库存经销商的要求》，并给出裁剪标准，同时通过供应商等级评分法来划定供应商的等级。

制定并实施一系列供应商质量管理标准

洛马公司制定了《供应商质量保证要求》（SQAR）、《供应商质量绩效》等对供应商质量管理的标准，并根据质量保证新要求不断修改标准。

洛马公司在标准中详细规定了对供应商质量管理体系的要求，如要求供应商在关键项目变更时以书面形式通知洛马公司，保存生产过程和产品记录使其具有追溯性，并在需要时提供给洛马公司，提供合格认证证书，强化不合格品审理和处置等。

洛马公司在标准化订货单中对供应商的质量保证要求给予明确。供应商通过登录指定网站获悉订货单上的质量保证要求。

洛马公司建立了量化的供应商绩效评价体系，通过评价引导供应商不断提高其产品和服务质量及质量管理水平。

按照供应链管理理论强化供应商对分供应商的管控

洛马公司明确要求供应商应确保其分供应商也符合所有适用性质量标准，要求供应商对其采购产品实施有效控制，要求供应商在没有得到洛马公司书面授权的情况下，不得从独立的经销商或代理人之处采购产品，要求提供装箱、运输、分销、仓储等服务的供应商的专长及核心业务，应按供应链运作。

运用合同等方式预防和处置采购假冒伪劣产品

洛马公司明确其"假冒伪劣产品"的内涵，要求供应商在国际航空航天标准 AS5533《伪劣电子器件：规避、检测、减轻、处置》的指导下，制订和维护假冒伪劣产品预防计划及控制措施，通过合同等方式要求其供应商确保不把假冒伪劣产品提供给洛马公司，提出如果供应商怀疑其向洛马公司提供的产品为"假冒伪劣产品"，应在发现时及时通告洛马公司，并提供原始零件生产商（OCM）/原始设备生产商（OEM）的相关文件，确保对其产生影响的产品具有可追溯性，并明确了供应商因提供假冒伪劣产品应承担的补偿和检测费用等。

思考题：

1. 结合实践，思考供应商质量管理中存在的问题可能导致的结果。

2. 请列举提高供应商质量水平的四个措施。

3. 结合本章所学的内容，思考人、机、料、法、环、测在供应商质量管理中的应用。

4. 举例说明，你在实际工作中应用了哪些质量管理方法和工具。

5. 思考一下怎样运用好各种工具和方法，确保供应商的质量水平，并从质量中挖掘出利润来。

第四章

供应商交期管理

——交货要准时，功夫在平时

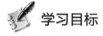 学习目标

1. 掌握如何管理供应商的交期。

2. 了解如何帮助供应商提高有效产出缩短交期。

广西南南铝加工有限公司的交期管理

广西南南铝加工有限公司客户订单主要分为三类：熔铸产品、挤压产品、轧制产品。

该公司订单有定量小、品种规格多、工艺复杂等特点。特别是轧制产品，工艺比较复杂，生产路线和周期较长，物流和销售人员对该类产品的生产进度跟踪以及交期管理依靠人工现场或电话沟通，效率较低，数据不准确、不及时，甚至出现批次卡丢失的现象，批次卡丢失意味着生产数据和质量信息丢失，后果非常严重。

因此，物流人员首先提出对轧制产品的交期跟踪需求。由于熔铸生产坯料过程没有批次卡，不能跟踪到物料，因此交期跟踪按照炉次、铸次和铸锭进行管理。

目前人工交期跟踪的业务流程描述如下。

（1）销售人员接到客户订单，经过评审后整理成订单合同下发到物流。

（2）物流计划员接收销售部门下发的客户订单并制订生产计划之后，按照工艺部门制定的生产工艺路线制作产品批次卡，并按照计划和交期依次下发给各车间计划员。

（3）车间计划员安排机台计划，将批次卡下发到相应生产机台。

（4）操作手根据批次卡工艺路线将物料和批次卡一起提交到下一道工序依次生产，并在批次卡上反馈实际生产信息，包括产出和质检结果等。若上一道工序生产完成后，下一道工序超过一定期限还未完成，那么计划员督促生产，并查找延误原因，评估交期是否受影响。

计划员了解各批次的最新生产进度，将进度和机台反馈的信息汇总至订单跟踪表；物流计划员将相同订单各批次物料的跟踪信息汇总到订单跟踪表，反馈给销售，做出交期调整。

在整个过程中，销售人员对客户订单数据进行录入，查询订单所有批次实时生产进度的汇总，接收订单延期时长和延期原因的消息；物流计划员进行销产转化，录入批次卡信息，查询批次卡生产进度，接收各工序生产情况和延期警报消息，确认订单延期时长和延期原因，督促生产；机台操作手接收生产指令和批次卡，实时录入物料的实际生产信息；车间计划员接收各工序生产情况和延期警报消息，确认订单延期时长和延期原因，督促生产；生产工程师、车间经理可查询各订单各批次实时生产进度，接收工序延期警报消息，接收订单延期时长和原因的消息，督促生产；高层管理人员可查询订单实时生产进度的汇总，接收订单延期时长和原因的消息。此外，也可将部分信息提供给客户查询。

一、什么是供应商交期管理

与供应商签订了合同，或者下发了订单给供应商之后，我们还要确保供应商按照约定的交期交付，这就是交期管理。

更深入地说，我们需要了解供应商的生产进度，确保它们能够按照我们要求的时间交付。另外，我方计划的调整，可能会造成交付计划提前或者延后，那么我们也要协调供应商满足我们的需求。

不同类型、不同行业的企业对交期管理的理解可能是不一样的，标准化的物资，供应商可能备有库存，只要订好合同，按要求交货，没有什么值得研究的；但是定制化的产品，或者涉及多种物料组合，以及在一些项目式的采购中，交期管理就有一定难度了。以下就是关于交期管理的深入研究。

二、供应商的四种生产模式

在讨论交期管理之前，我们必须搞清楚供应商的生产模式，因为根据行业的不同，在供应链中所处的地位不同，以及产品的特殊性，生产模式大相径庭。总体来讲，我们把生产模式归为四种（见表 4-1）。

表 4-1　企业的生产运营模式

运营模式	何时选择这种模式	优势
按库存生产（MTS）	大批量销售的标准化产品	生产成本低 迅速满足客户需求
按订单生产（MTO）	客户定制产品 很少发生需求的产品	库存水平低 产品选择更多 计划简单
按订单配置（CTO）	需要很多变化的产品	客户定制 库存减少 交付时间更短
按订单设计（ETO）	满足客户独特需求的复杂产品	响应特定客户需求

按库存生产（make to stock，MTS）　这类产品一般是标准化的产品，往往不需要等到客户下订单才开始生产，这类产品在市场上具有很强的通用性，可以提前生产作为库存。在我们的工作和生活中，很多产品都是这一类，例如工厂采购的标准件、办公用品、常用的工具、一些原材料，生活中零售行业的各种产品等。这些产品的交货期相对比较容易控制，供应商一般都备有库存，客户需要提前给供应商需求预测，这样它们随时随地都可以根据客户要求送货。

按订单生产（make to order，MTO）　这类产品需要客户下了订单后，供应商才会安排生产，但是供应商一般都有原材料，接单后马上就可以排计划生产。

按订单配置（configure to order，CTO）　或者叫按订单组装，这是一种混合的模式，首先完成部分生产，制造出通用的产品、半成品或者模块，接到客户订单后，完成最后的生产或组装。当最终产品有很多种类而订货提前期更短，按订单生产的模式不能够满足要求的时候，就可以采用这种模式。

按订单设计（engineering to order，ETO）　这种模式与按订单生产有很多相同的特征。这种模式考虑到特定客户的产品或者项目的独特性和复杂性，需要根据各个客户的不同要求，进行设计，在客户订购流程的最后阶段，供应商的工程技术部门根据客户的订单，确定详细的规格和所需物料的清单。

生产模式可能会在产品上市到退出的整个产品生命周期中根据市场要求而相应地发生变化。在这个过程中，企业可能最先开始采用按库存生产的方式去确保最大的产品可得性，然后慢慢转向按订单生产，在有竞争力的价格下确保产品可得性，同时降低库存。

三、常见供应商交货的问题

供应商不能准时交货，这个问题普遍而长期存在，而且难以从根本上解决。尽管因为行业的不同，大家对此有不同的看法，但也有一部分情况是公司没有按时给供应商付款，造成供应商故意不按时交货。在这种情况下，客户企业本身也有问题，并不是本书要讨论的范围。本书要讨论的，更多的是供应商自身管理水平的问题导致不能按时交货。

大家可能要问：为什么总是有供应商不能按时交货？

按照一般企业正常的流程，选择一个供应商，对其进行认证后，这个供应商就进入了企业的供应商名录，成为合格供应商，那么这个供应商就应该能够按照要求交货。一旦买卖双方签订了合同，确定了数量、质量标准、数量和交货时间，就意味着供应商做出了承诺，那么供应商就应该根据约定的交货时间，安排足够的时间进行生产，按时交货，这似乎没有什么疑问。

这种看似合理并简单的事情，现实情况却是往往很难做到，这里面存在着各种不确定的情况，特别是在制造业中，很多供应商不能按照其承诺的交期来交付。

当供应商不能在承诺的交期交货时，它们总是会找一大堆理由来解释。例如，它们会说设备坏了，政府查环保要求停产，这些都是意料之外的事情；还有，订单增加，熟练工人不够，或者是没有预料到生产的难度，等等。

这些到底是不是真正的原因呢？当我们去供应商现场深入了解之后，我们会惊讶地发现，他们所说的那些原因其实并不是真正原因，而真正的原因可能是以下这些。

（一）供应商压根没有生产计划，或者根本不知道怎么排计划

总结多年的采购经验，我们总是会发现，有些中小企业是没有专门的计划人员的，生产的计划是由生产负责人来安排的，他们可能提前一天，甚至当天才会确定这一天的生产安排，他们没有专业的人员去提前做好物料的分析、产能的估算、人员的安排，进行每一个订单的生产排序，或者说，做得不是很准确。我们甚至见过在有的企业中，订单已经排上产线，才发现缺料了。

对于工艺简单、种类不多的情况，供应商还能应付；如果工艺复杂，甚至涉及外包，再加上产品种类多，涉及交付的齐套性，供应商的计划管理能力就显得非常重要。

（二）生产计划形同虚设，工人挑熟练的、产出高的产品做

即便有了生产计划，工人是不是严格按照计划执行，又是另外一回事了。很多公司有人做计划，但是做计划的是一拨人，生产的又是另外一拨人，计划的人指挥不动生产人员，一线生产的人根本不按照计划人员做的计划去工作，他们的理由可能是多方面的，工人们更愿意做能够熟练操作、容易做的活；产线如果需要换线调机，比较费事，会耽误工夫，工人们会挑换线次数最少的订单做，这样订单的优先顺序就会被他们搞乱。

另外，有很多公司的工人是按计件工资的，工人们考虑到收入，肯定会挑选产出高的订单做，而不是按照公司紧急或优先顺序去生产。这样就造成着急的订单没做出来，做出来的反而都是不着急交付的，这个就属于企业的方针瓶颈，会在本章后面阐述 TOC 时讲到。

（三）供应商不了解自己的产能，或者客户需求高于产能，无法满足

与我们打交道的供应商的人往往是销售人员，也有的是老板，他们其实并不一定了解生产的情况，对自己公司的产能和计划也不太清楚，但是销售人员为了拿到订单，为了业绩，总是会给客户承诺，但是他们搞不定生产部门。

具备规范化管理的企业，在给客户报价时，不会盲目地答应客户要求的交期。它们会做一个评审，各个相关部门都需要评估一下是否能满足客户的需要，从物料、产能安排、人员的数量、物流等各个方面进行评估，确认准确的交货时间后，才会给客户承诺。

（四）供应商物料采购时间过长而耽误

供应商对自己的供应商管理也是一个很重要的问题，如果供应商企业没有足够的供应商资源储备，或者供应商开发和管理的能力不强，在接到客户订单后，它们采购原材料或者零部件遇到困难，或者采购的产品质量有缺陷，需要退换货或返工，抑或某种材料延期交货影响到齐套性等，都属于采购的周期过长。采购的物料没有到位，显然会影响到生产的进度。

我们在评审供应商时，要深入了解供应商的供应商管理，我们要搞清楚它们是如何选择和管理它们的供应商的？它们的供应商绩效如何？因为它们的供应商，也就是我们的二级供应商，是我们供应链上的重要因素之一，我们非常有必要关心和了解一下二级供应商的情况，二级供应商提供的材料哪些是非常重要的、关键性的、存在供应风险的，我们平时要密切关注这些材料的供应市场变化，以及供应商对这些重要材料的库存备货状态。

（五）新的订单或者客户更重要，供应商把别的单插到你的前面

当然，你一般无法预料供应商的其他客户会有什么样的需求，当市场需求增加时，供应商的产能成为稀缺资源，我们的同行、竞争对手，或者供应商的其他客户，也在争分夺秒地抢夺资源，它们可能开出比我们更高的价格、更好的条件，来换取供应商优先生产它们的订单。对于中小型企

业来说，它们也擅长所谓的灵活变通，所以后接的订单也许会排到先前的订单之前，有些客户的利益就会受到影响。

在以上这五个原因中，既有涉及供应商的物料采购以及其本身对上游供应商的管理问题，也有涉及企业的原则、诚信问题，更多的是生产管理和生产计划问题。

影响交货期的因素是由采购方企业和供应商两个方面构成的。为了预知和防止交货期拖延的发生，我们需要综合考虑影响交货期的各种因素。

四、如何管理供应商交货期

（一）采购人员要懂生产管理

每当我们看到企业的采购与供应人员频繁地在跟催供应商交货的时候，我们会感到非常惋惜，如果不去深入地了解，仔细地分析原因，帮助供应商改善现场的生产管理，尽可能控制稳定的交期，而仅仅是频繁地去催货，这样的工作方式对于供应管理人员的职业发展是没有什么帮助的，供应人员也无法成长起来。

1. 不要轻信承诺

每当我们要求供应商报价的时候，双方除了唇枪舌剑地对价格进行一番谈判，也要跟供应商对交期进行谈判，其实这是一个误区。

很多采购人员特别喜欢那些一口就能报出来交货期的供应商，有些供应商喜欢拍着胸脯承诺，这让采购觉得很放心。而这往往是有问题的，因为供应商的销售人员，即便是老板，他们通常不了解生产计划的安排和物料的可得性。他们报给你的只是一个大概的、估算的日期，销售人员以订单成交为己任，不管怎么样，先把订单接下来再说，尽量满足客户对交货期的要求，后面有问题再想办法。

遗憾的是，我们很多采购对此习以为常，我们通常轻信供应商的承诺，对供应商不假思索给出的交货期信以为真。我们通常要求交货期要固定、要短，但没有对供应商的产能进行分析，没有对供应商的生产流程进行现场考察，没有留下足够的采购的前置时间，导致供应商延误交期，遭到公司生产部门投诉和总经理的责备。

不管供应商怎样承诺，即便是签订了合同，作为采购，我们都要时刻关注交期的进度，跟踪到位。

2. 深入生产现场

既然我们总是强调，采购并不仅仅是买东西那么简单，那么我们就需要通过自身的专业能力，来帮助供应商解决按时交付的问题。所以，我们常常说，一个好的采购经理，应该是供应商的供应链经理。意思就是，作为采购供应人员，你必须非常了解供应商内部从采购、生产到物流整个流程的进度，以及在这个过程中可能存在的问题，我们必须要对供应商的交付负责。

为了承担起这样的责任，我们需要到供应商的现场去，进一步深入地了解供应商的生产管理。如果不能及时发现供应商内部存在的问题，并找到解决的办法，仍然是在办公室不停地打电话催供应商、抱怨供应商，然后对延期进行处罚，这样不但解决不了它们不能准时交货的问题，也可能会影响到合作关系，使得供应商的积极性和配合度更低。

（二）如何看供应商现场进度

一个管理规范的企业，对于每个客户的订单的生产进度安排，是有严格的计划控制的。所以，我们到供应商那里跟踪进度时，至少需要看两个文件，一个是合同/订单评审表（见图 4-1），另一个是车间计划表（见图 4-2）。

（1）企业首先需要对客户的订单进行评审，各相关部门需要对完成一个客户订单所要做的工作做一个完成日期的确认。每次的评审，各部门都要回复工作完成的时间节点，例如采购部门回复物料齐套的时间，生产部门回复车间完成生产需要的时间。

在选择和评估供应商的时候，如果我们发现供应商不具备排生产计划的能力，甚至没有计划的意识，这就可能有延期交货的风险，这时我们就要与负责生产管理的人员进行深入的交流，根据实际情况考虑决定，是放弃这家供应商，还是指导和扶持他们加强生产管理。如果生产工艺简单，公司规模小，生产计划实际就在管理者的脑子里；如果工艺比较复杂，公司也有一定的规模，我们需要的产品规格繁多，那么生产的安排如果不是有序进行的，现场就会一团乱麻，交货就会毫无章法，最痛苦的不是延误，而是延误了之后，没有人能给你一个确切的延误时间。

项目名称： 合同编号：							
客户名称		地区		订单号		需求交期	
接单日期		规格		单价		预计交期	
部门	负责项目或问题			完成日期	责任人		其他
研发部	能不能做到？主要难点是什么						
	技术资料完成并与客户确认的时间						
品质部	品质标准和要求是否清楚？能否达到						
	根据以往经验，可能会有什么异常						
采购部	物料的交期是否有问题						
	瓶颈物料是什么，有无解决方案						
生产部	是否能按照要求生产，瓶颈工序是什么，是否需要工装夹具						
	评估产能是否满足						
计划部	各方面计划，生产排程是否有问题						
	各节点的跟进						
评审结果： 签名： 日期							

图 4-1 合同 / 订单评审表

（2）当订单评审通过之后，就需要有生产计划安排，根据生产计划安排，我们能看到交给供应商的订单工期是如何安排的，大概什么时候能出货，以及每个车间的详细生产排单情况。

有了供应商的生产计划和每个车间的计划排程，我们心里基本有底了，但也不是就高枕无忧了，我们还需要进一步跟踪了解供应商是否是按照这个计划来执行的。如果不是按照这个计划来执行的，那供应商还是存在着生产计划无法落实的问题，就如前面所说，生产计划形同虚设，可能是因为工人考虑的是操作的方便、个人的收入，或者领导层随意安排插单等。遇到这样的情况，采购需要根据供应商不同的情况，找到合适的解决方案。

序号	订单号	客户型号	型号	生产批号	交期	订单数量	出货计划	饰面车间 3天		板式车间 3天		实木车间 10天		木工车间 5天		涂装车间 3天		总装车间 2天		备注
								开工时间	完成时间	开工时间	完成时间	开工时间	完成时间	开工时间	完成时间	开工时间	完成时间	开工时间	完成时间	
1																				
2																				
3																				
4																				
5																				
6																				
7																				
8																				

序号	订单号	产品型号	类别	颜色	交期	订单完成数量	UV线		底着色		底漆		二次底漆		底磨		油磨		面漆	
							开工时间	完成时间	开工时间	完成时间	开工时间	完成时间	开工时间	完成时间	开工时间	完成时间	开工时间	完成时间	开工时间	完成时间
1																				
2																				
3																				
4																				
5																				
6																				

标注：车间统计员每日 9:00 更新

制约：生产经理、计划员对进度看板的填写进行检查

责任：如发现未及时更新，每次罚统计员 100 元，车间主任承担连带责任

图 4-2　某公司涂装车间生产进度看板

小贴士

日本公司的生产排程

某公司在与日本供应商（某知名的跨国公司）合作时，交货期是一个很令其头疼的问题，问题并不在于交期延误，而是交期不固定。每次采购，供应商都要花1～2天时间确认交期，他们要跟公司的采购部门确认物料采购的时间，要跟生产部门确认计划排程，这就要看目前已经在计划中的生产订单有多少，排到了什么时候。这样算出来的交期都是可靠的，一旦供应商确定了交期，告诉我们是几月几日出货，从来不会耽误一天，相当准确。

公司采购负责人总是不太理解这家日本供应商为何不能给出固定的交期，每次要求他们按照我们的要求给出固定交期，对方都回答做不到。其实，这就是日本公司生产排程的方式与我们不一样，他们是**前向排程**（forward scheduling），根据目前的在手订单状况排计划，算出新订单到哪一天可以完成生产，非常准确；我们国内通常是用**后向排程**（backward scheduling），根据客户要求的交货时间，反过来推算什么时候开始生产，目前中国的制造业大部分都是后向排程，后向排程并非不好，交期是否准确，还是取决于公司生产排程和计划的执行能力与诚信度。

五、供应商交货的齐套性管理

（一）制造工厂的四种类型

库存齐套率的概念，最早是由程晓华先生在他的专著《制造业库存控制技巧》中提出的。意思是说，假设你现有库存原材料价值1000万元人民币，产品的物料清单（BOM）成本是1000元，那么理论上说，最好的情况就是量产出来的成品数量应该为10 000台。但是，实际上这些库存不一定是齐套的，你的库存支持生产的实际产出可能只有3000台，剩下的库存虽然多，但是不配套。在这种情况下，你的库存齐套率就是30%。这意味着，你的70%的库存资金积压，这是一种巨大的浪费。

这个概念被大家广泛认同，于是越来越多的企业开始重视供应商交付时的齐套性了。在讨论供应商交付的齐套性之前，我们需要先了解制造工厂的四种类型。

1. V 型工厂

少量的原材料，做成很多种不同的产品。

很多大型的企业，如钢铁厂，将原材料铁矿石冶炼成各种不同牌号、不同规格的钢材（当然也会添加少许其他金属元素）。在铝型材厂，原材料就是铝锭，厂家可以使用不同的模具，通过设备把铝锭加工成客户想要的产品。

2.A 型工厂

大量的零部件、模块和材料组装成为一个最终的产品。

这是一种相对复杂的工厂，产品由很多零部件组成，例如手机、电脑由很多部件组成；汽车更是由成千上万个零部件组装而成，既有各种电子电器元件，也有玻璃、金属件、注塑件、轮胎、发动机等。

3. T型工厂

少量种类的直线工艺的产品，最后可以经过搭配、组装或者分配形成更多不同类别的产品。

例如，可乐有很多种不同的包装，我们在超市里也经常看到，一瓶可乐和一瓶果粒橙搭配在一起，也有一瓶雪碧和一瓶果粒橙搭配在一起进行销售。这些都是在工厂里最后包装的时候分散开来的。

4. I型工厂

用一种原料做成一种最终产品，生产工艺通常是一条直的流水线。

通常，普通的机械加工厂通过对单个的产品进行加工，如切割、折弯、焊接、表面处理等来完成一个产品的生产。

20世纪，我国的大型制造产业主要还是以V型工厂为主，也就是原料种类少，产成品种类多，这主要涉及钢铁、石油、矿产冶炼等。进入21世纪，产业不断升级，包括人才的培养和引进、科学技术的发展、外资的进入给国内企业带来的冲击等，中国的汽车、消费电子、机电设备等

行业发展迅速，而这些都是 A 型工厂，也就是需要采购大量的零部件进行组装。

我们要注意的是，在 I 型工厂和 V 型工厂，一般不需要考虑齐套性的问题，但是在 A 型和 T 工厂，交货的齐套性是非常重要的一个问题，这种一般都是装配型企业。诸如上面提到的汽车、电子等行业，它们的产品由成千上万个零部件组成，只要缺少一个物料，就不齐套，这个产品就无法生产并下线出货，其他的物料都要等待这个物料到了之后才能进行组装，这种情况会使库存增高、效率降低，严重的会导致工厂停线。

在这样的 A 型工厂，零部件越多，供应商也就越多，管理起来的难度就越大，齐套交付就越难把控。这一点，汽车行业是标杆。我们可以看看它们主要有哪些做法来解决齐套性的问题。

（二）通过循环取货做到准时交货

Milk run，就是跟着牛奶跑，它的字面意思描述了送奶工给若干用户送奶并回收空奶瓶的过程，就是循环取货。在送牛奶过程中，是在用户处留下牛奶，而把空瓶带走；在汽车物流中，装载货物容器的空满正好与送牛奶过程相反，即到供应商处取货时留下空容器，把装满货物的容器带走。图 4-3 是循环取货的示意图。

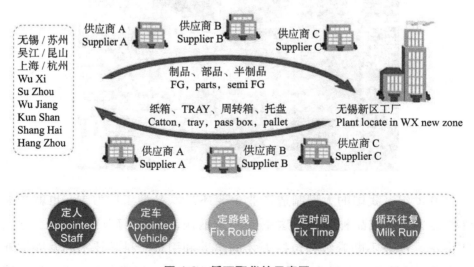

图 4-3   循环取货的示意图

Milk run 最早来源于日本，在汽车行业率先使用，由于车辆统一，操作流程标准化，降低了库存和成本，也大大提高了货物的齐套率。

这种运输方式适用于小批量、多频次的中短距离运输要求，也就是说，供应商距离不能太远，通常在汽车、电子行业比较常见，主机厂周边有很多零部件配套工厂，这样才便于使用循环取货。

这种运输方式降低了汽车整车企业的零部件库存，降低了零部件供应商的物流风险，更重要的是，它可以确保货物的齐套性，也就减少了某一种产品或者零部件缺货甚至造成生产停线的风险，从而使整车生产商及其供应商的综合物流成本下降，效率提高。

（三）通过 VMI 有效地进行交期管理

供应商管理库存（vendor managed inventory，VMI）的作用是让供应商参与到企业的库存管理中，一方面既可以降低企业的库存，又提高了交付的准时性；另一方面也考虑到了交付的齐套性，避免产线断料，在汽车行业应用比较广泛。

VMI 一般是有一个第三方物流仓库，供应商把货物送到这个仓库，供应商和客户企业都能看到仓库的库存信息，供应商则要重点关注，根据使用情况进行补货。

客户会在需要的时候，通知第三方物流送货，而第三方物流仓库里有很多家供应商的货，他们就会根据客户的送货清单，把货配好，直接送到客户的工厂，这些货是可以直接到产线的，因为它们是齐套的。所以通过VMI，客户企业里就没有多余的库存，每次来的货都是齐套的。图 4-4 是VMI 的示意图。

要做到 VMI，必须要具备以下几个条件。

（1）供应商是该种物料的重要供应商，双方签订供货协议，形成战略合作，相互之间必须有高度的信任。

（2）供应商的产品质量必须非常稳定，合格率很高，很少出现质量瑕疵而造成退换货。

（3）供应商要能够进入客户的系统，看到此种物料的库存数量，双方有电子数据交换（EDI），供应商需要时刻注意观察该种物料的库存变化，根据客户设置的最低库存水平（MIN）和最高库存水平（MAX）自行安排送货补货。

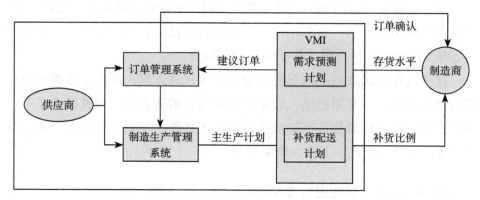

图4-4 供应商管理库存的示意图

（4）供应商有能力分析数据，并能够根据这些数据分析来做需求预测计划，安排生产计划和补货配送计划。

 小贴士

VMI 到底是管理谁的库存

每次在问到 VMI 是谁的库存时，很多人都说是供应商的库存。这时候我就会反问，如果是供应商的库存，那么自己管理自己的库存，又何必起一个名，叫作供应商管理库存呢？这时，他们都会觉得很困惑。

实际上，很多人并没有真正理解 VMI 的含义。

VMI 指的是供应商负责管理客户的库存水平，双方协商一个最高库存水平和最低库存水平，双方都能够看到库存信息。然后供应商通过观察库存的变化，自行安排把货物送到指定的第三方物流仓库，客户随时可以安排物流仓库送货或者自行安排提货，供应商要确保库存不能断货。

VMI 在汽车行业和电子行业应用广泛，这是因为在这些行业里，产品需要齐套组装，客户会要求不同的供应商把物料都放在第三方的 VMI 仓库里。这样在领用材料的时候，客户只按照实际需要的数量领用，避免多领产生库存的浪费，供应商也可以根据客户实际消耗的数量，进行需求的预测。

所以，VMI 对客户和供应商来说都是好事。

六、精益管理与 TOC 结合全面提升交付

（一）精益生产的思想

精益管理的理念是源于日本丰田生产体系的一整套科学管理模式。20世纪 50 年代，大野耐一在学习美国福特汽车流水线生产作业方式后，通过进一步改进创立了丰田生产方式。1990 年，麻省理工学院的国际汽车计划项目在对 14 个国家和地区的 90 多家汽车厂调查研究的基础上，将丰田生产方式正式定义为精益生产。

在进行交期管理的时候，我们需要考虑供应商是否做到了精益。所以，我们不但要知道供应商的生产计划，我们还要去供应商的现场观察，看看现场的生产工序是怎么样的，是否合理，哪些地方有问题，并帮助供应商提出改善建议和改善方法。

实际上，一个产品在生产过程中有若干道工序，而每道工序的生产时间包括：

- **排队时间**（在开始调机之前排队等待的时间）。
- **调机时间**（换模时间或者为生产该产品调设备参数或程序所需要的时间）。
- **运行时间**（这批产品在这道工序加工所需要的实际时间）。
- **等待时间**（从加工完成后等待直到被搬到下一道工序之间的时间）。
- **搬运时间**（搬到下一个工序的运输时间）。

在这些时间里，只有第三项是真正的生产时间，其他都是等待时间，一个产品从原材料变成成品的过程中，所经历的若干道工艺，把这些等待时间累计起来是很可观的。

从精益生产的角度来说，就是要消除一切浪费，要提高供应商的交货期的准确性，并帮助供应商缩短生产时间，要尽量把其他几项时间减少到最小。

（二）TOC

很多采购从业者都知道 TCO（拥有总成本），却并不太了解 TOC，TOC也是一种很好的管理理论，全称 theory of constraints，中文译为"瓶颈理

论"，也被称为制约理论或约束理论，由以色列物理学家高德拉特（Eliyahu M. Goldratt）博士创立的 TOC 的核心观点为立足于企业系统，通过聚焦于瓶颈的改善，达到系统各环节同步、整体改善的目标。

TOC 理论认为，任何一个系统（任何企业或组织均可视为一个系统），都至少存在着一个制约因素 / 瓶颈，否则它就可能有无限的产出。因此要提高一个系统的产出，必须要打破系统的瓶颈。任何系统可以被想象成由一连串的环所构成的，环与环相扣，这个系统的强度就取决于其中最薄弱的一环，而不是其中最强的一环。这个很好理解，有些类似于木桶理论，一个木桶能够装多少水，并不是取决于最长的那块木板，而是取决于最短的那块。

同理，我们也可以将我们的企业或机构视为一条链条，每一个部门是这个链条其中的一环。如果想达成预期的目标，我们必须从最弱的一环，也就是从瓶颈的一环下手，才可得到显著的改善。换句话说，如果这个瓶颈决定一个企业或组织达成目标的速率，我们必须从克服该瓶颈入手，才可以以更快速的步伐在短时间内显著地提高系统的产出。

1. 根据 TOC 创始人高德拉特博士的聚焦五步法

（1）**找出系统的瓶颈**。这指的是在整个生产过程中，找到哪一个是限制产出的瓶颈工序。这里所说的瓶颈不限于生产工艺上的瓶颈工序。例如，某公司销售出去的产量远远少于生产的产量，那么瓶颈就是销售。

（2）**决定如何挖尽瓶颈的潜能**。找到最大化利用产能，提高有效产出的方法。例如，在很多工厂车间，午饭时间到了，工人们要去吃午饭，所有的生产工序都会停下来。如果某道工序是瓶颈，那么这道工序就不能停下来，需要留下人来值班。

（3）**其他的一切迁就上述决定**。这时候，有效地利用瓶颈，释放产能，是重中之重，其他的事情都是次要的。

（4）**给瓶颈松绑**。这是指找到增加瓶颈的工作时间的方法。

（5）**如果步骤4打破了原有的瓶颈，那么再回到步骤1，千万不要让惰性引发系统的制约因素**。

当瓶颈产能被有效提高了之后，这个瓶颈可能就不是瓶颈了，另外一个环节就可能成为新的瓶颈，这样的话，我们就要把注意力转移到新的瓶颈上去。

运用瓶颈理论，提高了产能，也就可以快速有效地提高有效产出，这样就可以缩短交货时间。如果我们的供应商不能按时交货，我们只要掌握了TOC的这五个步骤，就可以通过这样的方法，在供应商的现场进行观察，帮助供应商找出瓶颈，再探讨如何有效地解决生产工序中的瓶颈问题，可以通过增加设备、增加人手或增加班次，或者把这道工序的一部分外包出去，来提高供应商的产能，这对我们追踪和缩短供应商的产品交期有很大的帮助。

2. 物理瓶颈和方针瓶颈

瓶颈分为两种，一种是因为物理性能不足而产生的制约，一般被称为物理瓶颈。

什么是物理瓶颈？如果我们在现场发现某个工序前面堆积的半成品最多，这个工序很可能就是瓶颈，为什么呢？因为上一道工序的产出速度和这一道工序的产出速度严重不匹配，而下一道工序可能生产不饱和，它在等待这道工序出来的半成品。

说到底，就是产能不足。有了客户的订单，却无法按时完成生产任务。生产通常由不同的工序组成，而产能又是由产出最少的那道工序决定的，到底哪个工序是制约的因素？是否可以采取措施去改善瓶颈？这个我们就要根据具体的问题去分析了。

还有一种情况，就是企业的一些方针和管理制度，甚至企业文化等，阻碍了企业实现最终目的，这种情况就被称为方针瓶颈。企业在方针上出现瓶颈的情况要比出现物理瓶颈的情况多，而且方针瓶颈对企业的影响更加深远。例如，很多工厂对工人的工资实行计件制，工人考虑的是自己的收入，就会考虑加工时间最短、产出最高的产品优先进行生产加工，而这些可能并不是客户最急需的。这样就会造成客户着急要的产品出不来，出来的都是客户不着急要的。如果要改善，就需要从企业的薪酬管理入手进行改善，而这个又往往是人力资源部门的工作。

（三）如何用 TOC 解决产能问题

有时候供应商的产能受限，造成交期延误，如何解决产能问题？供应商所说的产能真的是它最大的产能吗？它的产能就没有办法提高吗？

首先要找出企业真正的瓶颈，因为企业的产能受限于这个瓶颈工序，如果能够提高瓶颈工序的产出，就可以提高产能。

最简单的办法，就是安排工人加班，但并不是所有的人都要加班，而是瓶颈工序需要加班，总之这个工序不能停，别的工序的工人去吃饭的时候，也要留下人来操控这道工序；也可以增加一台设备，立马可以让瓶颈的产能翻倍，当然这就需要考虑投入是否值得；还可以外包一部分，如果这道工序的生产设备不值得投入或者短期无法投入，那么就可以看看外部是否有供应商资源可以单独做这一道工序的加工。

然而，有的时候，并不是设备的问题，是人的问题，我曾经见过一个供应商，设备有很多，都停在那里，没有人操作，因为之前公司规模缩减，熟练的工人流失了。后来随着订单的增加，再去招熟练的工人就很难了。所以，我们在评估供应商产能的时候，不能仅仅看设备，还要看是不是有足够的人，否则即使有设备，可能也没有人会操作。

鼓 - 缓冲 - 绳子（DBR）

鼓、缓冲、绳子是对实现最优生产技术的计划与控制系统的比喻。

鼓：以瓶颈部分的生产力制订全体的生产计划。

缓冲：为了保证瓶颈部分在出现故障或问题时能够及时解决而准备的处理时间。

绳子：指示瓶颈出现前的环节的信号。

工厂的总生产能力不可能比瓶颈部分的生产能力更高，所以必须活用瓶颈，为了不让生产流程停下来，就要准备缓冲器，使有效产出最大化。而非瓶颈部分不会影响有效产出，所以基本上不会为它给出缓冲期，也不会出现停滞。

DBR 的思考方式颠覆了传统的思维方式，即"工厂的每一个环节都应当急速运转"。导入 DBR 的管理方式，在缩短生产周期方面有显著的效果。

 小贴士

通过精益和 TOC 结合，帮助展柜公司改善交期[⊖]

有一家做展柜（服装门店的道具）的公司，关于订单的交期，老板通常答应客户一个月的生产周期。然而，经常等到客户的店面装修完毕，商场都要开业了，工厂这边总是还有几个展柜没有生产呢！所以，运到客户店铺的展柜，经常不是缺这个就是少那个，无法组装。

为此，客户每天都在投诉，该公司的老板每天都在焦虑中度过。每天看到他在接电话，不是被客户骂，就是他在骂员工。

于是，这位老板向我咨询如何解决这样的问题，由于并没有家具行业的经验，我先试着用 TOC 的理念，给他讲解了一下。他听着有道理，让我帮他实施一下（有种"死马当活马医"的感觉）。

我在服装行业摸爬滚打多年，还有点经验，家具行业我不在行，"隔行如隔山"！但是这位老板想得开，他鼓励我，说服装行业和家具行业，本质上差不多。服装的原材料是"面料"，家具的原材料是"木料"；服装是把面料裁剪、切割成大小不同的裁片，通过"缝线"，组合成一件衣服；家具是把木料锯成不同的规格、尺寸，通过螺丝、钉子等，组合成一套家具。加工路径虽然不同，本质还是一样的（其实，这类企业是 TOC 企业类型中的 A 型企业，老板当时就能通过现象看本质，不简单）。

我想想，也是啊，于是我就通过现场调研、流程分析，最终确认该家具厂的瓶颈是"烤漆"工序（F1：辨识系统的制约）。如何挖尽瓶颈工序（F2：决定如何充分利用系统的制约）？

由于不同配方和颜色的漆，需要烤漆房的温度和时间是不同的，如温

⊖ 本文作者是 TOC 实践专家刘卫阵老师。

度低，时间长，或温度高，时间短。还有烤漆房的特性是，升温快（低温到高温），降温慢（高温到低温）。由于前段裁料会按批量锯割，烤漆房也会按批量加工，造成后端组装的物料短缺（不"齐套"），等待时间很长。

所以，我决定应用 DBR 管理方法，以"齐套"为原则，以及按烤漆房的产能最优化排产。就是说，原材料仓库的出库和第一道工序的投料，都严格按照"齐套"的要求下料并且根据烤漆房温度由低到高的变化顺序排程，使瓶颈资源的 OEE 最大化（F3：其他一切非系统制约的事物皆全力配合上述的决定）。

上述内容实施的过程非常快，大约一周的时间，老板也非常重视，亲自抓。我基本上是参照书上说的"照猫画虎"，他认真执行。

一个月过后，改善的效果出来了，一套展柜从投产到全部出货 15 天的时间，组装齐套率从 30% 提升到 75%（初期的一些问题，确实考虑不周全）。

后来，进一步完善流程（中间，也借鉴了很多精益的方法，如 Layout、SMED 等），生产的前置时间（lead time）是 3 天，从下订单到在工厂试装完成是 7 天时间，现场组装齐套率提升到 100%。该公司老板很满意。

从这个案例可以看出，其实公司并不需要投入什么，只需要对生产计划排程进行优化，就解决了齐套问题。齐套问题解决了，交货问题就解决了。

约束理论（TOC）、精益生产（lean production）、六西格玛（six sigma），合称 TLS，被称为世界三大管理思想！TOC 实施起来，要比另外两个工具见效更快。

在交期管理中，需要深入车间，仔细观察生产的流程，以及计划的合理性，往往可以结合使用精益和 TOC 的方法，通常可以快速高效地缩短交期。

【最佳实践】EMMA 公司供应商交期管理对策

EMMA 供应商的交期现状主要是，SAP 根据部件级的需求和 SAP 内设的物料清单每周滚动出物料级的需求计划，再根据采购部在 SAP 设置的交期滚动出采购订单，由物料部门核实并发送给供应商。

供应商交期是由采购部来维护和设定的。采购部也承担着供应商交期的管理，主要目标是将供应商的交期尽可能压缩到 4 周以内，同时尽可能要求供应商备一定的库存（BUFFER）以应对需求的突然增加。

今年以来，全球市场对 EMMA 产品的需求大幅增加，尽管公司的产能仍然能满足，但是问题出在 EMMA 公司的原材料供应存在很大问题，EMMA 公司采取了以下一系列措施对交期进一步加强管理。

重新设定 LOTSIZE

LOTSIZE 在 SAP 中决定着每次购买的数量，比如 LOTSIZE=1WEEK，每周下单只购买一周的需求量，LOTSIZE=13WEEK，就意味着一次下单购买 13 周的需求量。通常，价值高的材料每次下单只购买 1 周的数量，而价值低的材料每次下单会购买 8 ～ 12 周的需求量。LOTSIZE 的管理关系着库存水平和交货水平。EMMA 公司决定调整 LOTSIZE，这样可以提高材料的交货水平。

重新核实供应商的交期

EMMA 公司发现 SAP 中的供应商交期和实际的交期存在着差异，于是要求采购部重新核实供应商的交期。这样保证了 SAP 系统中供应商交期的准确性，提高了适时下单的准确性。

灵活应用 VMI-B/C 和缓冲库存

采购部对 VMI 供应商的要求是根据需求预测进行备货管理，缩短交期到零天或 28 天以内，同时准备 3 周的产品作为缓冲库存（buffer stock），以备需求突然增加，VMI-B 和 VMI-C 的差别在于 B 的库存备在供应商仓库内，交期一般为 7 ～ 28 天，C 的库存在 EMMA 公司仓库，交货期为 0 天。

长尾材料的交期管理

这里所指的长尾材料是指那些供应商交期很长，但价值很低的材料，这些材料往往出现在交期曲线的最后部分，即交期大于 8 周的部分。对于这些材料供应商并不愿意提供任何 VMI 或 JIT 的服务，因为价值太低。

工作小组对于此类情况，要求计划部和生产部评估，挑选出那些独家的供应商和没有替代方案的材料，然后制定合理库存的数量，由 EMMA 公司通过自己增加安全库存的方式来降低少料、缺料的风险。

需求预测变化的及时告知

需求变化有时候并非来自真正的需求变化，由于整个流程中涉及的环节很多，每一环上出现偏差，都可能引起需求预测的非真实变化。而各个部门又太依赖于 SAP 系统，很难察觉到错误的发生，以至于错误地发出订单或将错误的预测传送给供应商，这种情况即使在几天后被察觉，也已经于事无补了。

这就要求各个相关部门，尤其是计划部和事业部，在 SAP 以外，在得到需求变化的信息后，及时和其他部门沟通，而其他部门和供应商在察觉需求的突然变化时，需要和其上游部门核实这个需求变化的原因，做出相应的调整。

思考题：

1. 请思考，你公司现有供应商采用哪种生产模式，对交期有什么影响。

2. 请思考，你公司现有供应商是如何控制现场进度的。

3. 结合工作实践，说明供应商交货齐套性的意义。

4. 简要论述约束理论（TOC）对供应商交期管理的作用。

5. 通过本章的学习，思考一下，如何在平时的工作中运用学到的方法、工具，让供应商的交货问题不再产生困扰。

C：检查阶段

Check——检查，依据执行结果，确认计划是否依据进度进行，检查执行结果是否达成原定的目标。

这个阶段是明确效果，查找问题，将之综合反馈在供应商绩效结果里。

第五章

供应商绩效管理
——供应商的绩效就是采购的绩效

 学习目标

1. 了解供应商绩效评估的主要维度。

2. 了解如何做好供应商的绩效评估。

3. 了解供应商绩效管理的奖惩机制。

三钢集团的供应商绩效管理改善

三钢集团是大型冶金企业，每年采购的生产原材料、备件、辅材达 4 万多种，长期涉及的供应商有 3000 多家。

目前现状和问题

在 ERP 系统上线前，虽然公司制定了完善的供应商管理办法，目前，绩效评估主要采用手工方式，具体实施过程中面临着很多困难和问题。

人为因素的影响

供应商绩效评估要求多个相关部门共同参与，从多维度评估，在企业减员增效的大环境下，对供应商的评估往往以会议形式进行或以各部门按维度书面综合评估，汇总后按供应商管理规定中的评估等级确定，实现对供应商进行分类管理。

由于评估标准、方法在不断变化，涉及的评估单位以及人员较多，来自不同部门、层级的参与人员对评估项目等认识理解不同，评估结果常出现较大差异。

评估项目多

选择评估项目是供应商绩效评估中的难点。公司内部根据不同的业务特点，设计制定不同的绩效评估体系，来满足供应商管理的需求。对于供应商评估维度及细度，依据不同专业给出相应的绩效评估测量项目，同时为尽可能真实地评估供应商的绩效，涉及的评估项目往往较多，例如质量方面，包括出现质量问题的物资数量、是否存在重复的质量问题、质量异议原因及后续处理等。

数据收集统计困难

评估项目多，对应的数据更多，来源渠道多且复杂，收集和统计十分困难。例如，日常质量异常反馈依赖于交互邮件、传真方式，问题处理的周期长、跟踪难度大，在评估过程中难以体现；供应商货物延期交货的数量及其占总交货的比例、预付款占总付款的比例等，这些均涉及较大数据的处理。

以上信息管理主要依靠手工方式收集和统计，效率低下。在评估供应商时，对每一供应商上述的数据要有详细的统计汇总，数据量相当大，当有上千家供应商时，其工作量更大，几乎无法完成，且无法共享信息，不符合大数据时代的需求。

建立新的评估体系

随着精细化管理的不断深化，三钢集团于2014年8月成功上线了ERP系统，建立多个数据库，用来存放各种数据，系统具有强大的数据共享功能，为高效真实地评估供应商的绩效奠定了基础。

评估项目的筛选

根据三钢集团多年来积累的管理经验，分析、筛选出能够较为全面、客观地评估供应商绩效的指标项，分为4大类共14小项。

评估内容包括：综合数据、质量情况、交货、售后服务。

评估项目数据来源于ERP系统中采集的对应供应商已发生的业务数据及供应商基本信息，以定量指标（ERP给出值）为主，辅以定性指标（人工评估值）。

如定量指标中的供应商类别分为生产商、代理商，合作关系分为寄售业务、年度协议业务、总包业务，还有评估周期内供货总金额、预付款及其比例等。

定性指标包括：质量异议（ERP 系统提供记录）、售后服务（ERP 系统提供记录），均为通过人工评估取平均值得出结果。

供应商绩效评估采用百分制的综合评分法，评估项目的定量数据可从 ERP 系统中自动提取，定性数据通过人工评估，最终统计生成评估结果。

由于同一供应商对不同类别物资的供货能力不同，如电气大类与仪器仪表大类，评估结果可能差距很大，电气评价结果可为优，仪器仪表类也可为合格，即同一供应商在不同类别有不同的评估结果，可按供应商管理规定对其做相应的资格处理，将确认的最终评审结果通过导入程序录入 ERP 系统中，供历史查询或其他程序调用。

相对于人工统计方式，此法对供应商的评估更加细化、系统客观，只有通过系统大数据的统计才能得出。对供应商的分类管理，省时省力，还可以区别对待，重点管理。

一、什么是供应商绩效管理

通常，企业的人力资源部门会通过平衡计分卡或者 KPI 对员工进行考核，设定一系列的指标，根据员工在一段时间内的表现，评定该员工是否合格或者胜任，优秀的员工可以加薪升职，而差的员工可能会被调离岗位，甚至淘汰。

供应商虽然不是企业的内部员工，是一个外部的组织，但供应商同样是为企业服务的，是以一个组织的形式为企业提供服务的，同样，企业要对这个组织提供的服务进行评价。

企业在一般情况下是通过采购部门与供应商建立合作关系的，在合作的过程中，需要解决各种各样的问题，采购部的工作业绩主要通过供应商体现出来，那么企业就要对采购部门的工作和供应商的表现进行评估与衡量，通过评估的结果，发现不足，并进行持续的改善，这就是我们说的绩效管理。图 5-1 是绩效管理的循环过程。

绩效管理分四个环节，首先要有绩效计划，然后按照这个计划去实施，实施之后再进行评估，最后把评估出来的结果反馈给评估的对象，也就是供应商，让供应商改进。和PDCA一样，绩效管理是一个不断改善的循环过程。

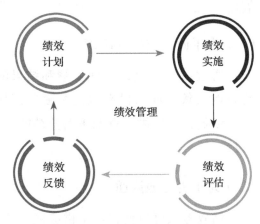

图5-1　绩效管理的循环过程

采购和供应商的绩效管理，是一套用来监督和评估采购业绩的正式的、系统的方法。这个看起来好像很容易，在实际操作过程中却有很多困难，因为我们很难确定究竟哪些绩效指标是我们真正需要的。

有些企业采用的绩效指标，不但不能对企业的长期发展有帮助，反而对企业是有伤害性的。例如，如果采购方将不断追求供应商更低的价格／成本作为一项主要的绩效指标，那么供应商的利润空间不断被压榨，供应商是否还有意愿和能力去投入更多，来持续提供高质量的产品和更好的服务呢？

大多数绩效评估指标都可以分为两类，一类是效果的考核，另一类是效率的考核。效果的意思是，通过选择这样一些活动，管理层可以实现一个预先设定的目标。效率的意思是，计划和实际来实现一个预先确定的目标的关系。

二、为什么要做绩效管理

为建立管理规范、价格合理、质量优良、稳定有序的供应商管理体系，并能够有效控制因供应商管理不当而出现质次价高、欺诈、舞弊等采购风险，同时确保设备、备件、材料的保质、保量、适时、稳定地供应。各企业依据各自采购与供应链特点，建立与之相适应的供应商管理制度，而供应商的绩效评估管理，是供应商管理中的一个重要环节。

我们对采购和供应商的活动与业绩进行评估及测量，主要有以下几个原因。

（一）为了做出更好的决策

通过绩效考核，实现业绩和结果的可视化，这样可以帮助我们做出更好的决策。如果没有搞清楚哪些区域的绩效比较差，那就很难去做改进。绩效管理提供了查询采购业绩的记录，并直接为管理层做出决策提供支持。

（二）为了更好地沟通

绩效考核可以使得整个供应链上的各个环节能够更好地沟通，包括采购内部、部门与部门之间、供应商之间，以及与管理层的沟通。例如，采购必须与供应商沟通清楚对业绩的期望值。通过考核来量化供应商的业绩可以反映出实际值与期望值之间的差距。

（三）提供绩效的反馈

绩效提供了一个反馈的机会，我们针对在绩效考核过程中发现的问题，可以采取纠正与预防措施。反馈还可以帮助我们深入了解采购、部门、团队，或供应商绩效指标完成的程度。

（四）激励和指导行为

绩效可以激励并指导我们的行为，使之通向我们所期望的最终结果。绩效体系可以通过不同的方法来完成，第一，绩效类别和指标的选择就是告诉采购人员，这些就是公司认为最关键的。第二，通过绩效指标的完成，管理层可以用奖金或者加薪的方式，对员工进行激励和影响。

三、采购绩效评估存在的问题

对采购和供应商绩效的考核与评估，常常存在着很多问题和限制。不管什么样的公司，在实际操作中都会存在一些问题。

（一）对采购的考核方面的问题

1. 数据太多，错误也多

在考核中，最常见的问题就是公司在考核系统中的数据太多了。更严重的问题是，管理层关注的数据可能都是错的。选择的这些数据可能是因为历史原因，或者凭感觉认为有关联，实际上却并没有关联的。

管理层遵循的这些考核指标，有时候可能又会与其他职能部门的考核有冲突，例如，生产部门要考核设备使用率，而设备使用率跟订单数量多少有关联，常常会发生生产部门把当月的生产任务完成了，为了更好看的设备利用率，提前执行下个月的生产计划，或者销售的计划变动，导致生产计划调整，可能有些物料到货计划就会提前，而供应商来不及调整计划，就有可能造成物料短缺，一旦某种物料缺货，就会影响采购的绩效考核。

总体来说，数据太多的话，没有人能够顾得过来，我们应当只挑选其中最关键的数据。

2. 考核都是短期的

很多企业，尤其是中小型企业，都只关注短期的指标与考核。典型的是，它们收集了一些财务数据和运营数据。在采购方面，这些都只是供应商活动的短期焦点，而没有关注长期的或者战略的考虑。往往在企业业务繁忙的时候，大家都全身心投入生产，采购忙着跟供应商催货、处理各种紧急需求，大家也顾不上绩效管理，而等业务不忙了，又想起来做绩效管理。

3. 缺少细节

很多时候，我们汇报的数据都是简化了很多的，这就没有意义了。我们对供应商月度的质量问题的报告可能缺少一些细节问题。领导可能更想知道这个供应商的具体问题到底是什么，质量问题给公司造成的损失有多少，以及这个供应商长期以来的质量表现如何。

详细的质量报告应当包括以下一些细节。

（1）发生的质量问题的类型（错误的产品、破损、数量缺少）。

（2）哪个客户提出了质量投诉？

（3）哪些员工应当对质量问题负责？

（4）质量投诉产生的总费用。

（5）有质量投诉的产品的料号。

有了这些详细的信息，才可以采取一些行动，从根源上解决这些质量问题。

4. 考核的方向有问题

可惜的是，很多考核绩效的东西不是我们想要的，例如有些公司对采购部门的考核甚至包括采购下了多少订单，跟多少供应商合作，以此来判断工作量是否大，这样一来，如果指标达不到，下次采购就会把订单拆分成几个小订单，然后分别下给不同的供应商。

所以说，要正确衡量这些通过脑力劳动完成的工作，实际上是很难的。而公司总是想把所有工作都进行量化，千方百计想找到一些方法和指标，有时候却搞错了方向。

（二）对供应商的考核方面的问题

1. 评价标准模糊

有些公司没有供应商绩效评价体系，或者虽然有评价体系，却没有成本、质量、交期、技术等核心指标，评价结果没有突出重点、不具备科学性；绝大部分指标没有详细的评价标准，导致工作人员仍然进行主观判断，以产品价格等指标对供应商进行评价。

评价过于细致，就容易引入细节问题，重枝叶轻主干，评价过粗则达不到评价的效果；由于每个人对指标的理解、重视程度不一样，得出的评价结果也就不同，不具备客观性；对所有的供应商实行统一的评价标准，但是不同部门的工作人员侧重的评价指标不同，例如对技术服务商更看重它们的技术，对物资供应商更看重产品质量等，所以统一的评价标准产生的评价结果不能满足所有用户，也不能反映供应商的真实情况。

2. 缺乏供应商综合评价

综合评价方法，指使用比较系统的、规范的方法对多个指标、多个单位同时进行评价的方法。但是要实现综合评价，就会面临诸多困难，关键是设置合理的指标、权重系数，选择适合企业的综合评价方法。

因为综合评价方法一般采用加权平均计算得分，指标的权重直接影响评价结果，改变供应商的优劣等级，显然合理、正确地确定权重系数非常重要。

供应商数量众多、良莠不齐，大型企业可能需要将产品分成几十个种类，然后对同种类型的供应商进行评价定级，工作量很大。在综合评价的过程中，还要做好协调工作，需要多部门的员工积极参与其中，做出客观、准确的评价。

综合评价的过程较长，是从供应商履约开始，到履约结束的全过程，要使工作人员负责地进行跟踪、评价，以及根据实际情况对评价结果做出合理的调整。可见工作量大，涉及面宽，工作人员投入时间长，使得综合评价难以落到实处，往往流于形式。

3. 评价结果未能有效利用

在管理中没有形成对供应商的激励和处置机制，供应商的工作表现无论好坏，每年依旧拿相同数量的订单，使得绩效好的供应商工作积极性降低，绩效差的供应商没有得到必要的警示及惩罚。

我给一些汽车主机厂做过培训，我了解到有些主机厂的供应商绩效管理呈现只注重负激励而忽略正激励的局面。

例如，当汽车零部件供应商优于绩效指标时，主机厂没有提供给供应商应有的奖励，说得直白一点，就是绩效激励做得还不够，没有真正地通过绩效考核的激励手段去刺激汽车供应商做出更内在的本质改变和提升。

如果缺乏制度的保障，管理层对评价结果重视不足，那么绩效评价也只是个形式而已，工作人员对评价结果可能只是存档，并没有把评价结果反馈给供应商，没有对绩效好的供应商采取正向的激励措施，也没有要求绩效差的供应商做出改善。

这样一来，有时候，对有严重不良行为的供应商，是否可以执行取消合格供应商的资格等处理决定，往往还得要领导来决定，没有明确的规章制度可循，所以评价结果很难得到适当的执行。

还有一个问题，即在传统的管理方式中，供应商绩效评价的结果以及相关的文档资料只会保存在一家公司中，信息并不是在集团内不同的分公司之间共享的，导致其他公司在选择供应商时，并不知道供应商的绩效水平，很可能误选绩效差的供应商。

四、如何进行采购和供应商的绩效考核

采购人员通常跟踪供应商的质量、成本、交期等绩效。这些绩效导致的成本代表了与某一个供应商做生意的总成本。供应商总成本可以在供应商之间直接比较。

最常用的考核指标有质量、成本和交期，但其他指标也是需要的，例如惠普公司建立的供应商绩效评估模型包括五个方面：质量（Q）的绩效、成本（C）的绩效、交付（D）的绩效、服务（S）的绩效和技术（T）的绩效。

（一）质量的绩效

一家公司的成品质量与供应商提供的原材料或者零部件品质密不可分，所以质量指标是企业对供应商绩效考核管理中首要的考核因素。

质量指标一般会通过来料检验（IQC）和过程检验（IPQC）检验出来。

百万次品率是国际上通用的一个质量指标，是指任何产品或服务所允许的缺陷水平，对于产品而言，就是100万件产品中，有多少不符合技术要求的，这个在不同行业中的要求也不一样，电子行业的要求就会高于机械加工行业的。对于设备来说，用平均故障间隔（MTBF，指相邻两次故障之间的平均工作时间）来表达。

在实际工作中，很多企业没有控制好前期的供应商评估与选择，导致供应商交付时不断有质量问题。一个采购经理曾反映，他在一个年产值5亿元左右的民营企业工作，目前工作的大部分时间都在处理供应商的品质问题，公司质量部门有30多人负责来料的全检，平均每天开出20～30个不良品报告单，很多产品合格率不到80%。所以采购部每天需要与供应商沟通返工和退货。这样就造成了大量的质量成本浪费。

为什么会出现这样的情况呢？原来很多供应商是老板的亲戚，老板为了照顾这些亲戚，也表达了在同质同价的基础上，尽量优先用他的亲戚。虽然有质量问题，但是采购还是没有用数据统计将绩效指标呈现出来，如果通过数据计算，显示出来质量的差别能够带来巨大的成本差别，就可以说服老板用更好的供应商。

（二）成本的绩效

对采购来说，价格是一项非常重要的绩效，在很多公司都是第一指标，因为公司面临的降本压力非常大。最常用的价格绩效指标是实际的采购价格与计划中的采购价格对比，实际的采购价格与市场价格对比，当前采购价格与历史采购价格对比。

除了价格以外，供应商可接受的付款的周期也是我们需要考虑的，同样的价格、预付款，30天账期还是90天账期，现金还是承兑，这些对成本都是有影响的。

公司每年都有降本指标，公司可以通过增加采购量获得供应商更低的价格，如果公司现金流好，也可以缩短付款周期，以获得更好的价格。

为了弄清楚价格的优惠方式，以及对成本的影响，我们要搞清楚**折扣销售、销售折扣、销售折让**这三个概念。

（1）**折扣销售**，又称为商业折扣，是先折扣后销售，也就是我们通常说的"打折"，会计上是按照折扣后的金额来确认销售收入的，折旧直接从单价中扣除。

（2）**销售折扣**，又叫现金折扣，是先销售后折扣，这是一种理财方式，是企业为了提前收回货款而给予客户应收款项上的减免，应该在实际发生的时候计入财务费用。这是为了鼓励购货方尽快付款而提供的债务扣除。

一般现金折扣的表示方法为：2/10（10天内付款给予2%的折扣）、1/20（20天内付款给予1%的折扣）、n/30（20天以后付款没有现金折扣，最迟的付款期为30天）。

注意区分两个折扣的算法，商业折扣，如打4折，是只付40%的款项；现金折扣，2/10是指10天内付款会扣除2%的款项，需要付款98%。

（3）**销售折让**，是因为企业的产品存在质量问题，而给购买方价款上的优惠，应该冲减销售收入。但是注意不能冲减销售成本，因为并未退回货物，要区别于销售退回。

以上三种优惠方式的区别如表5-1所示。

当然，价格也在随着行情变化，特别是对大宗金属材料来说，铜、铝这些常用的金属材料价格也不会一直呈下降趋势，有时候会根据国际市场的波动上涨。市场价格大幅度上涨，而采购通过谈判让供应商按原价供应，这也是采购付出的努力换回来的业绩，是采购能力的体现，完全应该体现在降本指标上。

表 5-1　折旧销售、销售折扣与销售折让的区别

业务	原因	标注	账务处理
折扣销售等同于商业折扣	为促进商品销售给予的价格扣除		直接从单价中扣除，按照扣除商业折扣后的金额确定销售商品的收入金额
销售折扣等同于现金折扣	为鼓励债务人在规定期限内付款而向债务人提供的债务扣除	现金折扣不影响收入金额的确认，因为它实际上是为了尽快回笼资金而发生的理财费用，所以应计入财务费用	收款时： 借：银行存款 　　财务费用 贷：应收账款
销售折让	由于商品的品种、质量等不符合合同规定而给予购买方价格上的额外折让	销售折让不冲减主营业务成本，因为并未退回货物，区别于销售退回 销售折让允许冲减增值税销售税额	发生折让时： 借：主营业务收入 　　应交税费 – 应交增值税 – 销项税额 贷：应收账款

另外，成本的指标不仅仅要看百分比，也要看金额，因为成本不仅仅是产品的采购价格，还和包装、运输、质量、库存等有关系。

公司可以通过简化包装来减少包装的成本，以批量发货替代零星发货来节约运输成本。

成本和质量也有密切的联系，一方面，质量太差会造成检验费用、返工、报废这些额外的成本增加，要实事求是地把这些成本核算出来，并通过质量的改善来降低成本。另一方面，质量过剩，也就是说，供应商的质量已经远远超过我们的要求，也是没有必要的，可以适当降低质量水平，成本也可以相应地下降一些。

（三）交付的绩效

交付讲究是的能够按时，按时交付这个指标主要用来衡量供应商是否按客户要求的日期交货。

到底什么是按时交付？这个看似简单的问题，我问过很多人，但是并没有多少人能清楚地回答。是不是一定就要当天交付？早一天或者晚一天就不行吗？有的公司强调供应商要准时交付，但供应商交付了，也只是暂时放在某一个角落，仓库管理员当天并没有安排入库，甚至几天之后才录

入系统，这又怎么计算呢？

不同的行业标准可能不一样，汽车行业、消费电子行业可能对准时交付要求得非常严格，而普通的机械制造行业可能就没那么严格。

很多人都学过，或者听说过丰田的 JIT 交付，然后很认同这样的理念，回到公司后就纷纷开始效仿，要求供应商做到准时交付，甚至精确到小时。然而，事实上，行业不同，要求自然不同，有时候差异会很大，完全没有必要按照丰田的标准来要求自己。

一般，我们在签订合同或者订单时，交货时间会写到具体的日期，双方签字盖章确认了，这个日期就是应当到货的日期。比这个日期早或者晚，都不是按时到货。

实际上，即便供应商准时发货，由于物流运输的原因，早一天或者晚一天到，都是很常见的，也没有给公司带来影响，那么这算不算准时到货？

这样一来，有些公司就重新对"准时"进行了定义，并不一定要精确到哪一天，而是开放一个窗口，例如，比应当到货的日期提前两天或者延迟两天，都算按时交货；或者说提前两天内算按时交付，延迟就不行。反正都是有一个可接受的范围的，类似于产品质量检验中的一个公差范围。而且，对于常规交期不一样的产品，也不能用同样的标准，例如常规交期是 10 ～ 15 天的，我们可以设置前后差一天是可接受的；常规交期是 3 个月的，就可以设置为前后差一周是可接受的。

准时交付这个标准，每家公司需要自己定义，不同行业、不同企业，对于按时的概念，有自己的标准，有些行业就要求非常精确，甚至准确到小时或者分钟，每延迟一分钟都要罚款。

另外，按时交付这个指标，对不同类别的产品，权重的设置也应该不一样，例如 A 类物料，即价值高的或者重要的部件和材料，企业都是根据客户需求订货的，交付一旦延迟，就会影响生产。而 C 类物料（例如标准件这些小的产品的成本比较低，企业保证有一定的缓冲库存和安全库存，即便供应商在交付时稍微晚一点，并不会造成太大的影响，所以此类物料的权重可以设置得相对低一些。

这些 C 类物料，一般会采用**订货点**（order point）**订货**，或者**双箱系统**

（two-bin system）的订货方式。

订货点订货指的是：对于某种物料或产品，由于生产或销售的原因而逐渐减少，当库存量降低到某一预先设定的点时，即开始发出采购订单来补充库存。根据采购提前期，预计到库存量降低到安全库存时，发出的订单所定购的物料（产品）刚好到达仓库，以补充前一时期的消耗，此一订货的数值点，称为订货点。图 5-2 是订货点订货的示意图。

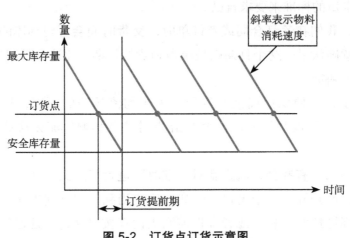

图 5-2　订货点订货示意图

双箱系统是设立两个不同的容器，用以装置所欲存放的同一物料，每箱装置的数量相同，发货时先由第一箱出货，第一箱发完后再开始发第二箱，当第一箱发完时，即应立即请购一箱份的数量，当请购的货品到达时，则装入第一箱内，补足第一箱的数量；当第二箱发完后，再由第一箱发货，此时应立即请购一箱份的数量以补足第二箱的分量，如此反复地施行下去，即为双箱系统的管制方式。这个术语常用来笼统地描述其他定量订货系统，即使有时物理的"料箱"并不存在。

对于那些价值高、订货周期长、非标件、没有常备库存的物料，交期延误可能会带来停产的风险，这类物料交期的权重就要设置得相对高一些了。

按时交付这个绩效指标，主要用准时到货率或者延迟交货率来计算。这个衡量方法在制造业中应用很广泛。供应商和采购的绩效可以通过以上的指标来衡量。可以按照产品系列进行区分，比例根据按时到的数量与总共到货的数量进行计算，然后按照不同的产品系列和不同的供应商进行汇报。

但实际上，我们在统计交付数据的时候还是有一定难度的，特别是，计划经常变化，可能由于某客户突然要求提前交货，我们也会遇到要求供应商提前交货，或者让它们推迟交货。这种情况在民企是很常见的。当然，要求供应商弹性交货也不是不可以，但第一不能太频繁，第二变化的范围不能太大，否则供应商也不可能无条件地满足你所有的变化要求。

有一位学员在工作中就遇到这样的情况，他们公司需要外加工一批产品，计划给采购的提前期比较短，通常需要三周，而这次只给了两周，计划说这非常紧急，要采购盯紧点。采购也只好催供应商加快生产进度，供应商也很配合，为了赶交期，让工人不休息，国庆节都没有放假，加班加点生产出来，过了国庆就通知采购可以发货了，可是这时计划又告诉采购，现在不急了，让供应商先别发货，等我们通知。供应商老板一听非常不满，说我为了赶交期，把别的单子都推了，让工人加班加点，我额外支付了很多加班费，现在货赶出来了，你们居然说不急了，让我们等通知，这不是开玩笑吗？

这样变化太频繁的计划，让采购两头为难，一头是公司，另一头是供应商，供应商承诺你了，也做到了，你却失信，那以后谁还敢信你的话？这种情况造成了供应商的不满，会严重影响供应商后续的配合度。

经常有学员说，在他们公司里，流行一句话，叫作"计划不如变化，变化不如领导一句话"。企业的计划不确定性，给交付的考核带来了很大的困难和挑战。所以，在供应商的绩效管理上，我们还是任重道远。

以上所讲的质量、成本、交付是供应商绩效的三大主要指标，可以说是必须考核的（compulsory）。而且这几个指标也是能够通过定量的方式考核的，比较客观，有说服力。

除了这三个指标以外，还有几个指标也是供应商绩效需要考虑的，那就是服务、技术，这些指标有一定的主观性，需要通过定性的方式去衡量。当然，这些指标也并非对所有供应商都要考核，根据物料和供应商的属性，以及它们对公司的重要性，我们可以有选择性地考核，例如对一个做包装纸箱的供应商，你基本上用不着考核它的技术研发指标。

（四）服务的绩效

服务一般很难直观地体现和量化，需要接受服务的人进行主观的评价，但这也是可以评价的。有些供应商会主动做客户满意度调查，这样的供应商还是比较关注服务的，但并不是每个供应商都会这么做。所以更多的是，我们需要设定一个服务的绩效考核机制。

如何制定满意度指标呢？从哪些方面进行考核呢？这还需要使用部门评价。例如，你去银行办理业务，银行的柜台一般有三个按钮——非常满意、满意、不满意，银行职员给你服务之后，要请你给一个评价；汽车4S店一般给你的汽车做完维修保养后，几天之内会有客户回访的电话，让客户对满意度打分。

这都是可以操作的，那么从公司内部来看，采购代表供应商，使用部门是客户，采购应当制定一个评分机制，让使用部门对供应商的服务水平进行评分。

制定的服务指标，应该可以考核供应商的应急能力、沟通能力和态度。供应商要对于客户抱怨能迅速应答，快速解决，解决方法合理，沟通有效，高层重视，积极参与、配合客户进行战略调整。

（五）技术的绩效

技术指标往往针对那些需要较高技术含量的供应商，尤其这些技术会对产品的核心竞争力产生影响的供应商。

例如，某供应商能够较同行更早开发出来新技术。当然，**如果可以把这些具体的技术指标体现在协议中，双方就可以明确要达到一个什么样的技术指标的目标值。**

在光伏发电行业，电池片的光转换率就是一项重要的技术指标，高光转换效率意味着能够把相同数量的光能转换成更多电能，所以供应商需要不断地开发新产品，来提高电池片的转换率，以此来提高自己的竞争力，如果供应商能够在这项指标上领先其他竞争对手，它的技术绩效就会比较高。

2017年年初，英国《自然能源》杂志发表了一项重要研究成果。研究人员使用工业兼容的工艺来制造单晶硅太阳能电池，其设计能同时增加电池的阳光吸收和电流转换。按照新方法，他们成功研发出了光转换效率突破 26% 的硅太阳能电池，打破了此前的最高纪录 25.6%。经认证，这种电池实现了 26.3% 的转换效率，创了历史新高。

这仅仅是实验室的成果，谁能够率先把这个技术应用到生产中去，实现商业用途，谁就在技术指标上占得了先机。

除此之外，有的企业的供应商绩效考核还会考虑其他指标，例如创新、环境和安全、资产管理、社会责任等，由于并不是很多企业在用，我们在这里就不一一细说了。

五、如何制定绩效考核与评估的系统

要制定一套绩效考评系统，首先需要有管理层的支持和承诺，这一点非常重要，因为建立这样的系统需要一定的财务资源，同时还需要一定的领导力。

管理层希望不同工厂的采购使用同样的系统结构，这样可以复制，不需要额外的支出。但这并不是说，所有的工厂都一定要用完全一样的指标，只是说系统的基本逻辑是一样的。管理层同样也希望系统可以实现绩效的可追踪和改进。

制定一套有效的绩效考评系统，需要遵循一定的活动顺序，主要有以下几个步骤（见图 5-3）。

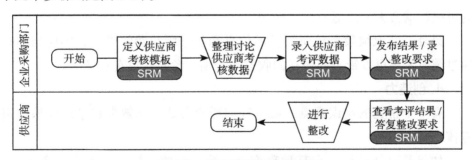

图 5-3　供应商绩效考核流程

（一）确定哪些绩效需要考核

上面讨论了绩效考核的类别，即有很多不同的种类。要制定出绩效考核的流程，首先就是要确定我们需要考核的是哪些类别。

在制定的阶段，管理层并不关心具体的绩效指标。选出来的绩效类别必须要与公司的采购与供应链目标有广泛的关联。选择绩效考核的类别，是一个在制定具体的绩效考核之前的关键步骤。

（二）建立具体的绩效考核

当管理层确定了考核的类别，我们就可以开始制定具体的考核指标了。这些指标要能够成功地体现出采购和供应商的绩效。

1. 客观性

每个指标都要尽可能客观，绩效考核依靠的是定量的数据，而不是定性的感觉和评估。主管的评估可能造成评估人和负责该绩效目标的个人或团队之间的意见不一致。

2. 清晰

相关人员应当理解绩效考核的要求是为了引导绩效朝着期望的结果方向前进，要能够最大限度地避免误解。所有相关方都要理解每一项绩效的含义，认可指标与绩效考核是相关联的，并能够明白为了考核需要怎么做。所以绩效指标一定要便于理解，直接明确，没有歧义。

3. 使用准确和可获取的数据

绩效考核使用的数据，一定要便于获取并且精确。如果绩效考核需要的数据很难产生，或者数据并不可靠，那么要保持长期、稳定的绩效考核的可能性就会大大降低。

另外，获取绩效考核所需要的信息和数据所花费的成本，不应当超过通过绩效考核可以带来的潜在的收益。否则，考核就没有意义了。

4. 创造力

有一个常见的错误观点，就是我们通常会认为绩效考核系统应该可以考核所有的活动。

如果是这样的话，在某种程度上，绩效考核就扼杀了个人的创造力。成功的考核体系应当考核重要的、关键的事项，并且提倡个人的主动性和创造性，也就是说，最好考核的是 5 ～ 6 项重要的、清楚的事项，而不是 20 ～ 30 项模糊的事项。

5. 与组织的目标直接相关

公司的目标或者指标影响着采购的目标或指标。其他职能目标也影响着采购。例如，生产部门的目标对采购有着直接的影响，因为生产过程需要采购的支持。

为了满足公司生产和采购的指标，采购负责人要制定战略和行动计划。最后，管理层制定为了完成采购战略和计划，所需要的活动的绩效评估的指标。这些指标可以体现采购的进展情况。

6. 共同参与

共同参与是指负责各项绩效的人员都要参与到制定绩效指标的工作中。共同参与可以在得到负责各项绩效的人员的支持上起到很大的作用。

例如，质量和生产的人员，应当对来料检验合格率和产线合格率拥有话语权，这些指标的制定需要征求他们的意见。我们一定要认识到，对供应商的绩效考核并不仅仅是采购部门的事，各相关部门广泛参与进来，才能使公司的供应商管理有效。

7. 持续的动态化

动态化的系统是指管理层要定期进行回顾，并确定现有的绩效是否能够支持采购的目标，是否可能需要新的绩效，或者绩效的标准或目标是否需要更新一下。

也就是说，绩效指标并不是一直固定不变的，产品进入成熟阶段，市场的竞争越来越激烈，对成本的要求更高，这时候就要提高成本的指标，或者经过了一段时间，供应商的质量得到改善，那么对质量的要求就可以适当提高。

8. 非人为可操纵

非人为可操纵是指无法人为地影响绩效结果（绩效结果无欺骗性）。理想的状况就是，负责某项绩效的人不应该是提供汇报数据的人。考核的结果应该是实际行动的真实反映。如果可以用自动化的或者计算机控制的系统将信息输入系统里，那么在一般情况下数据是无法进行人为操纵的。

（三）制定每项绩效的指标

制定每项绩效的指标，是非常关键的。

通过指标可以量化你所期望的目标。绩效标准或者指标必须是实际的，也就是说虽然指标具有挑战性，但是只要通过不断的努力，是可以达到或者实现的。

指标既不能太简单，不需要太努力就可以实现，也不能太难，如果员工无论付出多少努力都无法实现指标的话，就会严重影响士气。

指标要能够反映企业所面临的竞争环境的现实，如果指标虽然有挑战性，却不能反映竞争环境，就不是一项很好的绩效指标。

企业一般使用三种方法来制定绩效考核的指标。

1. 历史数据

这个方法用过去的数据作为建立正式绩效指标的基础。历史的绩效经过不断的改进，可以达到现在我们期望的目标。

当然，依赖于历史数据也会有一些问题。过去的绩效可能都没有达到最佳。如果按照没有达到最佳的绩效为基础来制定绩效指标的话，即便乘以一定的改进系数，公司还是会面临达不到最佳绩效的风险。而且，历史数据对竞争对手或者同行业领先的公司的绩效能力没有参考意义。

2. 内部驱动指标

公司可以在内部各部门或者业务单元之间做比较，内部业绩水平最好的可以作为公司范围内绩效指标的标杆。而那些有着不同业务单元的公司，可以通过不同的绩效类别，在内部进行绩效等级的比较和排名。

这种方法与使用历史数据的方法相比，有一些好处，也有坏处。它可以让企业内部各个部门或业务单元之间互相激励，但如果一个公司过于强调内部的比较，那么就会忽略外部的竞争。内部的不同部门或者业务单元之间，并不是竞争对手的关系。与内部的不同业务单元进行绩效的对比，做得再好，也不能保证一定赶得上外部竞争对手最好的水平。

3. 外部分析

这种方法需要了解竞争对手或者同行业领先公司的做法。这种方法的好处是，对每个细节方面进行外部评估。

（四）完成系统的细节

在实施之前，管理层需要考虑绩效汇报的频率、对系统使用者的培训，以及最终决定如何使用系统的输出。

1.定期汇报绩效结果

一个好的绩效与评估系统应当定期汇报绩效的结果。对于不同的指标，在实际工作中汇报的频率可以不同。管理层需要确定，对每种不同的指标，怎样的汇报频率是最有效的。例如，对于物流运输的状态，需要很高的汇报频率，每天或者实时进行汇报；而对供应商综合绩效的评估，可以每周或者每月汇报一次。

2.教育和培训

企业必须对员工和供应商进行教育和培训，来让他们接受并使用绩效考核与评估系统。每一个参与者都要能够理解考核机制下，自己的责任和义务，并知道如何使用系统的输出，来提升绩效。绩效考核和评估是一种工具，既然是工具，在使用之前就要对使用者进行一定的培训。

3.使用系统的输出结果

管理层可以把绩效考核与评估的结果用在不同的地方。有些经理人直接用输出的结果来评估采购人员和供应商的绩效。他们也可以用系统来评估每个采购人员的工作效率。系统的输出结果也可以用来识别出绩效表现比较好的供应商，这些供应商可以获得未来更多的采购订单。管理层可以多方面仔细考虑如何最好地使用系统的输出结果。

企业拥有几百家甚至几千家供应商，涉及各种行业、多个部门，使用传统的手工方式评价会面临很多问题。

如果大型企业在已有 ERP 系统应用的基础上，增加供应商绩效评价的功能模块，对企业供应商进行绩效评价，就能建立一套科学、合理、高效的供应商绩效评价体系。

六、如何实施绩效考核

绩效考核在具体实施中怎么操作？

前面我们已经介绍了设定指标和收集数据，在设定好考核指标，并且实现了数据都能够从系统中输出后，我们就可以开始执行和实施绩效考核了。图 5-4 是绩效考核操作的示意图。

所有的体系在开始实施之前，都要进行试运行，来验证是否与计划相符。绩效考核与评估的系统也和其他系统一样，需要定期进行回顾。

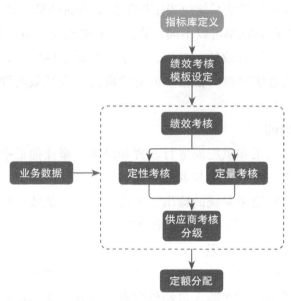

图 5-4　绩效考核操作示意图

（一）基于 ERP 系统实现数据处理

通过 ERP 系统进行数据采集、存储、计算、检索、排序等基本环节。

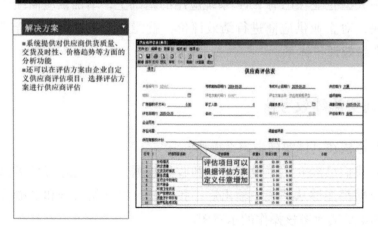

首先，系统的数据主要由工作人员录入，包括定量化的数据和定性

化的评价。数据的准确性、及时性等是系统正常运行的基础，进行供应商绩效评价的工作人员经过培训要能够深入理解评分标准和公司业务，同时ERP系统会自动校验工作人员录入的数据是否规范，工作人员也可以对已经录入的数据以及综合得分实时更新，解决数据采集的问题。

其次，评价过程需要对大量的数据进行计算。例如，一个供应商有某一自定义产品分类的多个合同，对每个合同要有评分，还需要计算单个合同金额占多个合同总金额的比例作为权重系数，再乘以单个合同的评分，进一步计算出该供应商的综合评分。

诸如此类繁多的计算，程序会从ERP系统的合同模块自动获取相关的数据，在较短的时间内处理大量复杂的计算，快速得到综合评分，能节约人力成本和时间成本。

供应商数量众多，相关的文档数量巨大。这些文档是评价的重要依据，根据工作人员的需求，在评价供应商时，电子版的文档通过附件上传到系统并且周期性地备份，程序也能帮助用户快速检索需要的数据。

年终完成全部供应商的评价活动后，工作人员运行程序对供应商进行定级、排序，生成供应商绩效评价年度报告。ERP系统会调用接口，将数据发送到公司总部的系统，解决数据传输问题。

（二）评价结果的有效运用

要高效、顺利地开展供应商绩效评价活动，提升管理的效率和质量，应该加强同内部员工和供应商的沟通，就评价结果达成共识。即便是相同的评价结果，不同的人也会有不同的理解，需要多沟通，不是简单地进行任务管理。

对有争议的评价结果要进行合理的调整，有些不可控的因素例如国家政策、社会、环境因素等导致供应商绩效不好，我们也不能将全部的责任归于供应商。

根据供应商绩效评价结果，可以将供应商分为不同等级，例如优（90分及以上）、良（大于等于80分，小于90分）、中（大于等于60分，小于80分）、差（小于60分）四个等级。

对评价结果为优、良的供应商，公司应当给出精神层面和物质层面的双重奖励。

从精神层面上，公司可以颁发优秀供应商、战略合作伙伴等奖牌、奖杯或荣誉证书。千万不要小看了这样的精神奖励，特别是当你们是一家行业内领先或者知名的企业时，供应商非常期待客户能够给予"优秀供应商"这样的荣誉。它们会觉得这是对自己的一种认可，而且可以帮助供应商提升它们在业内的知名度。

从物质层面上，**被评为优和良的供应商，可以进入优选供应商名录（preferred supplier list），这些供应商将优先参与更多的项目**，或者有多个供应商提供物料时，增加这些优良供应商的供货份额。企业应该和这些优秀供应商进行长期合作，解决供应商频繁更换的问题。

对于评价结果为中等的供应商，要了解它们是否有改善的意愿和改善的空间，先要肯定对方的优点，然后提出它们工作中存在的问题和改进措施，促使供应商进行整改。

对于评价等级差，又没有改善意愿和改善能力的供应商，企业应该逐步淘汰，当然，要提前准备好备选供应商，保证有足够的供应，防止公司陷入被动。

总的来说，公司要制定和出台相关规章制度，使得对供应商的各种处置得以实施。

如对供应商不良行为分类处理，对于一般的不良行为应该及时纠正。对严重的不良行为，要通过专业部门审核后提出处理意见，如取消其合格供应商资格等。

供应商的不良行为也要记录在 ERP 系统中，实行集团内信息共享，作为其他子公司在选择供应商时考虑的重要参考依据。

通过评价结果的有效运用，我们可以优胜劣汰，选择出优秀的供应商，激励其持续提升产品和服务的质量水平，帮助企业实现经营目标，同时，淘汰掉一部分表现差的供应商。

基于 ERP 系统的供应商绩效评价，使企业的管理方式从传统转向现代化，可以产生一系列良好的效果。

（1）**形成了数据采集、处理分析、结果展示平台，改善企业供应商管理的现状。**

（2）发现供应商存在的问题，促其整改。

（3）甄别出优秀的供应商，淘汰评价结果差的供应商，提升企业的竞争力、管理水平。

（4）有明确的要求和标准，形成良性竞争的环境，吸引更多优秀的供应商参与竞争。

（5）企业的各项指标还可以与同行业中的标杆企业的最佳水平对比，找出差距并改进。

当然，一家公司选用的所有的绩效评价指标和方法，并不一定适合另外一家公司，世界上也没有哪一家公司的评价体系是标准的或者完美无缺的，可以拿来给别的企业作为样本。适合本企业的评价体系，就是最好的体系，而且随着所处环境和自身的不断变化及发展，企业对供应商绩效评价体系也需要进行不断改进和完善。

在实际的合作中，我们常常感到，一些有很强技术、实力或经验丰富的供应商，会提出很多建设性意见，如材料替换、模具优化、工艺变更等。所以公司应提倡供应商早期介入研发过程，获得透明的信息，从而在开发阶段避免不符合标准的情况，并降低成本。

在实际中我们也体会到，好的供应商不需要管理，它们的管理理念可能更先进，提供稳定的高质量产品，领先于同行，也是它们自身追求的目标，建立良好的沟通就是最好的方法。

公司明确择优管理，合作共赢、共同发展，是供应商管理的总体方针。只有不断优化供应链，减少浪费，提高效率，帮助供应商降低成本，才能降低公司采购成本，赢得市场。

 【最佳实践】波音公司的供应商绩效测量

波音公司要求企业内部各层次进行业务绩效测量，要求提出的绩效测量是一种可量化的评估。该评估提供了用于评估业务或作业过程的条件、状况、有效性或变化的方法。在绩效测量中，通过有效性和效率来实现对结果的量化。

波音公司对供应商的绩效评分采用权重体系，从质量（Q）、交付时间（D）和总体绩效评估等级（GPA）三个方面进行评价（见图5-5）。

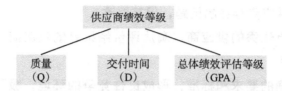

图 5-5　波音公司供应商绩效等级分值计算示意图

对供应商的质量评估方法有以下三种。

（1）传统方法：在 12 个月内供应商被接收的产品的百分比。

（2）价值法：12 个月内接收的不合格产品成本。

（3）指标法：根据波音公司和供应商共同选择的标准进行评估。

交付时间是根据消耗定购单（CBO）评估供应商在 12 个月内准时交付产品的百分比。总体绩效评估等级包括管理、进度、技术、成本和质量五方面。每种业务模式都进行的评价包括研制、生产、支持服务、共享服务。

评价分数由最近至少 6 个月波音项目 / 场所评价情况的平均值来决定。根据评价结果将供应商绩效等级分为金色（优秀）、银色（良好）、棕色（合格）、黄色（需要改进）、红色（不合格）五等，被称为"五色牌"，相应的确定规则如表 5-2 所示。

表 5-2　波音公司供应商绩效等级确定规则

金色	优秀	供应商绩效远远超出期望水平	支付时间：在 12 个月内 100% 准时交付 质量：在 12 个月内波音 100% 接收其产品 总体绩效评估等级：大于或等于 4.8，并且没有黄色或红色等级
银色	良好	供应商绩效满足或超出期望水平	交付时间：在 12 个内 98% 准时交付 质量：在 12 个月内波音 99.8% 接收其产品 总体绩效评估等级：小于 4.8 大于或等于 3.8，并且没有黄色或红色等级
棕色	合格	供应商绩效满足期望水平	交付时间：在 12 个内 96% 准时交付 质量：在 12 个月内波音 99.55% 接收其产品 总体绩效评估等级：小于 3.8 大于或等于 2.8，并且没有黄色或红色等级
黄色	需要改进	供应商绩效需要改进才能满足期望水平	交付时间：在 12 个内 90% 准时交付 质量：在 12 个月内波音 98% 接收其产品 总体绩效评估等级：小于 2.8 大于或等于 1
红色	不合格	供应商绩效不能满足期望水平	交付时间：在 12 个内准时交付低于 90% 质量：在 12 个月内波音接收其产品少于 98% 总体绩效评估等级：小于 1

绩效评价评分方法

2007年7月，波音公司对供应商绩效评分方法进行了修订。在此之前，供应商绩效等级是依据绩效分类最低等级制定的。新的评分方法采用更加成熟的权重体系（见图5-6）。

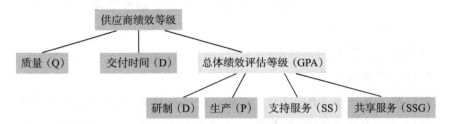

图5-6　波音公司供应商新的绩效等级分值计算示意图

具体说明如下：供应商绩效等级＝三种绩效的低绩效分值的平均值。

例如，Q（4）＋D（5）＋GPA（3）=12/3=4，即银色。

用于GPA等级的另一种低绩效准则由四个业务模式组成。如果任何一个业务模式等级较低，GPA等级将会有以下表现。例如，D（4）＋P（4）＋SS（1）＋SSG（5）=14/4=3.5，即棕色。

供应商绩效等级＝Q（4）＋D（5）＋GPA（1）=10/3=3.33，即棕色（由于使用低绩效准则，计算供应商绩效等级时，GPA等级要选用下一个等级，所以本例中GPA等级用"1"代替"3.5"）。

质量和交付时间评估方法保持不变，根据产品满足或超出质量和交付时间绩效值的百分比来决定。总体绩效评估等级确定规则如表5-3所示。

总体绩效评估

波音公司的专家对供应商业务实践进行详细的评估，包括五个方面。

表5-3　总体绩效评估等级确定规则

5级	平均值大于或等于4.8，并且各绩效分值不是1分或2分
4级	平均值小于4.8大于或等于3.8，并且各绩效分值不是1分或2分
3级	平均值小于3.8大于或等于2.8，并且各绩效分值不是1分
2级	平均值小于2.8大于或等于1
1级	平均值小于1

（1）管理——供应商策划、执行和与波音沟通的及时性。

（2）进度——供应商满足进度要求的情况。

（3）技术——工程技术支持，包括产品开发、性能和保障。

（4）成本——成本控制、供应策划和体系支持的有效性。

（5）质量——质量大纲的有效性，包括供应商体系和质量保证。

波音公司根据年度预算和业务需求来确定"关键供应商"。波音公司每年的 4 月和 10 月，将对关键供应商全部的项目／场所管理进行评估，如果需要，评估的次数会更多。

供应商工具手册

1. 供应商绩效测量

供应商工具手册（BEST）是波音公司唯一权威的供应商信息来源，是存储供应商相关数据的重要系统。供应商绩效测量评估（SPMA）报告是波音公司用来评估供应商绩效的标准。内部和外部使用者通过波音公司 BEST 获取 SPMA 报告。等级划分是通过波音公司目前推行的绩效取值表计算 12 个月的移动平均绩效来评定的。波音公司各网站按月提供供应商绩效数据。这些数据每月 10 日向 BEST 提供，每月 15 日在 BEST 中报道 SPMA 报告。报告中的绩效数据反映了前 1 个月的绩效情况（如 1 月的绩效情况在 2 月的 SPMA 报告中反映）。

2. SPMA 报告

通过点击每一类绩效的超链接，查询每一等级的相关数据。当质量数据出现在实施了电子供应商纠正措施通告（E-SCAN）系统的网站上时，BEST 就会提供相关链接的质量等级。

3. 存在争议等级处理过程

波音必须和其供应商共同确保绩效数据的真实性。波音公司进行的评级过程是为了确保 BEST 提供的 SPMA 报告能够准确地反映供应商的绩效。如果供应商认为其绩效等级存在问题或遗漏，可以通过正式或非正式过程要求重新评审，推荐使用非正式过程。

（1）非正式过程：供应商和波音公司的购买订单签订人联系，然后购买订单签订人负责将该争议提交给波音和每个过程。

（2）正式过程：供应商通过 BEST 系统反映等级争议问题，然后由购买订单签订人负责处理。供应商在 BEST 系统打开绩效分类详细报告并选择蓝色钻石图标，正式处理存在争议等级的申请就被提交了，随之就会正式处理存在争议等级的问题。供应商必须提供电话和详细的关于绩效如何形成争议的解释。

一旦开始正式处理，报告将反映出问题处理的现状。

（1）新产生的争议问题标为"Contested"。

（2）被分派给波音质量代表的问题标为"Assigned"。

（3）波音质量代表已经开始处理的问题标为"In-Work"。

（4）波音质量代表已经处理的问题标为"Dispositioned"。

供应商有权使用评级存在争议的排队系统，记录绩效等级存在的问题，包括质量、交付时间和总体绩效评估等级。波音公司会在 20 天内处理存在争议等级的问题，从而确保数据与近期 SPMA 报告保持一致。此外，波音公司会一步一步改进评估存在争议的等级来满足用户需求。波音公司的质量代表必须及时更新网站内容，使质量体系与网站描述一致，从而确保存在争议的绩效能在以后的绩效运营中体现出来，能够查询到对存在的争议的解释。已经处理过的存在争议的绩效问题不包含在新的 SPMA 报告中，供应商等级会被更正。

卓越绩效奖

波音公司承认并奖励绩效卓越的供应商。波音卓越绩效奖是年度最高绩效认可项目，它自 2007 年 9 月 30 日取代了波音优选供应商认证项目。

合格标准：连续 12 个月，从 10 月 1 日到次年的 9 月 30 日，供应商综合绩效等级均为金色或银色；年度合同达到或多于 100 000 美元；12 个月中至少 10 个月有绩效证据。

奖励：颁发适合展示的奖品，行业内表彰，在与供应商公司网站相链接的波音公司外部网站上表彰，在每季度的波音内部通讯上进行"最优等级"表彰，根据绩效水平进行资源选择，绩效卓越的供应商有资格参加年度波音供应商评选。

思考题：

1. 供应商绩效管理都有哪些内容？

2. 如何评价绩效对供应商管理的作用？

3. 供应商绩效管理中常见的问题有哪些？

4. 结合本章的学习，思考如何建立供应商绩效考核体系。

A：行动阶段

Action——行动，依据检查结果，采取对策加以改善，对成功的经验进行标准化，写进制度和流程，对于失败的教训也要总结，将没有解决的问题提交给下一个PDCA循环去解决。

第六章

供应风险管理

——事前预防胜过事后补救，防火胜过救火

学习目标

1. 了解供应商风险评估的五个维度。

2. 了解零件风险评估的三个维度。

3. 了解供应风险管理的模型。

某汽车企业密封条项目的采购风险

某汽车企业做一个汽车密封条的采购项目，经过考察和筛选，最终选择了一家国外密封条工厂设在中国的分厂合作。

由于中国工厂没有技术开发能力，需要总部来做产品设计开发，加上这个采购项目时间急迫，最终由国外总部做所有的技术开发和样品生产，样品通过客户确认后移交给中国工厂批量生产。

不久，前期的产品开发和样品测试比较顺利地完成了，但在模具转移到中国工厂做小批试制后，发现中国工厂做出来的产品不但有外观问题和装配问题，而且产品不能通过功能性测试。

经过仔细调查，发现虽然橡胶材料配方一样，但橡胶材料的细微差别、混炼设备、挤出设备以及模压设备不同等原因导致密封条产品的断面尺寸、外观和国外的样品有很大的差距，中国工厂不得不针对现有的生产条件修改模具，导致了整个采购项目的严重延误。

原则上，当我们选定一家供应商后，要由选定的工厂做产品设计开发和样品生产，这样可以保证产品和样品的一致性以及批量生产后产品质量的稳定性。

但是如果由于某种原因，产品设计开发和样品生产与批量生产由不同的工厂完成，那么在供应商选择阶段就要明确这一点。

为了尽量降低风险，企业可以要求供应商异地进行产品设计和开发，由中国工厂做样品试制，并由客户来确认中国工厂生产的样品，然后进行小批量生产和批量生产。

如果由于种种原因不能在中国工厂做样品试制，则需考虑以下几个方面。

（1）在产品设计开发前，要成立三方项目小组；在产品设计开发过程中，要做到三方共同沟通。

（2）根据采购零件的特性，要做相应的风险评估，将两地的生产状况做比对，将材料、设备、工艺等的差异导致产品质量不稳定的潜在风险找出来，并对所有的风险做评估并提出相关预防措施。

（3）在产品设计开发过程中，要定期召开三方项目会议，提出项目问题并由三方共同商讨解决方案，避免设计方、生产方、客户缺乏足够的沟通导致问题重复出现，浪费人力、物力、财力。

（4）产品设计移交后，设计开发方要在生产方调试和生产过程中给予技术支持。

一、什么是供应风险管理

风险，通常来说，被定义为对商业目标的完成有正面或者负面影响的**一种不确定的因素**。风险可以是交货时间的不确定、质量的不确定，或者成本/收入的不确定。负面的风险还包括危险、法律诉讼，以及带来损失或伤害的可能性。

供应风险管理，是从运作要素中识别、评估和控制风险，并选择合适的方法来管控风险的流程。它是一套系统性的方法，用于识别、评估、控制供应风险的发生。通过评估供应商的风险和零件的重要程度来评估与管理整个供应风险，确保正常的生产和业务。

风险在很多方面影响着供应采购过程，它是我们选择供应商的一个指导性思考方法。我们选择那些最有可能满足我们列出的需求的供应商，即低风险供应商。

因为需求模糊或复杂导致应急处理或者价格上升，在研发和项目前期更容易发生这样的事情。风险会导致供应中断，或因为合同不履行、违约，以及供应商无法履约而造成供应中断。我们在做选择时把风险作为一个评估要素，通常选择风险最低的方案。

风险管理也是跨部门团队识别、分析、计划、跟踪、控制和有效沟通并采取措施处理风险的过程。风险管理也是一个持续改善的过程，以确保采取的行动能达成预定的目标。

在整个供应链体系中，供应商与其受众承担着供应链中环环相扣的责任，链条的断裂将严重制约企业的发展。因此，对供应风险进行科学的评估，通过管理降低或消除风险，是维持企业正常运营的必要条件。

二、供应风险产生的原因

（一）客观原因

客观原因是指外部环境不利因素影响，或者内部人员的失误与设备故障等。客观原因招致的风险不是故意人为的，诸如自然灾害、经济危机、市场波动等外部原因导致的风险，以及决策失误、管理失当、操作不慎等内部原因导致的风险。

（二）主观原因

主观原因是指供应商为了短期利益而主观故意采取行动损害下游合作伙伴的利益和整个供应链运行的行为，或者不履行合作的义务而导致合作伙伴损失的事实。

1. 供应商企业目标与供应链整体目标的冲突

在供应链模式下，供应商决策问题变成了一个双目标决策，即企业自身的利润最大化以及满足供应链的整体要求。当企业的短期利益与供应链整体利益发生冲突，在决策是否为了长期的伙伴关系而承受暂时的成本时，企业可能会选择保全短期利益。

经营中的企业会为多条供应链服务，当企业出现能力短缺时，会优先满足重点客户订单而放弃较小的客户，这种决策取舍也会带来供货风险。所以，考察供应商时不仅要考察供应商的实力，也要考察供应商对合作的态度、对整个供应链的重视程度。

2. 信息不对称

供应链上的企业之间既存在合作关系，也存在买卖关系，信息不可能全部透明化，信息不对称带来的风险广泛存在，主要有逆向选择和道德风险两大类。

（1）**逆向选择**，即制造商选择了不适合自身实际情况或者不合格的供应商。逆向选择的部分原因在于选择时使用了单一指标（往往是价格指标），从而在供应商比制造商具有更多信息优势的情况下，产品质量好的供应商可能被该选择机制淘汰出去。与长期合作的优质供应商建立战略合作关系会大大降低这种风险。

企业要在短期目标与长期目标之间进行平衡，科学、慎重地设计合作伙伴选择机制和评估机制。

（2）**道德风险**，是指在供应链环境下，供应商供货不及时或产品品质降低。常见的供应商道德风险的表现，一是供应商为不能完全履行合同寻找借口，归咎于环境或合作伙伴不配合等；二是供应商提供的产品与服务有严重质量问题，这些质量受认知影响，无法以合约的指标单纯反映，供应商借此偷工减料，损害产品质量。

道德风险会以机会主义的形式表现出来，常常会是短期化行为，寄希望于不会被对方发现，一旦被发现会导致整个合作最终失败。

3. 关键信息外泄

供应链的高效运作，必然要求企业与供应商通过信息系统集成实现高度信息共享。共享的信息包括采购计划、库存水平、资金占用、技术指标、工艺要求等。

这些本属于企业经营机密的信息在企业与供应商之间传递，极有可能通过供应商造成信息外泄，给企业造成直接或间接经济损失，尤其是供应商可能同时加入竞争对手的供应链，今天的合作伙伴可能成为明天的竞争对手。

相反的情况是，在信息共享过程中，供应商出于自身利益考虑故意隐瞒、压缩、扭曲、伪造真实的经营管理与技术信息而提供虚假的合作信息，企业根据此信息难免做出错误的决策因而蒙受损失。

4. 信任与协调问题

供应链的协作，包括管理协作、物流协作、技术协作以及意外事件处理上的通力协作。缺乏必要的信任，必然不能高效率地应对市场。与供应商的合作不仅仅是靠严格的合作协议来约束的，完美的协作机制不仅需要共同的利益促动，还需要与供应商之间的联络协商机制、信息系统和集成协同机制、工作人员的感情培养与沟通机制。除此之外，还需要企业之间共同的企业文化价值观，以及对供应链管理理念的共同认知。

5. 被供应商套牢

外包的趋势让企业集中力量于自身的核心能力，把企业部分因生产能力或其他原因无法生产的原料交由供应商解决。在产品的更新换代过程中，供应商原料也跟随升级，企业逐渐丧失把控能力，如果这些物资市场稀缺，对供应商的依赖增加，就会影响到企业核心能力，客观上被供应商套牢。这种套牢可能导致供应链效率下降，企业被迫接受供应商的供货价格与其他条件，影响收益目标的实现，使整个供应链处于风险之中，甚至使整体经营处于不可控制之中。管理不善，甚至还有可能产生新的竞争对手。

三、为什么要做供应风险管理

（一）能够有效提升供应商的质量管控水平

风险管理绝不意味着放弃风险供应商，相反，许多风险管理措施，如供应质量工程师（SQE）要通过 QC、精益六西格玛等质量管理工具，协助供应商查找质量问题，和供应商一起分析并解决质量问题，帮助其建立有效的质量管理体系，最终提升供应商的质量管控水平。

（二）提升物料保障率

一方面，风险管理通过识别供应商质量风险并要求其改善，提高了供应商的一次提交合格率，从而保障了物料的合格交付；另一方面，供应商风险管理识别出那些交付及时率低的供应商，通过备安全库存、提高计划下达的合理性、要求供应商扩充产能、改善交付绩效及提升供应商响应速度等方法提升物料保障率。

（三）发现供需双方合作过程中潜在的问题

供需双方在合作过程中，难免出现各种各样的问题，有些问题长期积压未能得到及时解决，成为双方合作中的隐患，对供应链运行构成威胁。

风险管理致力于挖掘出合作中的潜在问题，通过约谈供应商或到供应商处走访等方式维护合作关系，解决双方矛盾，从而确保供应链的通畅运行。

（四）能够实现对风险的事先预警及防控

风险管理不仅包括风险出现后的管控，更强调事前的风险预警及防控。事后风险管理并非真正意义上的风险管理，真正的风险管理必须具备一定的前瞻性，通过数据挖掘等方法预测可能出现的风险，提前采取措施，将风险扼杀在萌芽中，避免被动应对风险给企业带来的损失。

四、常见供应风险的类型

供应风险的外部风险，主要是发生在供应商处的风险，造成供应中断，常见的风险基本上有五个类别，我们需要深入了解这五个供应风险的类型，来做好供应商的风险评估。

（一）供应商交货风险

交货风险主要包括供应商的产能、物料供应、安全库存、运输等问题，第四章对交货期的管理做了详细描述，一般合同中要有针对交货的条款，约定对延迟交货的供应商的处罚措施。

这里特别要注意的是，国外供应商的交货风险，需要考虑用于海运或者空运、报关清关上的时间是否会存在一些风险。

（二）供应商质量风险

质量管理，在本书第三章中已经详细阐述了，**质量的风险主要还是从人、机、料、法、环、测这六个方面进行管控，其中最主要的是人、机、料这三个因素，**我们要经常去供应商的现场，去了解这几个方面的情况，不排除有些供应商人员流动大，临时换人操作，以及更换了材料供应商却不通知客户，所以通常要在合同中特别标注，没有得到采购方的同意，不得随意更换供应商。采购还要了解供应商的设备、模具的状况，要了解它们是否得到及时检修保养，有没有潜在的隐患会导致故障或者停机。

（三）供应商地缘因素及环境、健康、安全的风险

供应商所处的地理位置以及政治环境也会是供应商的风险因素，有些地方经常发生自然灾害或者经常发生战争，这些都是高风险地区，因此这里的供应商风险也是很高的。采购，尤其在低成本国家运作时，必须要考虑在那个商业环境中当地文化对业务运作的影响。

2008 年，汶川地震给很多企业带来了影响，一家位于绵阳的汽车部件工厂，在地震中厂房全部倒塌，这家工厂是丰田成都工厂的供应商，由于丰田追求零库存，突然之间就断供了，造成停产。

另外，在采购过程中，很重要的一点就是评估供应商或者分包商产生的环境、健康、安全（EHS）的风险。环境风险是指由于排放任何形式的废弃物造成水、空气、土壤的污染而被终止生产的风险。这个风险在这两年尤其突出，中央环保巡视组所到之处，环保要求不达标的企业则被勒令限期整改或者停产整顿。而且，国家这次环保督察是一项长期持久的工作。

（四）供应商财务风险

供应商的财务情况也是决定供应商风险的一个重要维度，资产、负债、

盈利、现金流这些财务指标都是反映财务风险的重要指标。特别是现金流，如果供应商的现金流不好，付不出款，导致其供应商断供，工资发不出，员工离职，就会让我们陷入被动。

（五）供应商依赖性风险

一个客户在一个供应商那里的采购额占这个供应商总销售额的比例越高，风险也就越高。例如，客户的采购额超过供应商销售额的50%；另外，客户某种物料有一半的需求量都是从某一个供应商处采购的，那风险也很高。我们需要特别注意这些情况，要时刻关注该供应商的动向，特别是老板的个人情况，例如该供应商老板的身体健康状况是否良好，是否有帮助其他企业担保贷款，是否赌博，或者该老板是否有移民意向，等等。这些看似是个人问题，但是一旦发生，企业就很可能突然之间垮掉或者被迫转让。此外，老板无心经营也会让企业面对供应中断的风险。

 小贴士

供应商交货风险的控制[一]

安全库存

很多企业追求零库存，但现实中很多生产型企业是难以真正做到零库存的。而采购和库存管理人员做好常用生产物料的安全库存是有必要的。采购和库存管理人员应确保一个持续稳定的物料供应，参考历史使用量进行分析，然后有针对性地设置某物料的安全库存量。一旦低于该库存量，仓库就应该马上提出申请增补，让库存物料能在耗尽前得到及时的补充。如果没有安全库存，仅是靠仓库管理人员自我检查，发现某个物料已库存不足再进行申请补货，往往会影响到货时间并造成生产车间正常使用脱节的情况，甚至有时候会对生产计划造成较大的影响。

物流方面的影响

现在物流运输业日益发达，给很多生产企业带来了更多的便利，货物

　㊀　来源于宫迅伟采购频道，作者为周敏。

在途中的时间变得越来越短，这种便利却在特殊的时间段给采购带来了不便利：春节前后是物流快递行业对客户货期造成影响的最突出的时间段。很多快递从业者、运货司机都提前回老家过年，春节后不少人还得过了元宵节才回来正常上班，这前前后后一个月的时间，给无数的采购人员带来了无穷的麻烦。尽管企业也会有不少职工提前请假回家过年，但还是有不少企业面向国外客户，需要在过年那段时间赶货期并按时发货。所以采购人员需要在特殊的时间段提前做出准备：该备货的备货，该催货的催货，预防节假日因素给货期带来影响。

1. 与供应商保持频繁的沟通

在与供应商询价、报价以及做订货合同的时候，都需要明确准确的交货期。订货合同一旦签订完毕，需要供应商严格按双方确认的货期执行。如果有订单金额巨大或者是非标定制、货期又很长的货物，则应建议让供应商排出生产计划（时间节点）并严格按计划执行，确保能在要求的货期内如期交货。如果其间碰到较大的问题，则有必要让项目组、供应商一起开会协商，尽快做出相应的解决方案，使对交货期的影响降至最低。夏季高温时期，需要注意的是，有些行业由于避免高温作业中暑，生产需要临时关停，或者有些地区由于限电等原因，供应商的产能受到影响。这些都会造成交货期的延误。

另外，每年夏季出行游玩的人越来越多。很多销售人员也会选择在夏季陪家人、朋友一起去外面度假，出行一周是很普遍的。这个时候很多订单的交货容易被忽略，销售和商务的沟通也容易出现脱节，从而导致客户需要的货物延期交付。

采购人员需要与供应商频繁沟通，密切关注，做到提前沟通、预先准备，将延期交货的隐患尽早排除掉。

2. 关注国外时事动态

近年来，欧洲很多国家特别是法国，经常出现各行业劳动人员罢工，给很多空运物资的货期造成了很大的影响，给一些对货期要求很高的企业造成了很大的损失。所以采购人员也需要在这方面给予关注。如果近期物料原产国已经发生各种容易对货期造成隐患的情况，则有必要和技术部门建议使用其他替换物料，最好是能在国内就可以买到的。如果实在不能替换，就需要考虑是否在国内找现货了。毕竟因物料原因而导致项目延期交货，或者无法发货，对企业来讲都会造成不可估量的影响。

以上从五个方面分析了企业的供应会遇到的风险以及如何应对。供应对企业来说非常重要，供应的任何环节出现风险，供应链都会中断，因此我们在开展供应商管理的时候，一定要做好供应风险的分析判断，并提前采取行动把风险控制、消灭在萌芽中，最大限度地减轻或者避免对正常生产和业务的影响。

五、供应风险管理的过程

（一）识别风险

风险的识别，主要有以下几个步骤。

（1）对与商业过程或者项目相关的所有可能的风险（机会和威胁）进行头脑风暴。

（2）分析每项风险的属性、谁会受到影响、这项风险产生的原因是什么等细节。

（3）对每项风险及其属性做风险登记，行和列分别代表风险的概率等级和严重程度（见图6-1）。

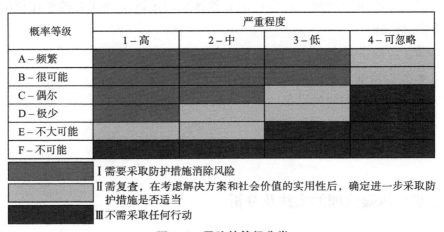

概率等级	严重程度			
	1－高	2－中	3－低	4－可忽略
A－频繁				
B－很可能				
C－偶尔				
D－极少				
E－不大可能				
F－不可能				

Ⅰ 需要采取防护措施消除风险
Ⅱ 需复查，在考虑解决方案和社会价值的实用性后，确定进一步采取防护措施是否适当
Ⅲ 不需采取任何行动

图 6-1 风险的等级分类

（二）对风险进行评估和归类

对风险进行评估和归类包括以下两个步骤：

（1）进行定性的风险评估，主要包括与相关专家和人员进行讨论。

（2）进行定量的风险评估，对重大的风险要进行进一步的分析。

（三）制订风险应对计划

制订风险应对计划包括以下五个步骤：

（1）根据企业对风险的态度，选择每项风险最适合的响应类型。

（2）制订风险响应预案，明确需要做什么，什么时候做，哪些事件可以触发行动。

（3）对每项风险明确指定一个负责人。

（4）风险预案得到批准和预算。

（5）在风险登记表中添加风险预案和风险应对负责人。

（四）执行风险应对计划

执行风险应对计划包括以下四个步骤：

（1）执行计划的风险应对方案，针对具体不同事故，有计划预案和应急预案。

（2）风险响应措施是否有效，识别是否会有新的风险。

（3）分析风险预算，评估剩余的预算是否足以支持现有的和计划中的风险应对措施。

（4）定期举行会议，讨论以下风险问题。

- 是否增加了新的风险，重新评估现有风险。
- 确定风险响应的结果。
- 制订新的风险响应方案。
- 解除已经不再相关的风险。

六、供应风险管理的实践及分析

我们在遇到供应风险时，如何应对？通常，我们有四个方法，英文字母都是以 T 开头的，所以也称其为供应风险管理的 4T 方法。

（一）接受

风险接受（tolerate）包括风险吸收、风险容忍。对于在风险评估中风险较低的供应商，可以选择风险接受，通过企业内部控制消化供货风险。

（二）转移

风险转移（transfer）是指把风险分配给其他实体，或通过买保险，在风险成为现实时，弥补相应的损失，即将风险转移给保险公司。在某些情况下，供应商可能更适合应对某个风险，你可能通过谈判、沟通把风险转移给供应商。但是，有一个附加说明：风险转移可能会产生额外成本，例如保险成本或者供应商因处理这些风险事件而导致的价格提高等。

（三）终止

可以通过一些行动方案降低风险发生的可能性，直至终止（terminate）风险。

（四）处理

对风险进行充分识别后，应确认处理（treat）风险的策略。主要的处理策略包括风险规避、风险降低、风险转移和风险保留，管理层可以选择一个或多个策略结合使用。

对于配合度较好的供应商，可以在短期内通过整改降低风险；对于适应公司风险偏好的，可采取适当的控制措施改变不利后果，将风险控制在可容忍的范围之内。在有多个供应商选择的情况下，可调整风险较大供应商的供货份额，直到其整改完成，风险降低，以冲抵其带来的运营风险。

2017 年，苏州知名的外资公司舍弗勒就发生过供应中断的风险，造成这次供应中断的原因是原供应商因为环保的问题被政府勒令停产，而舍弗勒没有第二供应源，为了不停产，舍弗勒发布"求助函"，希望政府能够允许供应商界龙金属继续为它生产 3 个月。当时这件事引起了大家的热议。

小贴士

舍弗勒断供风波的案例

2017 年 9 月 18 日晚间，汽车零配件供应商舍弗勒投资（中国）有限公司发布一则"求助函"，成为汽车行业的热点话题。这则签发于 9 月 14 日的紧急求助函，起因是舍弗勒唯一滚针供应商因环保问题被勒令停产。舍弗勒表示，此事件或影响对合作车企的配件供应，最终导致中国汽车产量减少超 300 万辆。

舍弗勒是一家来自德国的企业，1995 年入华，在车辆动力系统方面拥有多项专利技术，几乎是所有汽车制造商和其他主要供应商的合作伙伴。断供事件的导火索源于，为舍弗勒提供滚针的供应商界龙金属拉丝有限公司被政府勒令停产。据了解，因环保问题，界龙被上海市浦东新区人民政府自 9 月 10 日起"断电停产，拆除相关生产设备"。舍弗勒称，界龙因断电无法生产，将导致其不得不停止向各大汽车厂商供应自动变速箱。

公司称，由于短时间内很难找到替代供应商，且新的供应商需要经过技术认可和质量体系认证，舍弗勒可能需要 3 个月寻找并更换供应商。舍弗勒请求有关部门给予 3 个月的缓冲期限，以利舍弗勒更换供应商。

面对空气、水和土壤污染的严峻形势，大规模治理已经在中国展开，强化环境监管是不可逆转的大趋势。显然，真正的风险源不是强化监管，而是产业链长期漠视污染问题。因此每一个企业需要从检索和核查供应链的环境合规表现入手，对供应链的环境风险进行一次彻底的摸底，切实解决产业生产过程造成的污染问题，迈向环保、节能、低碳的绿色发展之路，最大限度地降低环保风险。

业内人士也普遍表示，使用单一供应商，对其管理相对简单，但风险高度集中，一旦这个供应商出现问题，后患和危难难以估量。另外，在这种合作模式下，双方利益捆绑程度太高，无法进行有效监督和牵制。

舍弗勒事件暴露出企业环保意识不强，环保控制不力，造成了潜在的巨大风险。另外，对于重要的零件使用单一供应商也是产生此次危机的一个重要原因。

紧急求助函

上海市经济和信息化委员会：
上海市浦东新区人民政府：
上海市嘉定区人民政府：

舍弗勒集团大中华区（我司）是总部落户在上海国际汽车城的一家大型汽车动力总成关键零部件生产企业，年销售额超过180亿元人民币，员工数量12000人，客户遍及中国所有的汽车生产厂商，如上汽通用、上汽大众、上汽集团、一汽大众、长安福特、长城汽车、吉利汽车、北京奔驰、华晨宝马等和大量一、二级零部件供应商，如舍世、大陆、上汽因等。

我司有一家钢丝冷拔外协供应商：上海界龙金属拉丝有限公司（"界龙"）地处上海浦东新区川沙地界，是目前我司唯一在使用的滚针原材料供应商，这些不同尺寸的滚针广泛地应用于我司的大量动力总成产品之中。2017年9月11日，界龙突然书面通知我司，由于环保方面的原因，上海市浦东新区川沙新镇人民政府已对界龙自2017年9月10日起实施了"断电停产、拆除相关生产设备"的决定。

接到通知，我司对相关客户进行了排查，发现滚针的断货将导致49家汽车整车厂的200多个车型从9月19日开始陆续全面停产。其中在浦东生产的上汽通用凯迪拉克和别克品牌的几个车型将会首当其冲，如凯迪拉克ATS、XT5以及CT6以及别克新君威、新君越等等。此外上汽荣威的RX5也将面临停产。滚针虽小，但是一旦出现质量问题，就有可能导致自动变速箱爆裂等安全事故。所以即便我们可以在短期内找到替代供应商，没有哪家整车厂会允许我们使用未经技术认可和质量体系认证的供应商。按照产品召回法，即便有人迫不得已用了，也必须马上召回。

由于我们在很多总成产品上享有专有技术并且独家供货，而切换新的供应商，至少需要3个月左右的技术质量认可和量产准备时间。期间滚针的供货缺口估计将会超过1500吨。理论上这将造成中国汽车产量300多万辆的减产，相当于三千亿人民币的产值损失，局势十万火急。

舍弗勒集团一贯遵守中国环保法律法规，也全力支持有关政府部门在环保执法方面的努力，但这一突发的供应商停产对中国汽车工业，乃至国民经济的影响实在太大，其负面影响远远超出我司的想象。而且我司确实无法通过自身的努力来改变这一严峻局面。万般无奈之下，我司恳请有关政府部门在不违反相关环保法律法规的前提下，允许界龙继续为我司提供3个月的冷拔钢丝服务，保证供应商切换所必要的准备时间。

此致

敬礼！

张艺林

联系电话：18601786628

舍弗勒集团大中华区CEO

上海市嘉定区安亭镇安拓路1号

2017年9月14日

七、供应风险管理的模型

灾难和地缘政治事件会直接导致供应链中断，某些特定的商业决策也会带来始料未及的影响。因此，企业的目标是要建立一个供应链共同体，在这个共同体内共同致力于降低和管理这些风险。许多可能发生的事件会极大地破坏公司的正常运营，而传统供应风险管理依赖于对这些事件影响程度的了解。

这种方法结合历史数据对风险水平进行量化后，可以很好地应对一些常见供应链问题，例如供应商表现不佳、预测失误、运输故障等。但在应对发生概率较低而影响较大的灾难性事件时，例如卡特里娜飓风、2003 年"非典"，或导致供应链中断的突发事件，例如工厂失火、政治巨变等，这种方法就不起作用了。与这些罕见事件相关的历史数据十分有限或者根本不存在，传统方式很难量化其风险，致使许多企业缺乏相应的应变能力。这类事件会给企业带来严重损失，即使精于风险管理的企业也难以幸免。

2011 年日本福岛地震和海啸给丰田造成的灾难性影响就是例证。为应对这一挑战，美国供应链协会的戴维·西姆奇-李维（David Simchi-Levi）通过电脑建模，对供应链进行数学描述。这种模型关注的是可能导致供应链中断的各种因素（例如供货工厂关张或配送中心遭遇洪水）所造成的影响。

这种分析模型不需要企业找出特定风险发生的概率，因为无论哪种原因造成供应链中断，减轻受损影响的应对措施一样有效。重要供应商一旦出现供货问题，例如任何原因导致的长达两周无法正常供货，企业都可以运用这一模型量化由此带来的财务和运营影响。电脑建模的好处在于可以轻松、快速升级。对于不断变化的供应链来说，这一点至关重要。

我们将在下面详述这种模型，告诉企业如何用它来识别、管理和降低供应链风险。

（一）恢复时间与风险指数

恢复时间（time to recovery，TTR）是模型的一个关键指标，指供应链上的某一环节（例如供应商工厂、分销中心或交通枢纽）遭到破坏后恢复到正常运营状态所需的时间。

供应链各个环节的恢复时间可能千差万别，不同环节构成的组合的恢复时间也各不相同。公司管理者可以根据需要，深入探讨各环节，找出此前没有发现的相关性。通过使用不同运营场景对应的 TTR 数值，这种模型能够很好地应对不同程度的破坏。

在分析中，我们每次从供应链网络中去掉一个环节，记录恢复时间，识别破坏环节带来的影响，采取措施将影响降至最低，例如减少库存、转移生产、加快运输或重新分配资源。根据最佳应对措施，模型能够计算出，各环节对财务或运营方面的业绩影响（performance impact，PI）。企业可以选择不同的 PI 衡量指标，例如产品损失、收入或利润率。模型可以对供应链网络所有环节做出分析，得出每个环节的 PI 值。PI 值最高的环节（例如造成销量或产品损失的环节）的风险指数（risk exposure index，REI）得分是 1.0。其他环节的 REI 得分都以此为参照值（PI 值最低环节的风险指数为 0）。通过各环节的风险指数得分，企业就能轻易识别出哪些环节最需要注意。

模型的核心使用了常见的数学线性规划，按照单个遭到破坏的环节的恢复时间找出最佳应对措施。这种模型考虑了现有及替代性供应来源的运输、成品库存、在制品和原材料等方面，以及供应链中的生产依赖性。

此方法具有很多益处，主要包括以下几个方面。识别潜在风险，模型有助于管理者识别供应链中风险最高的环节。此前这些环节通常未被发现或被忽视。通过对比各种方案涉及的成本和收益，企业可以采取减轻影响的措施。企业无须预测小概率事件。对供应链中可能发生的任何破坏性事件，无论原因如何，新模型都能够找出最佳对策。

这样，企业就可以集中精力识别风险最高的环节，将其纳入风险管理战略的考虑范围，减轻其影响，而不是试图量化小概率、高风险事件发生的可能性。企业也可以利用此模型找出供应链中的依赖性及瓶颈。

企业还可以将模型分析用于制定库存与采购决策，提升供应链的安全性。在制定这些决策时，企业应考虑，如果一个为多家企业供货的供应商中断供货，那么将会引发竞争对手之间的资源争夺战。企业通常会忽视这种具有跨企业影响的危机。为应对这种情况，企业可以与其他备选供应商签订合同。这样既能够帮助企业缩短恢复时间，减轻财务影响，又可以在主要供应商出现供货问题时占得先机。在运用新模型分析供应风险时，管理者与供应商及内部各部门可以共同讨论如何设置 TTR 水平的最低限度，一起探讨缩短恢复时间的最佳可行措施。这样，就可以将破坏带来的影响降至最低。

评估供应相关风险的第一步是计算各个环节遭到不同破坏后的恢复时间。企业可以收集以下的相关重要信息来进行评估和分析。

供应商：所在地点（城市、区域、国家）。

部件：部件的数量和各自描述、部件成本、部件年用量、部件库存信息、部件供货信息（最小订货量（MOQ）、订单提前期）、部件年采购金额。

成品：使用该部件的最终成品，最终成品的销售数量、销售金额和利润率。

供应商的交货时间：天数。

恢复时间：环节被破坏后到完全恢复所需的时间（供应环节被毁，但设备还在的情况；设备全失的情况）。

损失成本：是否可以加快其他备选厂家的生产？如果可行，成本是多少？交货期是多久？是否可以组织追加资源（延期、供应商转移）来满足需求？如果可以，成本是多少？

供应商风险评估：供应商是否只在一个地方生产？其他供应商是否可以进行替代生产？供应商财务是否稳定？表现（交付周期、供应比率、质量）是否多变？

应对措施：储备备用供应商、过量库存、其他。

此模型为企业提供了量化标准，使企业可以按照风险水平对供应商进行分级。通过该模型生成的数据，我们可以从两个维度对供应商进行分类：一是企业花在供应商上的开支；二是供应商遭到破坏后企业业绩遭受的影响。企业可以通过对供应商的分类，来决定相应的风险管理战略。

（二）明显的高风险

大多数企业在进行风险管理时会关注两个维度都很高的供应商。这些供应商往往为企业提供昂贵的产品部件。例如车座、仪表盘等，它们能够在很大程度上影响消费者的购买决定及购买体验。这些部件被称为"战略部件"，其成本通常占制造总成本很大一部分。

事实上，这些部件的供应商数量只是企业供应商的20%，却占了高达80%的企业采购成本。考虑到战略部件通常来自单一供应商，减轻风险的可行策略有：与供应商合作，建立战略合作关系，降低风险；奖励部分供应商，鼓励它们在不同地区建厂；追踪供应商的业绩；制订、执行业务连续性计划。

（三）低风险

对采购金额低且财务影响较小的供应商，企业不需要为其耗费巨资进行风险管理。据研究，通过投资超额库存，或制定附有违约金条款的长期合同，大多数企业可以有效地将这些供应商的风险降至最低。

（四）潜在风险

许多企业受制于相当大的"潜在风险"。虽然造成这类风险的供应商所占的采购额度比较低，但倘若遭到破坏，会对企业的财务造成巨大影响。然而，最精明的管理者往往将采购金额的高低与对业绩的影响画等号。它们能够正确认识到供应链中"战略部件"环节具有很高的风险，但忽略了低成本商品供应商的潜在风险。传统的风险评估忽视了这类供应商，认为它们对企业的产品价值作用不大。

事实并非如此。这类低成本商品的供应通常由少数几家制造商掌控，一旦供应中断，将会给采购方造成巨大影响。例如，汽车制造商在O形环和阀门上的总花销相对较低，但如果这两个部件出现供货问题，汽车制造商则不得不关门停业。针对这类供应风险，企业一般可以采取三种应对策略：准备超额库存，要求供应商多地建厂，采取双货源战略。

此外，企业还可以灵活地应对潜在供应风险。例如，百事装瓶集团的系统灵活性（快速调整几个工厂生产组合的能力），可以迅速对其供应商因附近化学厂失火导致供应链中断采取应对措施；诺基亚产品的设计灵活性（使用标准部件）能很好地处理供应工厂大火引发的射频芯片供应中断；丰田汽车的流程灵活性（调整劳动力和流程），能为大破坏导致的刹车液压调节阀供应问题提供解决方案。

福特汽车公司采购与研发部门的管理者凯斯·库姆斯（Keithw Combs）、史蒂夫·法拉奇（Steve Faraci）、奥列格·古斯金（Oleg Y. Gusikhin）、张东（Don X. Zhang）一起，用这个模型分析了福特汽车公司的供应链风险。

他们做了两种设想。

设想一：供应商的生产设备坏了，两周不能运转。

设想二：供应商必须更换作业工具，8周无法正常运转。为保护福特公司的敏感数据，他们针对数据做了修改处理。

 【最佳实践】中航光电的供应风险管理

中航光电供应风险管理现状

中航光电供应风险管理的主要内容如下所示。

风险物料，指对公司业务或产品的组成影响程度高，且现阶段购买或加工的难度大或风险大的物料，一般同行业者较少或者为专利产品。

风险供应商，指供应对公司业务影响较大的关键性物料，公司对其有较强的依赖性，但是供应商对公司研发、交付、成本或质量的支持力度有限，或者其合作积极性不高、达不成良好互动、合作不稳定。每年年初，供应链管理部风险管理员组织评定该年度的风险物料和风险供应商，评定标准如表6-1、表6-2所示。

按照表6-1、表6-2所示的评定标准，评出当年的风险物料和风险供应商。然而，风险管理并非一成不变，而是实施动态管理，业务人员需及时了解最新的采购及生产动态，随时搜集新出现的风险，动态更新风险物料和风险供应商。

表 6-1   风险物料评定表

序号	指标	统计方法	判定标准	负责人
1	采购周期与需求周期差距大	采购周期=(实际到货日期−合同签订日期)/订单总数 需求周期=(合同需求日期−合同签订日期)/订单总数	采购周期−平均需求周期≥5	资源管理员
2	渠道是否单一	指定、独家供应商或技术专利产品	不易或不能替代	资源管理员
3	交付及时率	及时批次/总批次	<90%	供应商管理员
4	连续退货次数	退货次数	≥1	质量工程师
5	一次提交合格率	合格批次/总批次	<90%	质量工程师
6	年采购订单数	订单数加总	>5	供应商管理员

判定标准：在满足1、2任意指标的前提下，满足3、4、5中任意指标且年采购订单数在5个以上的物料为风险物料

表 6-2 风险供应商评定表

序号	指标	统计方法	判定标准	责任人
1	是否存在独家供货风险	某物料的供应商数量	若该物料仅一家供方，视为独家供货	资源管理员
2	一次提交合格率	合格批次／总批次	<90%	质量工程师
3	交付及时率	及时批次／总批次	<90%	供应商管理员
4	服务	报价、问题处理的响应速度	高：配合十分积极 中：配合一般 低：配合十分不积极 三个打分中，如有两个"低"，则判定该供应商服务项最终评定为"低"	供应商管理员
5	采购订单数	订单数加总	>5	供应商管理员

判定标准：在满足 1 的前提下，2、3、4 项任意满足一项且年采购订单在 5 个以上的供应商，为风险供应商

中航光电供应风险管理的应对措施

评定的风险物料和风险供应商，以风险预案的方式进行管理，风险预案包括风险物料和风险供应商的风险描述、管理措施、责任人及措施实施的时间节点。

针对风险物料，主要有以下几种应对措施：

（1）技术部门对风险物料进行替代合并，以减少品类数量。

（2）开发新供应商资源以降低对它的依赖。

（3）对合格率较低的风险物料，识别质量风险点，制定质量预防方案。

（4）对交付及时率较低的风险物料，备库存或到供应商现场跟催。

针对风险供应商，主要有以下几种应对措施：

考虑开发新资源，降低公司对它的依赖。对暂时无法开发替代的风险供应商：侧重于关系管理，积极主动与供应商沟通协调，主动改善与供应商的关系，保证供应商的合作积极性，努力解决在合作中出现的问题。

对质量较差的风险供应商，质量人员应利用 QC 或精益六西格玛项目改善其质量状况，提升其质量体系管控能力；对交付较差的风险供应商，制订交付及时率提升计划、备库存或到供应商现场跟催。

本章对供应风险管理做了系统性的论述，详细阐述了供应风险的识别、

管理和应对措施，并列举相关案例进行了说明。供应风险管理的目的是要做到事前预防，降低或者终止风险的发生，而不是充当救火队员，等风险来临了，去紧急救火、灭火。

思考题：

1.供应风险产生的原因有哪些？

2.结合实践，思考进行供应风险管理的意义。

3.结合本章的学习，思考如何识别和管控风险，并列举可能采取的消除供应风险的行动。

第七章

多品种小批量的供应商评审及管理
——个性化定制化推动供应柔性化

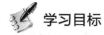 学习目标

1. 了解多品种小批量供应链的特点。

2. 了解如何进行多品种小批量供应商的评审。

3. 了解如何提升多品种小批量供应链的管理。

云南白药首席采购官工作坊

2017 年 3 月 10 日，中国采购商学院第 3 期"首席采购官工作坊"在云南白药举办。这期工作坊的主题是"多品种小批量采购管理"。

这期工作坊的主题是由云南白药提出来的，这让参加工作坊的 30 位首席采购官颇有意外：云南白药是一家药厂，怎么会有多品种小批量呢？

中国采购商学院"首席采购官工作坊"授课模式不同于传统的培训模式，不讨论教材上的预设案例，教材上的案例虽然经典，但学员总觉得距离自己工作较远，还是别人的案例，"首席采购官工作坊"遵循"学员的问题就是工作坊的主题"，讨论参训学员自己工作中遇到的真实案例，让学员身临其境。所以，这期工作坊主题，是由这次工作坊的坊东云南白药提出来的。但让人没想到的是，云南白药提出来的是"多品种小批量"议题，在人们的印象中，模具或项目性采购中才存在多品种小批量，云

南白药作为一家知名上市公司，批量生产药品，作为药品，开发速度极慢，不存在快速迭代的问题，都是大批量流水作业，怎么会有小批量多品种呢？

实际上，这种意外经常发生，例如企业组织培训，组织者总是跟老师说，我们企业跟别人的企业不一样，老师却说大家都有这个问题。可培训的组织者往往不信，还是特别强调自己的企业跟别人的企业不一样。所以，这次为了获得共识，中国采购与供应链工作坊总教练宫迅伟老师要求每位采购首席采购官（大部分公司称之为采购总监）都说说自己公司的情况，注意，是要求每位学员。

这些学员来自化工行业、汽车行业、家电行业、电器行业、医药行业、服装行业、建筑行业等，总之来自完全不同的行业。大家讲述了各自企业遇到的情况，归纳起来，大概有这样几个典型场景。

场景1：服装场景。满足每个消费者的个性化需求。

场景2：项目采购场景。例如，云南白药奥运会医药包项目、九阳家电豆浆机项目。

场景3：客户不断试制新产品情景。客户要开发新产品需要自己的企业作为供应商配合，不断地试制，不断地变更设计，这对于采购供应链来说，又是一种小批量多品种。

场景4：自己企业产品快速迭代场景。没有某个人或某个企业的具体需求，但市场竞争激烈，必须加快新产品迭代，开发众多新产品，产品生命周期缩短，甚至某个产品在试制阶段就夭折，但对于采购供应链来说，库存单元（SKU）明显变多，这也是一类多品种小批量。

……

列着列着，大家发现参加培训的所有企业里都有"多品种小批量"。

于是，总监们得出这样的结论：所有公司都有多品种小批量，它是常态，并且还是趋势。

举这样一个例子，就是想强调一个结论，多品种小批量是采购人员必须面对，必须想办法解决的问题。既然是常态，就必须积极面对；既然是趋势，就必须想办法解决。因此，本章专门讨论多品种小批量问题。与大家一起分析，为什么会产生多品种小批量，它有什么危害，未来怎么解决。

一、多品种小批量给采购带来的挑战

多品种小批量的特点是物料类型多、需求量小、重视满足客户的多样化需求。企业在多品种小批量的订单生产中，常常会存在资源浪费、生产效率低下、不注重生产管理等问题。

通常，在多品种小批量的采购模式下，由于零部件品种繁多、工艺复杂、数量少等特点，供应商的配合意愿并非十分强烈，采购在与供应商谈判的时候，常常不能占据主动。

总的来说，在多品种小批量购买模式下，采购面对以下五大挑战。

（一）挑战一：采购方议价能力弱

多品种小批量的特点，主要是单个的订单金额不大，作为小客户，采购方处于弱势。因为绝大部分供应商会把较多的精力倾注在大客户身上，来自大客户的需求量大并且稳定，其组织生产较为容易，也较有经验。

采购方议价能力弱很多时候不是因为没有供应商，而是由于订货数量太少，对很多供应商来说没有太大的吸引力。在完成此种交货任务的前提下，采购人员基本上需要付出比常规物料更高的采购成本或者更长的交货期来完成。但往往会遭到老板的嫌弃：为什么这么几个物料的采购成本会这么高、交货期要这么长？他们甚至会质疑采购人员的业务能力。

开发新供应商的难度比较大。正如之前的阐述一样，由于供应商对少品种大批量的购买行为十分偏好，而对多品种小批量模式并非兴趣十足。它们觉得在此种模式下，投入的时间、精力比较多，而所得的回报并非很诱人，即投入产出比不高。这是开发供应商面临的最大障碍。

另外，供应商为了这个多品种小批量的单子，可能会影响其正在执行的大单，对其企业的营销和利润都是没有好处的，除非客户接受了供应商高昂的报价。

（二）挑战二：供货及时率低

面向多品种小批量企业的定制产品，涉及的物料和零部件品种多，其工艺过程连接紧密，缺一不可。在这一过程中，即使是一个小小的紧固件

（螺钉或螺母）不能及时到位都可能使得整批产品延迟生产。**多品种小批量的产品对交付的要求非常高，供应商频繁地切换产品生产，要求生产柔性高、反应速度快，这些都对供应商的按时交付提出了很高的要求。**

面对多品种小批量，有些供应商的计划管理能力不强，缺少信息化的管理和专业的供应链人员，对于非标准化的产品，要考虑产能、各种物料的齐套和生产的节拍，一旦某个物料缺料，就会造成生产中断，所以很多供应商不擅长接多品种小批量的订单，偶尔为之还可以，如果成为常态，则难以应付。同时，由于供应商每次送货的批次都小，其物流和服务成本偏高。在缺少补偿措施的情况下，供应商会出现拼凑几个批次一起供货的情况，尽可能降低费用，就很难做到主动、及时送货。

多品种小批量对供应商的综合能力要求是很高的。

（三）挑战三：供应链运营成本居高不下

多品种小批量企业的供应链，涉及的物料种类多，供应商、企业及客户之间的物流、信息流、资金流流动频繁。**频繁的信息传递与订货致使通信成本和交易成本增加。**小批量采购使得采购价格无法获得优惠，频繁的送货致使物流成本上升；物料需求的时间和数量的不稳定和不确定致使物料在供应链的各环节库存和周转天数增加，大量的流动资金被占用；同时，人工成本也随之增加。上述各种原因导致多品种小批量类型的供应链运营成本居高不下。

大批量成本变成小批量成本。大批量产品，生产的成本容易控制和分摊，而小批量产品，生产成本和分摊相对也会更高，不易控制。

定时供货成本变成及时供货成本。大批量产品的生产往往是面向库存或者面向订单的生产；而小批量产品的生产，通常是客户定制化产品，产品型号和设计需要根据客户的需要做出相应的变更。

慢速成本变成快速成本。大批量产品，预测稳定、生产稳定、库存稳定，整个供应链可以有条不紊地按计划进行；而小批量产品，预测不准甚至没有预测，几乎没有库存，生产交期又很急，整个供应链就是要跟着快节奏运转，因此慢速成本变成了快速成本。

（四）挑战四：供应商质量不稳定

多品种小批量类型的物料采购很容易造成供应商的质量压力。一是，因为是小批量订货，供应商通常不愿投入太多的资源去配备合适的设备，培训专门的人员，开发和优化针对此类型零件的工艺；二是，通常小批量的零件在生产过程中，会频繁地调整设备及更换工装，要比大批量生产更容易出现质量问题；三是，通常多品种小批量类型的核心企业一般处于弱势地位，供方较强势，它在供应商处的影响力比较小，尤其是当它的总采购额在供应商处所占比例较小，不足以对供应商产生较大影响时。因此，**供应商在处理这样的订单时的质量意识必定淡薄**。上述这些原因常常直接导致所采购物料的质量不稳定，供应商对出现的质量问题也不重视。

（五）挑战五：业绩难体现

多品种小批量，不管是非生产原料物资（MRO）的采购，还是生产物料的采购，用于客户定制化产品，或者是项目性采购，成本的计算方法比标准产品的重复性物料的计算方法要复杂很多，加上质量和交货都不易控制，有时还涉及一些客户指定的供应商的管理，这些都会在一定程度上影响采购的业绩，或者让采购的业绩不能很好地体现，有一种费力不讨好的感觉。

供应商推行精益生产要求经济批量——最小订货量、最小包装量、最小运输量，对于多品种小批量，供应商合作意愿低，于是形成交付难、质控难、降本难、订货难的挑战。

二、多品种小批量产生的原因

最近几年，在一些采购行业论坛和峰会上，就陆续有一些人讨论多品种小批量的问题是未来采购要面对的挑战，这说明越来越多的人碰到了这样的问题，这一问题已经在很多企业普遍存在了，这也是采购供应链人员经常碰到，而无法回避的一个问题。

说起多品种小批量产生的原因，我们总结了一下，主要有以下四类情况。

（一）原因一：MRO 采购固有的特性

MRO 采购，也就是企业的维护、维修和运营类物资的采购工作，这些物料本身的特点就是品种繁多、数量较少，而且采购频繁。做过 MRO 采购的人一般都深有体会，除了常用的耗材部分还可以预测外，维修用的备品备件一般是很难预测的，而这些需求一旦发生，虽数量不多，但都是非常紧急的。

（二）原因二：用户追求个性化，对产品定制化的需求比较高

例如，互联网上越来越多的商家推出量身定制化的衣服，颇受欢迎。各种电商平台上的很多商家都可以提供定制化的产品，例如在可乐瓶上打上自己的名字，在衣服上印上自己喜欢的照片等，这种消费越来越受年轻人欢迎。当然，在移动互联网如此发达的今天，生产这样的定制化产品的企业一般可以直接面对终端客户，所以价格比批量化的价格高一些，但客户也能接受。尽管如此，客户对交期的要求还是比较高的，客户也不希望等待太久。

（三）原因三：客户需求的变化

客户需求总是在变，在项目采购中，有时候采购已经根据项目计划，完成了项目物料的订货，过不了多久，客户那边又需要对项目做出变更。一部分物料可能会被取消，而更令采购头疼的，则是需要再增补一些其他的物料，数量往往是比较少的，种类则可能会比较多。

造成客户端需求变化的原因也有很多：客户可能受最终使用功能变化、工况环境影响、原先方案有错误或者遗漏等多方面的影响。

（四）原因四：难以预测的意外状况发生

出现意外的状况，一般都是无法预测的，一旦发生了，客户要求供应商帮助紧急完成。包括客户漏下单、少下单，运输途中部分破损、失窃，客户加工时由于人为原因造成报废等，客户都需要重新紧急订货。虽然这些客户的需求不可预测，但需求一般都是合情合理而且非常紧急的。

我曾经拜访过一家铝型材供应商，在跟它的销售负责人交流时，谈到是否会遇到多品种小批量的问题，他说这种情况经常会遇到，并给我举了

一个例子。他们曾经有一个房地产客户，订了很多建筑型材，交付完之后，隔了一段时间，客户突然要求增加一个小订单，数量不多但非常紧急，究竟是什么原因呢？原来，这些型材运输到项目现场后，就放在工地上，白天进行安装施工，晚上有保安负责看管工地。工程快收尾了，结果一部分还没有安装完的型材在夜里被偷走了。等到第二天要安装时，发现型材没有了，这时客户很着急，就赶紧通知供应商订货。在这种情况下，供应商一般很难拒绝客户的紧急需求，只能特事特办。

这些不确定的事时常会发生，给采购工作带来了难度，很多采购在面对公司的多品种小批量的需求时，总是会一脸无奈并不停地抱怨，因为供应商不愿意接单，交期来不及，价格还高，有时候只能一改往日的强势姿态，去跟供应商软磨硬泡，说了无数好话，才勉强得到供应商的配合。

我们一定要认识到，多品种小批量的需求不断增加，是无法避免的，将会成为一种新常态。**这不但是常态，还是趋势。**"多品种小批量"这道坎必须迈过去，企业必须看到这一点。我们要以积极的心态去面对多品种小批量这个问题。

三、多品种小批量的解决方法

既然小批量多品种是常态和趋势，企业就必须面对，这就需要采购想办法去解决。一个企业在采购中经常遇到多品种小批量的问题，这说明企业本身也面临着客户的多品种小批量问题。

有些企业专门经营多品种小批量业务，还有些企业是大批量与多品种小批量并存。在这种并存状态下，多品种小批量，与大批量相比，单个的成本高，总量不多，往往没有得到企业的重视，在生产过程中经常无人监管，产品质量难以保证。同时，由于生产计划没有安排好，企业还会遇到设备产能不足的问题。

总体来说，多品种小批量，需要解决的问题是，供应商太多、产能与计划问题、生产成本高、供应商不配合。

企业面临供应链上下游双向挤压，必须重新设计供应链，让供应链更精益、更敏捷，以满足快速变化的市场。多品种小批量的解决方法主要有以下六种。

（一）方法一：供应商集成化

MRO 类产品，品种繁多，数量少又难以预测，供应商众多，经常会出现新增的需求，需要寻找供应商。对于很多企业来说，这也是采购管理容易出现漏洞的地方，而且我们在采购工作中常常需要花费大量精力。

有时候，采购花费在采购一项物料上的人力成本甚至大于物料本身的成本。对于这些物料，往往需要优化流程，需要通过供应商整合，通过集成化、数字化实现平台采购。这样可以节约大量人力，还可以使得采购过程更加透明。

（二）方法二：快速换模

多品种小批量带来的问题，就是要生产不同的规格型号，数量又不多，所以没有办法长时间地连续生产同一种产品，那么就需要不停地换模具。当然，并不是所有行业都使用模具，但生产不同的产品可能需要重新设置机器的参数、清洗设备等，这些都可以理解为换模。在做这样的工作时，通常需要花费很多时间，造成产量低，工人收入会受影响，他们会不停地抱怨。

在这种情况下，我们就需要努力想想办法，找到一种方案，能够把设备的换模时间压缩到最低。

我们很多人都有过换汽车轮胎的经历，给汽车换个轮胎，也需要很多个步骤，先要支起千斤顶，再用工具拆掉，取出备胎换。普通人换一个轮胎需要 20 ～ 30 分钟，专业的人也需要 5 ～ 10 分钟。

我们在电视上经常可以看到 F1 赛车比赛，工作人员换一个轮胎只要惊人的几秒钟时间。他们是怎么做到的？当然，你可能会说轮胎不同，但我们可以看到，有很多不同的人，他们的工作有分工，并提前做好准备工作，所以能够在汽车到达之时，立刻行动，在最短的时间内把轮胎换好。

大家都知道 F1 比赛，选手们都在争分夺秒，时间对大家来说都非常宝贵，所以 F1 换胎的时间也在不断缩短。20 世纪 90 年代，换胎时间需要 15 ～ 20 秒，而现在，基本只需要 3 秒左右，2016 年，威廉姆斯车队创造的换胎时间纪录只有 1.92 秒。

这个例子给我们的启发就是，在生产的管理上，我们也可以做到缩短换模的时间。

快速换模（single minutes exchange of die，SMED）是在 20 世纪 50 年代初期日本丰田汽车公司的新乡重夫（Shigeo Shingo）先生摸索出的一套应对多品种小批量、降低库存、提高生产系统快速反应能力的有用技术。

汽车制造商主要生产冲压部件，通过自动化的冲床，将薄板制作成大量比最终想要的零部件稍微大一点的板坯，然后将板坯放入大型冲床的上下模中。当这些冲模受到数千磅的压力压到一起时，平面的板坯就变成了立体形状。经过一系列的冲压之后，汽车的前挡板或者车门就成型了。

当时丰田的问题在于，冲床的数量有限，生产不同的冲压件，需要更换模具，而模具很重，每个冲模重量有几吨，工人必须把冲模绝对精确地匹配到冲床中。稍微没对准，零部件就会有皱痕，如果偏差过大，后果会更加严重，甚至会损坏冲模。换模浪费大量的时间，严重影响了产能。

相比欧美的汽车公司有着数量较多的冲床生产线，丰田可以用专门的冲床设备来做专门的零件，不用频繁地换模，而当时丰田的经济状况不允许，它只有少量的冲床用于生产。

后来，丰田的大野耐一买了一些旧的美国冲床，由新乡重夫先生负责进行无休止地实验，不断地改善换模的技术，缩短换模的时间。到 20 世纪 50 年代末，换模时间已经从一天缩短为令人惊讶的 3 分钟。SMED 标准换模流程如图 7-1 所示。

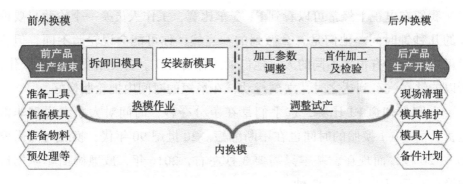

图 7-1　SMED 标准换模流程

SMED 分内部作业和外部作业，其中内部作业是指设备停止运行后方可进行的操作；外部作业是指那些能够在设备运行过程中同时进行的操作。

根据 SMED 的理论，可以分五个步骤。

第一步：观察当前的流程。

第二步：区分内部和外部的要素。

第三步：将内部作业转移到外部。

第四步：减少内部工作。

第五步：减少外部作业。

SMED 与传统换模活动最大的区别在于：① SMED 是一种以团队工作为基础的工作方式，在设备不停机的情况下，换模的准备及最后的整理工作由本工位操作者之外的人员完成；② SMED 利用工业工程的方法，尽可能地减少换模各阶段的时间；③将换模活动标准化，以达到培训、监控、传承的目的，而且可以作为后续进一步改进的依据。

（三）方法三：柔性制造

多品种小批量的制造企业，只有不断提升自身的生产技术水平，革新自身的生产管理理念，改进自身的生产方法，才能够保障现代企业稳定健康的发展。同时，不同的制造类企业应根据企业生产管理的实际情况来优化管理系统，创新生产管理方法和生产技术，才能为企业的未来创造出发展的方向。

大批量的订单，生产单一的品种，往往是企业比较喜欢的类型，由于有固定的生产工艺，设备参数调试好，工人操作久了也会非常熟练，产出也高。而对于不同品种的产品，每当更换产品类型，生产现场的人员就必须换工装、换模具，重新设置设备参数等，耗时耗力。

S公司是一家经营高端品牌门窗的公司，窗户的外部框架是铝型材，这些框架需要喷涂不同的颜色，喷涂工艺是在自动化喷涂流水线上完成的。

由于公司的业务是面向终端客户的零售业务，S公司每天会从全国各地的经销商处接到大大小小不同的订单，由于客户的窗户尺寸大小不同，款式和颜色要求也不一样，这就给生产带来了麻烦，喷涂生产线每换一次油漆的颜色需要半小时的时间，如果每天反复换颜色，会浪费很多时间，产出不会高，工人们也会觉得很厌烦。

经过生产部门与销售部门沟通，订单的计划不再按照先后顺序，而是把每周的订单进行汇总，把同样颜色的订单排在一起生产，这样就做到了计划上的优化，把一天换颜色的次数控制在一次以内。

经过计划上的优化，既节约了成本，又提高了效率。虽然这样排计划，先到的订单就有可能后生产，但是喷漆只是整个工艺的一个部分，要等待其他物料齐套，所以生产部门安排其他物料的生产计划，要根据喷漆的计划来协调，这样一来，不会给客户交期带来太大影响。

（四）方法四：生产计划优化管理

对于直接生产物料，供应商由于其品种多、批量小，制订生产计划管理难，没有去制订详细的生产管理计划，或者只是简单地开展生产。由于每一品种的数量不多，生产的重复程度低，产生的效率不高，有的甚至亏损，因此很多供应商企业不重视此类品种的生产计划的制订和管理，以至于有的企业在生产过程中遗漏或者没有实现及时交付。

好的生产管理，首先要求我们要开展良好的计划管理，合理的计划安排是前提，面对品种繁多批量较小的问题，要合理利用设备资源，在编制生产计划时要格外注重，做到单独编制，跟踪落实，并协调好主要的零件进度计划，灵活安排生产时间，加强生产计划的管理。

同时，需要优化与设计生产系统各部门的组织结构，将原本的生产管理部门细化为计调与生产管理部门，以强化企业的生产与调度职能，从而保证各车间能按时完成计划，改善交货率低的问题。

另外，企业需要逐步推进生产信息化工作，专门成立信息化小组，积极推进信息化生产体系建设。传统的手工计划管理模式将逐渐被信息化管理取而代之。通过 ERP 等信息平台建设，还可以减少工艺图纸出错率、质量不稳定等问题，从而在满足进度、质量的前提下，真正做到生产效率的提高，保证产品的按时交付。

（五）方法五：留出备用产能，以备不时之需

美国有一个故事，有一家医院，手术室常常是满的，所以每当有急诊病人，医院需要紧急安排手术，就只好把原先安排好的手术计划拖延。正因为如此，很多医生到了凌晨两三点还在加班做手术，非常辛苦，病人的家属也总是抱怨。

为了解决这样的问题，医院请了一个顾问。这个顾问在了解了医院目前的状况之后，提出了一个令人惊讶的方案，让医院空出一个手术室来，专门应对急诊病人。这个方案对于大多数人来说，明显有点不切实际，因为本身医院已经很忙了，怎么还能空出一个手术室呢，这太过分了。

每当有紧急病人的时候，让投入工作的人把手上的事情停下来，重新组织安排，这是一件很让人厌烦的事。医院的负责人经过再三思考，决定接受顾问的建议，尝试一下，就空出了一个手术室。这样一来，每当有突发的需要紧急手术的病人，就可以在这个手术室中有效地处理，不用重新计划所有的一切，最后医生的加班少了，手术的效率也提高了。

这个故事给了我们启发，在安排多品种小批量的生产上，道理一样，一旦你的生产计划已经排好，人员召集完毕，生产准备工作已经做好，突然让你停下来，处理另外一件紧急的事情，所需的人员和资源需要重新组织，一些人需要等待，而另外一些人匆忙上阵。这样的效率非常低，人员的积极性也会大大降低。

我见到一个企业采用的方式恰恰和这个医院不谋而合。一家做建筑幕墙玻璃的公司，使用进口的自动化玻璃深加工生产线，生产部门会根据提前安排好的计划下发派工单到生产车间，车间按照派工单来备料生产。由于玻璃易碎的特征，在发给客户途中或者发到现场后，经常有一些玻璃发

生破损，可能是运输公司造成的，也有可能是客户自身造成的。这时客户就需要供应商紧急重新生产破损的玻璃，由于每块玻璃的尺寸往往不一样，又无法预测或者提前备一些库存，所以这时候如果按生产计划排单，就会排在最后，要客户等待很久，这样客户肯定是不满意的。如果要插单，那么之前排好的计划，就会被打乱，还要重新设置设备的参数，效率低下，非常麻烦。

由于这种情况经常发生，总是会有一些客户有紧急的订单需求发生，而且都是事先无法预测的。插单的事频繁发生，经常造成客户延迟交付，半成品库存增加，让公司非常苦恼。

考虑到市场需求的增长，公司发现现有设备的产能和效率已经不能够满足客户的需求了。为此，这家公司又投资了一条新的生产线，而那套老的生产线并没有淘汰，依然保留在车间作为备用，专门用来应对这些少批量的紧急需求订单。

这样一来，只要有紧急的订单，就可以马上安排生产补货，不影响生产线上已经排好的计划。当时也有很多人质疑，如果老的产线也排上生产计划，而不是作为备用，不是可以增加产能吗？其实并不是这样的，就像那个美国医院的故事一样，在生产管理上，要注意避免满负荷生产，越是忙的时候，我们越是要保留一些备用产能，以应对一些意想不到的事情。

（六）方法六：选择与企业的发展相适应的供应商

企业通过选择与自身发展需求相适应的供应商，不断加强企业与供应商的关系，能够确保与一些关键物料供应商形成战略伙伴关系。只有形成稳定的伙伴关系，才能让供应商有信心、有意愿配合采购方。

只有形成伙伴关系，才可能实现流程对接，甚至信息系统对接，实现真正的供需精准对接，大幅缩短信息流处理周期，才可能实现供需双方的可视化，使供应商的能力可视，状态可视、可预期。给供应商的订单也要可视，让供应商提前准备，增强与供应商间的协同，才可能科学预测市场。与供应商分享市场信息、市场策略，与供应商形成劣后供应商关系，共同承担市场风险。

在企业的采购管理中，多品种小批量采购成本管理是最难做的工作。

为确保实现企业的可持续发展，需要不断在供应链环境下对多品种小批量采购成本控制的管理工作进行改善与优化，要确保大幅度地提高多品种小批量采购成本管理方法的质量与效率。

可以毫不夸张地说，谁能认清**"多品种小批量不但是常态，还是趋势"**这个结论，谁能在这方面跑得快一点，谁就能在激烈的市场竞争中取胜。

  【最佳实践】韩都衣舍如何做好多品种小批量

韩都衣舍每天上新 100 款服饰，还运营着六大品牌：韩风快时尚系列女装 HSTYLE、男装 AMH、童装 MiniZaru，韩风 OL 时尚女装 Soneed，欧美风快时尚女装 niBBuns，东方复古品牌 Souline。

面对如此大的出货量及产品更新频率，韩都衣舍是如何对每款衣服的销售情况，做出快速响应？又是如何把控供应商供应链渠道？

分组模式

不同于传统商业模式，设计、运营等分部门操作，韩都衣舍采用责任制小组制度，从选款、再设计、运营推广、产品销售促销，到最后下架，全程负责，自负盈亏。

目前，韩都衣舍产品部共 260 多个小组，每个小组 3～5 人。而其他支持性部门如生产、摄影等，也开始实行小组制。跨部门小组合作，也需签订合约，若甲方小组对乙方工作不满意，可向相当于内部"发改委"部门的企划部申请，不对乙方进行付款，并内部更换合作小组。

分组管理

韩都衣舍小组制架构及其运营规则，使韩都衣舍产品供应方面，具有多款少量、快速返单和灵活性的特点。

为此，韩都衣舍同多家供应商合作，进行产品生产。截至 11 月，与韩都衣舍合作的一类供应商企业达 208 家，其中省内 82 家，省外 126 家，分布在上海、广东、浙江、江苏、江西、山东等地区的大型城市。

对于不断增多的供应商，韩都衣舍建立供应商分级管理系统，包含五大机制：供应商准入机制、供应商绩效评估和激励机制、供应商分级认证机制、供应商升降级调整机制、供应商等级内订单调整机制。

对于通过筛选的生产厂家，将由供应商管理小组、相关业务部门、品控管理小组进行实地访厂，重点评估厂家的信用等级、生产能力、运营状况以及品质管理等，并进行现场打分。其中，供应商管理小组、业务部门代表及品质管控人员的分数权重分别为 20%、30%、50%。

目前，韩都衣舍供应商总共分为五级，分别是战略供应商 AAAAA 级、核心供应商 AAAA 级、优秀供应商 AAA 级、合作供应商 AA 级、新供应商 A 级。

对不同等级供应商采用订单区别管理，其中战略供应商将给予不低于商定月度产值 80% 的政策扶持，核心供应商将给予不低于商定月度产值 70% 的扶持。

同时，韩都衣舍每个季度都会对供应商进行绩效测评，季度测评下降一二级，下一季度订单会在基准值基础上缩减 15% ～ 20%；反之，订单增加。

对于连续两个季度测评下降的供应商，将给予暂停合作，缩减 50% 订单甚至停止合作的惩罚。除此之外，韩都衣舍还给供应商设定了不可逾越的质检雷区。一旦供应商季度测评连续两次降至雷区以下，同样将缩减其下个季度 50% 的订单直至停止合作。

整合供应链

另外，韩都衣舍通过高度整合的供应链运营支撑信息系统，来提升整个供应链的运营水平。

同大多数电商一样，韩都衣舍早期使用的是第三方 IT 系统。但随着流程创新与各部门 / 流程信息化程度的提高，第三方 IT 系统各部门 / 流程运营数据难以整合、颗粒度难以细化到单品、难以应对电商特有的销售峰值压力等弊端日益明显。

2013 年起，韩都衣舍组建研发团队，开发出更适合电商品牌的 IT 系统——业务运营支撑系统（BOSS）。该系统的特点是能够高度整合订单管理系统（OMS）、供应链管理系统（SCM）、仓储管理系统（WMS）、商业智能系统（BI）和绩效管理系统（PMS）五大模块，不仅能够实现对单款产品设计、修改、打样、下单、采购、生产、质量、仓储、物流、交付等全生命周期运营数据的获取和分析，还能针对电商特有的销售峰值进行销售预估和数据分析。目前，韩都衣舍自营的单品已全部接入 BOSS。

思考题：

1. 结合本章内容，思考多品种小批量对采购的挑战。

2. 根据本章内容，思考在实际工作中多品种小批量产生的根源，以及使用自己的应对方法会有哪些得失。

第八章

全球采购的供应商评审及管理

——全球版图，布局未来

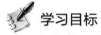 学习目标

1. 了解什么是全球采购。

2. 了解为什么要做全球采购。

3. 了解全球采购中，如何做好供应商评审。

东方钽业的全球采购战略

中国钽资源的储量为全球储量的 1/16，居全球第 14 位；人均钽占有量仅为全球人均储量的 1/8，所以我国是一个钽原料严重缺乏的国家。而我国又是钽冶金和加工的大国，每年产量占全球总产量的 30% 以上，而且 80% 的产量是出口的。

在这样的背景下，东方钽业制定了全球采购的战略，从以下几个角度考虑。

降低公司采购成本

成本是企业的生存之道，没有低的成本，就没有实力进行价格竞争，无法获得再生产所需的资金而难以为继，由于国内可供应的钽原料数量少，供应商垄断程度高，价格远高于国外某些地区的钽原料。所以，充分利用国内外两种资源、实现资源采购的最佳配置，是实现成本优势的必经之路。

减低公司交易风险

钽原料是重要的电子工业基础原材料，其价格波动不仅受生产成本和供求关系的影响，而且受世界经济增长速度、政治与战争、垄断与投机、自然灾害等众多因素的影响。

价格的剧烈波动带来企业经营的巨大风险，这对需要大量进口钽原料的东方钽业公司来说，其经营面临的风险更大，因此公司需要充分利用国际、国内两个市场，通过合作开发矿山，建立稳定的原料基地。这样才可以根据市场的波动情况主动地采购原料，规避钽原料价格波动产生的经营风险，实现稳健经营，提高企业经济效益。

保证企业连续化大生产

东方钽业公司采用连续化生产方式，如果某一环节出现问题，就会产生不可想象的后果。这就要求东方钽业公司在原材料供应、生产组织到产品销售的过程中，物流必须畅通。

建立全球采购管理，供需双方为了产品能在市场上占有一席之地、获得更大的经济效益，分别从不同角度互相配合、各尽其力，所以双方也要互相配合、提高采购工作的效率、最大限度地降低采购成本、最好地保证供应，使物流上下通畅，为生产连续运行提供保证。

降低库存

由于国内供应商的垄断加上诸多不稳定因素，原材料往往难以及时到位，因此为了保证正常生产，就不得不储备大量的物资，以备急用。

大量原材料储备占有资金，给企业的资金流动、成本控制带来了巨大的压力，同时还造成精力分散、工作效率低，服务水平与经济效益都会受到严重影响。

进行全球采购，有了多供应源渠道后，东方钽业公司的可选择性增加，供应风险大大降低，不需要备大量库存，根据市场分析和预测，国内外供应相结合，在保证供应的稳定性的同时，也大幅度降低了库存，释放了资金。

适应市场变化，满足用户需求的多样化

市场瞬息万变、用户需求个性化越来越突出，传统的采购思想难以适应市场竞争的要求。而金属产品种类型号多、用户需求不相同，加上市场

竞争日益激烈，对采购工作的要求越来越高。

东方钽业公司采取全球采购战略，供应商可连续小批量多频次地送货。这种送货机制可以大大降低库存，进一步满足用户需求多样化的要求。这样，东方钽业公司就可与用户建立信息互通机制，就可以根据用户的需求，生产适销对路的产品，增强工作的可控性。

钽原料是东方钽业公司生存和发展的物质基础。确保东方钽业公司矿产资源经济安全有效获得是关键，获得了充足的资源就等于拥有了扩充经济发展空间的优先权。国内钽原料矿产资源是非常时期或特别时期国家安全的基本保证。将钽原料资源供应建立在完全或大部分由国内提供的基础上既不科学也不现实，更不符合东方钽业公司可持续发展的战略利益。这就要求东方钽业公司必须实施全球采购战略，充分利用国际钽原料资源，从而实现钽原料的可持续供应，保证东方钽业公司的可持续发展。

一、什么是全球采购

全球采购是指采购方通过在全球范围内寻找最佳供应商，获得性价比最优的产品，以实现对全球生产要素最充分利用的交易过程。全球采购把采购、物流、生产运作甚至营销在全球范围内整合到企业供应链的上游部分，成为各国企业充分利用全球资源、降低生产成本、增强核心竞争力、获取最大利润的重要手段。

二、为什么要进行全球采购

中国企业的发展速度很快，这一点从中国企业在全球 500 强中占据的席位越来越多可以看出来。2018 年，115 家中国企业进入世界 500 强榜单。2019 年 7 月 22 日，美国《财富》杂志发布 2019 年世界 500 强排行榜，其中的 129 家来自中国（包括台湾地区的 10 家企业），历史上首次超过美国（121 家）。

我们逐渐发现，越来越多的中国本土企业，已把业务扩展到国外市场。这些企业需要的资源不一定局限于其所在的那个国家或地区，它们会从不同的国家或地区进行采购。

企业从别的国家或地区采购，有的是因为本土资源稀缺，有的是因为本国的产品质量水平不能满足要求，还有的是因为本国的价格较高，原因多种多样，它们需要从世界上其他国家或者地区获取一些资源，这就需要考虑到全球采购。

全球采购，最早是欧美发达国家，在 20 世纪末、21 世纪初，从低成本国家（low cost country，LCC）采购，运输到其本国或者其在其他国家的工厂，以降低采购成本。

在全球的商业环境下，各国经济变得更加相互依赖，越来越多的企业开始在世界范围内寻找供应商进行全球采购，以获得合适的原材料、零部件和技术。全球采购策略随即成为跨国公司获得竞争优势的一个重要途径。

一般来说，中国企业通常会从美国、日本、德国、法国等发达国家采购设备和一部分技术难度比较大的产品，相对来说，设备的比重比较大。当然，我们也会从不发达国家或发展中国家，例如非洲、东南亚、俄罗斯等地区采购一些国内缺少的资源类产品。

企业推行全球采购战略，将不可避免地面对变化迅速的全球市场环境和风格各异的全球经营环境，各种不确定因素和风险也随之而来，例如政府管制与干预、汇率波动、文化差异和贸易壁垒等。

全球采购通常是批量采购，采购的项目和品种集中、数量及规模较大、牵涉的资金较多，而且跨越国境、手续繁杂、环节较多，存在供应是否稳定和及时，采购的质量是否稳定且符合要求等许多潜在的风险。

我们有必要对全球采购过程中可能发生的风险及防范措施做具体的分析和研究，以便于企业能够采取相应的对策，做到防患于未然。

三、全球采购中供应商管理的现状

随着经济全球化和中国制造业水平的提高，中国已经从单一的零部件提供商，逐步发展成核心设备或成套设备的制造商，国外供应商的开发和管理也成为国内采购人员的重要工作内容之一。

国外供应商如何开发、如何管理是摆在我们面前的挑战。

我曾经与一位某跨国企业大中华区的采购总监沟通，他告诉我，他们有一位团队成员负责瓶颈供应商的管理，这些所谓的瓶颈供应商，大多是国外供应商，这一点很多在外企工作过的采购都深有体会。这位采购非常焦虑地问他老板，以前都是外国人开发和管理我们，现在需要我去开发和管理这些国外供应商，真是不知从何下手。

在与很多来自不同行业的采购朋友交流时，我发现他们也面临着同样的问题。综合他们所谈到的情况，我总结了目前对于国外供应商开发和管理方面，主要存在着以下三种现状。

（一）第一种现状：不敢管

不管你承不承认，相当一部分采购人员，不太敢和国外供应商打交道，更不敢向国外供应商提要求。他们总是尽量回避国外的供应商，即使在占有绝对优势的情况下，也不能理直气壮地去和对方谈判。

以下是一位采购给我讲的他遇到的情况。

 小贴士

我曾经遇到这样一位同事，他采购的专业能力很强，在和国内供应商交往方面也非常有经验。刚好我们有个项目需要把原先在美国的一家供应商替换成欧洲的一家供应商，我让他去负责，他就是不愿意，也不主动联系国外供应商。我实在没有办法，就和他深入沟通了这件事情，他终于向我道出了缘由和顾虑，可以总结为下面几条典型的心理。

- 担心英语不好，很多事情说不清楚。
- 总觉得外国人比自己强，在和他们沟通时会胆怯。
- 没有去过，很多人不熟悉，不知道该找谁。
- 自己想过去熟悉一下，又担心到国外出差有费用控制。

听他这么一说，我也乐了，我和他半开玩笑地说，存在这种情况主要原因是我们被帝国主义压迫太久了，等我们翻身得解放的时候，反而不适应了。我也问了他几个问题，你担心英语不好，试问外国人的汉语有你英语好吗？当初外国人进入中国设厂开发供应商，几乎所有的外国人都不会说汉语。外国人确实有很多地方比我们先进，但是中国本土的员工经过这么多年的学习和追赶，已经超越了他们，每年集团项目评比，最好的项目总是由中国团队创造的。

后来，他逐步改变了自己原先的看法：英语听不懂，重要的问题就先通过邮件沟通；每次和国外供应商开会前，他都准备得非常充分，尽量提前就把报告和材料准备好，让对方也有个准备；自己也安排了一份国外供应商拜访计划，熟悉了国外供应商的生产流程、成本结构，并将与各方面的联络都建立了起来。

这样的人其实不在少数，主要还是国人的自卑心理，自信心不足。虽然英语仍然达不到理想的水平，但既然作为客户，在面对供应商的时候，我们就要站在公司的角度上，没有必要自卑，要有绝对的自信心。如果出了什么问题，就要敢于和国外供应商沟通、协调、争取。

另外，有些人觉得，如果要去国外供应商处考察或者沟通，就会产生很多费用，担心公司不会同意，就不敢向公司提出。实际上，对于公司管理层来说，并没有明确规定限制大家出去，在我们有具体的工作任务，有必要去国外供应商处的时候，完全可以申请。这次出差所产生的价值，也必然会超出出差的费用。所以，不要自己先下结论，只准外国人过来，不准我们中国人出去。

采购人员不敢开发和管理国外的供应商，主要是心理问题。我们需要克服和外国人打交道的心理障碍，尤其在遇到问题时，据理力争，维护国内公司的权利非常重要。语言不应该成为我们沟通的障碍，更不应该成为我们不敢去沟通的理由。

（二）第二种现状：不能管

有的公司会有一些不能管的国外供应商，不能管的意思就是你管不了、管不动它，或者它根本就对你提出的要求视而不见。这种情况，在外资的采购中尤为明显，由于国外的供应商强势惯了，而且由于它们与跨国公司的总部合作时间长久，关系密切，所以它们会忽视中国工厂的采购人员提出的要求。

一位外企的采购总监告诉我，他刚接手某公司采购岗位的时候，他的前任专门给了他一份清单，提醒他要注意这些供应商是不能碰的，并告诉他说"这些都是坑，一碰轻则受到总部的批评，重则可能出现断货的危险"。

他经过梳理，把这份特殊清单中不能碰的供应商分为三种：总部战略合作关系的独家供应商、备品备件的国外供应商、有特殊关系的国外供应商。

针对每种类型，我们可以有不同的解决方案。

1. 总部战略合作关系的独家供应商

这类供应商，合同是总部签的，国内采购基本都没有签署合同，只能沿用总部的合同，没有定价权，也没有谈判的权利，只能被动地接受。更极端的情况是，总部的类别经理（用采购的话说，都是"大爷"），经过多次交流才要到合同。

针对这种情况，可以仔细研究总部的合同，并了解相关法律，有时候合同在内容上更多只能算是一种框架协议，因此可以提出，让所有的总部供应商必须和中国采购签订合同才能有效，否则就得不到当地《合同法》的保证，存在很大的税务和法律等方面的风险。

国外供应商和总部的类别经理，对法律比较敏感，什么事情和法律风险沾边，他们基本都会慎重对待。一旦我们采购获得了签署合同的权利，很多处理事情的主动权就掌握在我们自己手里了。否则，我们只能被动地执行合同和订单，只能听从供应商的摆布，采购如果遇到此类情况，是非常被动的，只能处理订单。

2. 备品备件的国外供应商

一些大品牌供应商，类似 ABB、西门子，由于企业在项目初期或者刚建厂的时候，采用的设备是这些品牌的，后续就只能采用它们的服务并购买它们的备品备件。采购基本没有选择，属于一旦合作就被绑牢的那种关系。对于此类情况，可以采用以下对策。

（1）在项目开始设备选型的时候，就把后期的备品备件采购和维护的协议签好，并且由我们本地的采购类别经理负责该部分的谈判，打通向前的通道。

（2）邀请技术部门的人员一起参与供应商的管理，这样可以整合内部所有有利的资源并制衡国外供应商，打通跨部门的通道。

（3）建立此类供应商的合作档案，收集每次服务的评估和记录，定期和供应商开会评审，并将结果发送给项目期间的负责人、国外供应商的高层、总部的采购类别经理等，打通向上的通道。

通过这些采购开辟的通道，保持信息的畅通，此类供应商再也不敢随意对待我们的采购人员以及后期用户的需求，很多时候我们需要敢于提出要求，无论是内部的用户，总部的采购类别经理，以及国外供应商的合作方。如果我们自己都不能去主张我们自己的权利，是没有任何部门会替我们去主张的。采购觉得很多供应商不能管，主要是认知问题。

3. 有特殊关系的国外供应商

国外的此类供应商，很难把握。它们一般都通过各种渠道让采购知道，它们要么和公司的高层关系特殊，要么是总部的关联公司，要么是某个大客户推荐或者指定的，要么有很强的政府或者机构的背景等。对于此类供应商，采购务必要"去伪存真，明辨是非"。

小贴士

曾经遇到一家国外供应商，它是我们集团内部的子公司，分属不同的事业部，以前我们和他们沟通的时候，这家供应商根本不理我们，如果不买他们的产品，马上就会向我们的总部采购告状，甚至告到我们中国区的CEO。我们采购一直非常被动，一方面，被供应商牵制，另一方面，内部用户抱怨特别多，认为我们采购不作为，连自己公司的供应商都管不了。

经过和采购团队商量，这种被动局面必须改变，否则采购在公司内部无法立足。因此，我们一方面根据公司超过10万元的采购必须采用招标的形式的政策，我们引进其他竞争对手，向国外供应商施压；另一方面为了这次招标，我们成立了跨部门的供应商评估小组，对参与投标的供应商（无论是国内的还是国外的）进行评估和打分，在评估的时候特意增加了一部分内容，对已经合作过的供应商需要评估其过去的业绩以及用户满意度。

同时，我们将评估的结果通报给供应商高层、内部用户、中国区管理层以及集团总部的采购。从此之后，这家供应商就非常配合我们国内采购的管理了。

（三）第三种现状：不会管

大多数采购都知道怎么开发和管理国内供应商，但是对于开发和管理国外供应商，有些人还是缺少经验，不知道该如何管理。

对于供应商的开发和管理，在全球都是相对标准的，无论是对国内的供应商还是对国外的供应商都是相通的。举个简单的例子，我们身边有很多跨国集团公司，它们的供应商管理在全球范围内都会用一套管理系统和指导文件，例如《供应商开发和管理手册》《供应商质量管理手册》等。

对于国内企业来说，供应商开发和管理的体系和制度可能会弱一些，如果需要开发和管理国外供应商，这方面务必需要向国外跨国企业看齐，建立完善的供应商管理体系，可以参照 ISO9000、TS16949 等国际标准。

除了流程和制度之外，国外的情况毕竟和我们国内不同，要想真正熟悉国外供应商的开发和管理需要严把三道关，近几年来，很多国内企业在国外建厂，特别是在泰国、印度、越南等地区，我们需要了解当地市场的各种情况，这点对于被派驻到国外设厂的采购人员来说至关重要。

1. 第一：渠道关

我们经常听销售人员说"渠道为王"，对于采购来说，尤其是进入一个陌生供应市场的采购来说更为重要。销售的产品是相对单一的，客户的成分自然不会太复杂，但为保持一家公司的正常运行，我们需要采购的物料达到几千种，我们需要知道的供应商资源是异常庞大的，没有足够的渠道，我们很难完成前期的采购任务。随着互联网和经济全球化的发展，我们可以通过下列渠道获得潜在的供应商。

（1）目标国（或者全世界）的黄页网站（yellow page）和工商目录（directory）。

（2）政府及大使馆经济参赞处的网站等。

（3）国际性展会、各种类型的产品展会。

（4）行业介绍，尤其是行业协会及其网站和论坛等。

（5）社交网站，例如 LinkedIn 等。

（6）专业网站，例如 Global sourcing、谷歌、各国本土搜索引擎和 B2B 网站等。

（7）资源网络，例如客户资源网、供应商资源网络、员工资源网络、竞争对手资源网络等。

俗话说"兵马不动，粮草先行"，采购肩负着国外建厂的"粮草"重任，供应渠道更是这"粮草"的关键，准备得越早、越充分，我们就越能赢得供应商开发中的主动权。

一家国内知名的建筑公司进入美国开拓业务，一开始的时候什么都不知道，找了第三方代理花费很长的时间寻找当地的资源，交了很多学费。不过经过上述各种方式，最终熟悉了本地的供应市场，站稳了脚跟，有力支持了公司业务在美国的拓展，采购也获得了国外供应商的认可和尊重。

2. 第二关：文化关

跨文化沟通一直是每一家全球化公司所面临的挑战，对于国内走出去的企业更是如此。无论是我们到西方发达国家还是其他发展中国家，不同文明的差异决定了我们的沟通方式、生活习惯、工作方式等不同，如果处理不好会直接导致文化冲突。记得当初外企进入中国，它们都是非国民待遇，处处受到优待，因为它们代表着先进的生产力和管理水平，这也冲淡了中西方文化不同的冲突。

现在我们国内的企业走出去，尤其是到西方发达国家建厂，发达国家对我们的认知也许还停留在以前，相反会采用怀疑甚至敌对的眼光来看待我们，这种文化的冲突尤为明显。对于我们采购人员来说，除了需要做的专业工作之外，在建厂初期，我们仍旧需要借助本地的资源来克服这一挑战，例如：

（1）聘请熟悉中国文化的当地华人。

（2）聘请在中国工作过、生活学习过的本地员工。

（3）通过当地的第三方咨询公司，或者代理。

（4）提前熟悉当地的文化，包括语言、风俗和习惯等。

（5）获得当地政府或者劳工部门的支持。

随着国内供应商日趋成熟，我们国内的采购也在把国内的供应商推向国外。我曾经有一家供应商是本土的，由于他们很强的价格和技术优势，我们需要把他们的产品介绍到澳大利亚分公司。可困难的是，他们英语都说不清楚，更别说熟悉国外的文化了。对方的澳大利亚采购没有来过中国，也不熟悉国内的供应商，最后只能由我们做中间人进行协调。他们的合作流程和规则逐步制定出来，然后澳大利亚分公司指派专门的采购类别经理来辅导，经过一段时间之后，大家合作就比较顺利了。

3. 第三关：风险关

在开展供应商开发和管理的过程中，严格遵守当地的法律法规是我们能正常开展业务的保障和前提。在我们身边，由于触犯当地的法律法规而造成重大损失甚至工厂关闭也不是新鲜的事情，我们在西方发达国家建厂尤其要注意。和采购相关的法律法规通常涵盖以下四个方面。

（1）采购相关的合同法，涉及买卖双方的责任和义务等，我们在设计合同模板时不能仅照搬国内的模板，还要充分考虑所在国的法律法规规定。

（2）采购相关的绿色环保的法律法规，每个国家的政策差异性较大，基本上可以分为：美国标准、日本标准、欧洲标准，以及其他国家的类似规定，需要充分分析供应商存在的环保风险，并采取相关的应急方案。

（3）劳动合同法律法规，主要涉及公司本身的合法用工和供应商的合法用工问题，尤其是在发展中国家供应商的合法用工问题，稍有不慎就会把我们拖入被动的局面。

（4）其他行业的法律法规等，例如行业规定、国家标准，以及专门针对外商的规定等。

🔍 小贴士

我们曾经遇到一家英国的供应商，当初我们以为他们和我们一样，该加班的时候加班，即使休假也需要处理事情，可是英国人8月会休假，而8月正是我们的旺季，订单的需求量非常大。

刚开始时，供应商的销售发邮件告诉我们他下个月需要休假，我们的采购简单地认为我是客户你休假也不能不理客户啊，结果这位销售真的休假了，连邮件都不会回我们，弄得我们差点停线。

经过这次事件，每到供应商休假季，我们采购都会提前沟通，安排好库存以及关键时刻的联络人以控制风险。

无论是国内采购管理国外供应商，还是国内企业到国外去设厂开发和管理国外的供应商，只要采取合适的对策，就能逐步熟悉和掌握国外供应商开发和管理的技巧。对于国外的供应商，我们需要做到敢管、能管和会管。

四、全球采购中的供应商选择

在进行全球采购时，由于地域、文化差异的问题，在国际上选择供应商要比在国内选择复杂得多，全球采购的供应商选择有哪些需要特别注意的呢？

（一）海外供应商的选择与评估

在全球采购中，进行有效采购的关键问题是，选择高效、负责的供应商。一般地，有经验的采购部门会和其他采购者共享信息。现在，国内供应商也经常会提供一些信息，在同行业中建立一种非竞争的关系。

掌握了国际供应商信息，选定供应商就有基础了，但是要对供应商的生产能力进行评估还是有些困难。最好的办法是去供应商实地考察评估。对于重要的供应商，尽管花费很高，但对于企业来说，初次合作，还是有必要去现场考察评估一下。即便实在有困难，也可以委托一些国际的咨询机构或者第三方评估公司对供应商做一个评估。

国外的供应商也是要做评审的。为什么呢？国外的供应商由于环境、文化、政治等因素，不确定性很大，而且供应商的产品质量好坏，决定了我们产品质量的好坏，供应商交货不及时，我们的交付可能就有困难，供应商的绩效，体现了我们采购人员的绩效，我们的一切成绩都在供应商手里。因此，对于国外的供应商，我们也需要安排评审。

不过，具体情况可能很复杂，评审方法也可以多样化。首先，我们要确定，我们一定需要从国外采购吗？有的外资公司要从国外采购，可能是因为那是国外总部推荐的。既然是国外总部推荐的，那么这个供应商一般就会是国外总部或者集团旗下某工厂的供应商，他们应该已经审核过该供应商，我们可以认可国外工厂对供应商的评审。这在集中采购管理方式里，叫作"领导部门采购"，或者叫"代表部门采购"。也就是说，在一个大的集团里，由于这个部门有专家，或是这个部门距离供应商近，或是这个部门采购金额大，或是其他什么原因，这个部门可以代表集团和其他部门对供应商进行谈判和供应商管理。

当然，也可以采用互认的方式，不同的子公司间就可以采用互认的方式，例如一汽大众和上海大众，可以对供应商进行评审互认，因为它们的评审体系相似甚至相同，都采用大众的模式，又都是兄弟单位。

不是集团公司，也可以借鉴同行经验。例如，我们的同行已经评审过的供应商，我们就可以认可。通用和大众能不能互认呢？这就不好说了，要企业自己判断。

选择供应商是公司一项非常重要的战略性职责，我们前面讲过，不同的企业需要不同的供应商，供应商是要帮助我们创造竞争优势的。就像我们选人生另一半，是不能照搬别人模式的，应该有自己的标准。此外，还可以选择代理，委托第三方去做评审。

总之，对国外供应商，根据实际情况，可以变通评审方式，但不能不评审。

（二）政治问题和劳动力问题

当今世界政治经济形势变幻莫测，多变的国际环境如出口管制及禁运、贸易制裁及供方政局动荡等因素均会给国际采购带来直接影响，会有可能导致供应中断的风险。采购需要对这些风险进行评估，如果风险很高，就要采取适当措施监控事态的发展，可以在发生紧急情况时迅速做出反应并寻找替代方法，甚至更换新供应商。

（三）价格条款

国际贸易有一套成熟的做法，即国际贸易术语，这是在长期的国际贸易实践中产生的，用来表示成交价格的构成和交货条件，确定买卖双方风险、责任、费用划分等问题的专门用语。作为采购人员要熟练使用这些术语，熟知这些术语的差别，选择合适的交易条件。否则，容易出现"漏项"，即本该己方做的，以为对方做了，结果对方没做，己方也没做，事情"遗漏"了，会带来不必要的麻烦。

（四）付款条款

从采购方的观点来讲，最佳的付款方式是在验收之后付款。然而，国际上有些供应商会要求必须先预付款项以支付前期作业所需的费用。在国际贸易中信用付款最为普遍，不过企业的资金仍然会占压比较长的时间，从而增加了采购方的资金成本。

一个学员在培训中讲过一件事，他们公司的某个外国供应商非常强势，总是要求预付款，否则就不发货，问我遇到这样的情况这么办。我对他说，供应商坚持要预付的原因大概有两个，一是贸易惯例，例如订购非标设备、模具、咨询服务等，供应商需要先期投入生产资料来启动项目，或者增加买方违约的机会成本；二是信任的问题，买方坚决不肯预付，往往也是出于惯例和对供应商的不信任。

这个学员对我讲，这家供应商就是强势，购买的是标准品，不是非标，也不应该是"不信任"，因为采购方都是"按时付款"的。我再深入了解，发现双方对合同条款"理解不同"。买方的"按时"是指，采购方流程是财务在每月 25 日付款，而合同条款约定是 30 天付款。例如，5 日到货，对于国内供应商来说，下个月 25 日付款，都算是"月结"，从来没什么抱怨，而外国人认为，付款时间应是下个月 5 日前。

由于采购方总不能"按时付款"，供应商的"客户信用"等级下调了，所以要求必须预付。

（五）质量验收条款

在全球采购中，双方需要明确质量标准和要求，这一点一定要沟通清楚，确保供应商理解清楚质量技术要求，对质量控制和检验的方法需要达成一致，并在合同中约定。否则，一旦双方产生分歧和争议，处理的费用会非常高。

（六）包装及物流条款

要考虑各地装卸条件的区别。我曾从德国购买一些设备，合同条款写的是"适合海运的包装"，供应商那里有"出厂包装规范"。按理说没问题，但中国港口的装卸条件，让外国人感觉中国工人在"野蛮"装卸，会造成包装箱碎裂，威胁设备安全，他们立刻叫停装卸工作。最后，他们同中方花了一天的时间研究装卸方案。

全球采购一般需要支付货币兑换、国际通信、国际差旅、信用证保证金、国际运输及货物保险等额外成本，有时还需要向进出口中介商支付佣金。订单的处理程序和物料的运输也比较复杂，对包装的要求、责任的承担、保险的问题等，都需要考虑得更多。

五、全球采购中的供应商管理

全球采购可以从采购流程上进行管理与控制，具体包括以下三个阶段（见图 8-1）。

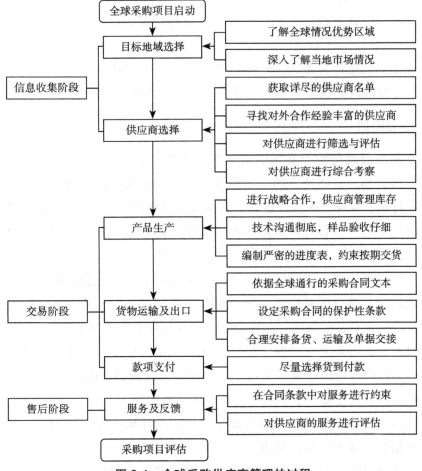

图 8-1　全球采购供应商管理的过程

（一）信息收集阶段

当企业有采购需求的时候，我们首先需要广泛而深入地了解此产品在全球供应市场中的情况，抓住优势区域，这样就可以在第一步就确定好最佳的地域，锁定目标市场。这样，我们就可以对供应商所在国家的市场有一个正确的评估。

另外，我们可以通过专业机构或行业联盟获取详尽的供应商名单，通过综合分析方法对供应商进行筛选，我们甚至可以找到目标国家在中国的领事馆，了解一些目标供应商的情况。这样，我们就能够尽快寻找到对外合作经验丰富的供应商。

要充分地获得供应商名单和资料，采用正确的方法来评估和取舍供应商，而且应该对供应商进行持续的评估与追踪，为今后的合作提供战略依据。

供应商的选择是最为关键的一环，选错了供应商会影响到以后所有的环节。选择国内的供应商就是这样的，选择国外的供应商更加需要注意。

（二）交易阶段

交易阶段就是整个采购活动实施的生产和交易阶段，其中按时供货，供应质量合格、价格便宜的货物是企业进行全球采购的主旨，因此企业需要对原材料、库存、价格、运输、合同及质量管理等方面的风险进行控制。

不同的原材料管理的风险不同，比较成熟的是对原材料风险程度进行定量分析，此方法在计算成本风险中多有应用。为了防止库存管理风险的发生，可以采用供应商管理库存，由战略供应商在本地设仓库，以及对采购数量进行战略分配等措施。针对采购前置期的风险，采购方一般也要在本地安排一定量的安全库存，来降低这种风险所带来的损失。

目前，这种策略已经为大多数企业所采用，但采用这种方式使得采购方不得不在库存量的设置、调整、订货和日常管理等方面花费较多的人力、物力和财力，且需要完全承担库存积压所造成的损失。

在这种情况下，由供应商管理库存进行运作成为发展的趋势。供应商可以根据客户未来的需求情况，具体负责采购方库存量的设定、订货和管理，但这种供应外包风险较大，前提是双方彼此有很好的信任基础，而且有意向进行长时间的紧密型战略合作。

　　全球采购有时会面临价格高于预算的风险，为什么呢？一般国际贸易用美元或者欧元结算，有时候风险是汇率造成的，签合同和交付的时候，可能间隔好几个月，汇率已经有了一定幅度的变动，在这种情况下，可能最后支付的人民币价格高于原来签合同时折算成人民币的价格，当然有时候也会低。还有些供应商会突然涨价，你也搞不清楚它到底是出于什么目的。

　　这时可以通过调整采购政策，选择相对稳定的供应商，订立长期供应价格，建立多方询价及招标机制，调整采购批量以提高价格谈判能力，选择适当的合同货币，例如与东南亚国家或者俄罗斯供应商合作时，可以提议用人民币结算，他们一般也能够接受，另外，我们也要选择适当的付款时机来进行防范。

　　全球采购涉及更换运输工具以及长途的运输，货物从国外的工厂出发，先要通过货车运输到港口，然后装船，在海上漂泊一段时间，到了港口，卸货后再装上货车，中途可能还涉及转运等。这样一来，货物几经波折才能到达客户的手上，所以对货物的包装要求很高，同时要做好供应商、运输方、收货方的多方协调。要做到与供应商加强沟通，精确了解备货期、出运期、运输周期、货运公司、运输方式、包装方式等信息，做好货物及单据的衔接，同时需做好物料需求计划，在时间设置上留有缓冲的余地。

　　为了降低合同管理的风险，在采购合同中，要详细地列明所采购产品的技术规格、性能、质量要求、供货时间、采购数量、产品价格等合同要素，同时必须考虑另外一些边界的因素，如各国税务政策的相互衔接和匹配、运输保险的保护性条款设计、采购设备在调试保用期内的条款安排、对履约保证的约束设定、违约时的惩罚、支付货币的选择和对汇率变化的处理、不可抗力和合同争端的解决等。这些条款在合同中一定都要有明确的约定。

　　必须特别注意的是，如果我们忽视上述条款中任何一项，都有可能会引发采购合同风险，导致采购失败。

　　我们要了解国际采购通用的规则，全世界公认的有四大采购法则，即《联合国采购示范法》《世贸组织政府采购协议》《欧盟采购指令》和《世界银行采购指南》，企业应当弄懂弄通这些规则。联合国采购、企业之间的国际采购则要按这些游戏规则进行。

（三）售后阶段

企业可以进行供应商服务评估，设定针对供应商售后保障能力的评价体系及指标，建立针对供应商服务质量的有效沟通渠道。同时，在合同条款中体现包含对售后服务的明确要求，如有问题发生，可以用法律的武器依据合同来保障企业的利益。

全球采购供应商的管理目标，是在风险发生之前降低风险发生的概率，或在风险发生之后把风险发生所造成的损失降到最低的程度，以保证整个供应链的稳定。

在全球采购过程中，企业必须根据实际情况，采取相应的风险管理方法以便更为有效地减少乃至避免风险，从而进一步增加利润空间，提升企业的竞争力。

为了更好地控制风险，还需要对风险因素的发展变化情况进行跟踪，并对风险处理建立应急及反馈机制，以提高风险处理的能力，减少风险发生造成的损失。

主动管理全球供应商

在实际工作中，我们对国内供应商常常管理得很"严格"，对外国供应商往往缺乏管理，甚至没有管理。为什么会出现这样的情况？

合资或外商独资企业，由于是跨国公司，国外的供应商大部分是外方推荐或直接导入的。这些可能是它们国外的公司已经合作过的供应商，也可能是通过国外某高层的关系进入的，但很多时候采购人员并不了解"为什么选择这个供应商"，对供应市场也没有做过充分的市场调研，基本上就是在执行。所谓的"战略采购"也大部分都是在为总部提供信息、提供支持，很少参与"采购战略"的制定。

即使是本土的企业，它们的外国供应商也基本是通过它们在中国的销售代表主动找上门来的，我们采购人员对全球供应市场并不熟悉。

对于国外供应商，这里我特别用一句话表述，就是采购要由"被动"变"主动"。这点可以学习外国公司如何去做全球采购。

（1）**主动寻源**。过去的国外供应商是主动找到我们的，而我们是被动接受的。未来，我们应该主动寻源，从公司战略出发，去寻找全球的资源。我们要培养这样的意识，要培植这方面能力。采购人员要常常给自己提一个问题：是否还有更好的供应资源。

（2）**主动管理**。我们必须将国外供应商纳入统一管理流程。有人觉得，出国考察不方便，成本也高，或者外国供应商比较强势，不愿意接受管理；出国不方便，可以在国外设办事处，或在国外找代理；国外供应商不接受"管理"，我觉得这是理解上的问题或沟通上的问题，也可能是我们自己要求"过分"，比方说一些企业的经营缺少计划性，经常变更，需求总是很急，这需要采购方自身改进。

【最佳实践】巴斯夫：电子商务支撑全球采购业务操作

巴斯夫是全球最大的化工公司。2010年，巴斯夫的采购额约为300亿欧元（约合2500亿元）；目前，巴斯夫全球采购团队共有1500名员工。

在所有商务活动中，巴斯夫的全球采购团队都要集合全球的需求，这与我国石油石化企业的采购集中在国内有所不同。巴斯夫的采购是全球性的，致力于进行全球寻源为其所用。是什么在支撑着巴斯夫的全球化采购？

在总部层面，巴斯夫设立了全球采购与物流部，下设了五个部门，即全球供应链与过程创新部、原材料采购部、技术采购部、物流采购部、国际贸易公司。

在区域层面，巴斯夫在北美、南美、亚洲、欧洲设有四个区域采购机构，分别位于美国新泽西、巴西圣保罗、中国香港、德国路德维希港。

在地区层面，巴斯夫每个区域机构都下设多个地区采购中心，例如在香港设立了东亚区域采购机构，同时在上海、新加坡等地设立了多个地区采购中心，具体负责地区采购业务的执行。

在巴斯夫，电子商务（e-procurement）是其提高采购流程速度和供应链效率的基础。同时，电子商务还大大提高了供应商市场的透明度，增强了巴斯夫在全球采购过程中的竞争力。所以，巴斯夫全球采购的背后是种类多样、功能复杂、系统化的信息系统。

Elemica：传递化学产品交易信息的转发器

那种为了提高外包业务的交易效率而针对供应商的 ERP 模块，而不是直接与供应商（VMI）联系起来，就是通过一个交易平台（Elemica）建立起来的。Elemica 是一个为化学产品交易传递包括 VMI 信息在内的商务信息的电子转发器，目前大约有 1800 家企业在使用 Elemica 网络。

World Account：全天候处理订单的商务解决方案

这是一款成功的处理诸如客户和供应商报价等与采购相关的功能的企业外部的电子商务解决方案。在它的帮助之下，巴斯夫的供应商在全年 365 天、每周 7 天、每天 24 小时都可以在线确认或更改订单。下一步，巴斯夫全球集中采购旨在推进更加简化、更加标准化的订单流程。

Service Procurement（SP）：从询价到招标全流程管理的信息工具

这是一款基于网络的处理外部服务的信息工具。所有重要的流程，从询价到招标都可以通过使用这款软件来完成。通过在巴斯夫 SAP 平台上使用 SP，可以有效管理机密文件以及有关巴斯夫安全指南的要求。供应商还可以在系统中执行发票开具的工作。整个过程都支持工作流和邮件。

Wallmedien Procurement System（WPS）：方便易学的电子采购方案

WPS 是一款巴斯夫在欧洲和亚洲的采购中心使用的电子采购方案。它为采购者和供应商建立了一个有关产品和服务的文件夹。它可以将外部供应商目录与 ERP 交易请求程序的前端开发结合起来。其优势在于，一个对 SAP 一点不了解的终端用户也可以很容易用这个软件来提出采购请求。

Hubwoo：系统集成采购的战略合作伙伴

Hubwoo 是一款由巴斯夫与 Hubwoo 公司在 2000 年联合开发的软件。在欧洲，它是基于电子产品目录的系统集成采购（system-integrated procurement）的战略合作伙伴。目前，与电子目录相关的供应商和产品的数量一直在增长。

My Futura：采购寻源的平台

这是一款电子采购寻源（e-sourcing）的平台，它能够帮助使用者有效地处理从信息咨询（RFI）和询价（RFQ）到电子拍卖（e-auction）的协商等一系列采购交易活动。在巴斯夫，这个工具通过一个界面与 SAP 系统连接起来。

这些软件的提供商都是世界领先的供应链集成公司，像 Elemica 主要根植于化工和石油行业，秉承着"一次连接，整合所有"（Connect Once, Connect to All）的理念，每年的交易额超过了 500 亿美元。巴斯夫将这些信息工具充分整合在其采购体制之内，这就为进行全球信息共享和业务操作提供了可能。

思考题：

1. 你的公司是不是也有全球采购的需求？在全球采购过程中，你曾经遇到过哪些困难，又是如何解决的？

2. 结合实践，思考如何应对全球供应商管理的现状。

3. 在全球供应商管理的过程中，各个阶段的关键点是什么？

4. 巴斯夫的这些全球采购信息化工具，你用过哪些？

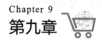

Chapter 9
第九章

供应商关系管理
——要解决问题，先搞清关系

学习目标

1. 了解战略供应商管理。

2. 了解强势供应商管理。

3. 了解供应商的帮扶。

一汽大众变供应商为"共赢商"

一汽大众在23年的高速发展中，培养、带动了一大批本土供应商从小到大，从弱到强，目前他们供应商的数量已达到615家，其中本土企业占据了半壁江山，一汽大众这近300家本土供应商中，90%以上是随一汽大众发展起来的，更令业界刮目相看的是：这些从当年的"小作坊"成长起来的现代零部件企业，如今的用户群已经不局限于一汽大众，而是面向整个行业，甚至跨出国门，一汽大众通过多年来持续不断地努力，真正把供应商变成共同助力中国汽车行业健康发展的"共赢商"。

一汽大众致力于提升供应商的**五大能力：资源保障能力、质量保证能力、成本优化能力、可持续发展能力和同步开发能力**。这样不遗余力地培植供应商体系也会有不同的声音，有人担心投入这么多的人力、物力、财力，把供应商培养起来，是"给别人做嫁衣裳"。

对此，一汽大众的理念是：我们 70% 以上的汽车零部件是通过采购来实现的，要生产一台高品质的汽车，一定要有一支很好的供应商队伍，也可以说这 70% 的零部件供应商的水平决定了我们产品的品质。

一汽大众也是一个有社会责任感的企业，从发展祖国汽车工业的角度来说，我们通过培训使供应商的队伍变强了，相当于我们国内汽车工业的最基础的零部件企业强了，那对国内整体的汽车零部件的发展可能有很大的益处。

汽车本身就是一个要求很高的行业，23 年来，一汽大众一直致力于促进高技术产品逐步实现国产化，包括设备和原材料的国产化。比如说模具，原来一汽大众的保险杠模具都是进口的，老宝来是从澳大利亚进口的，奥迪是从葡萄牙进口的，现在已经全部实现国产化了，一汽大众希望自己的快速发展能对汽车行业的提升有所贡献，这当然是作为一个有着强烈使命感的卓越企业对民族汽车工业一种自觉的责任担当。

一、什么是供应商关系管理

供应商关系管理（supplier relationship management，SRM），是一套用来管理企业与其他提供产品和服务给企业使用的组织间的关系的综合方法。

供应商关系管理，是企业供应链（supply chain）上的一个基本环节。正如当今流行的客户关系管理（CRM）是用来改善与客户的关系一样，SRM 是用来改善与供应链上游供应商的关系的。它是一种致力于实现与供应商建立和维持长久、紧密伙伴关系的管理思想和软件技术的解决方案，它是一种旨在改善企业与供应商之间关系的新型管理机制，实施于围绕企业采购业务相关的领域，目标是通过与供应商建立长期、紧密的业务关系，以及对双方资源和竞争优势的整合来共同开拓市场，扩大市场需求和份额，降低产品成本，实现双赢的企业管理模式。

SRM 的目的就是让企业和其供应商之间的合作过程变得更加精简和有效。SRM 经常会联系到自动采购—付款的商业过程，评估供应商的绩效，以及和供应商信息的交流。在供应商关系管理的系统下，电子采购系统常常会被应用。图 9-1 显示了供应商关系管理要做的几项工作。

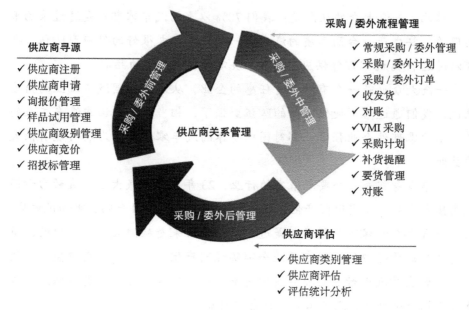

图 9-1　供应商关系管理

二、为什么要进行供应商关系管理

有些企业每年只有几亿元的采购额，竟然有几百个供应商，而苹果公司 200 亿美元左右的业务，主要供应商也就 150 多个。由于采购太分散，供应商又太多，采购的管理资源摊得太薄，根本管不过来，就只能放任自流，供应商绩效只能听天由命，难以得到有效评估和改善。在这种情况下，企业进行供应商关系管理，才能有效地对供应商进行管理和改善。

供应商关系管理，包括**战略寻源、采购过程管理和供应商绩效管理**。

寻源工作到位，选到了合适的供应商，会省很多事，它们的表现甚至会超出你的期望；在过程管理中，我们做好跟踪和监督工作，供应商的质量和交付不出问题，企业的供应就有了保障；在供应商整体绩效管理上，供应商的优缺点都能体现出来，激励和褒奖好的供应商，要求不好的供应商进行改善，实现 PDCA 循环。

通过供应商关系管理，可以对供应商的关系进行结构化的区分，主要有以下好处。

（1）降低采购和库存成本。

（2）以客户为重心，在客户期待的时间框架内，为提供客户要求的质量的产品或服务的理念提供支持和帮助。

（3）持续改善供应过程。

供应商关系管理可以帮助开发和维持与供应商的关系，在满足市场需求的同时，能够与供应商达到双方共赢的目标。

供应商关系管理，在进一步加深与那些被确定为供应链上的核心伙伴的关系上，是有强大的作用的。这样的关系可以带来更多的信息共享，对供应商和它们的需求有更深入的了解，点对点地进行合作，甚至实现部分业务过程的整合。

如果我们把供应链看作一系列为了给最终产品或者服务增值的活动，那么供应商关系管理就与企业自身产品或者服务的上游的所有活动有关。

三、"供应商关系管理"与传统的"供应商管理"

传统供应商管理的基本特征是**供应商数量多**，因此在选择供应商时，采购商往往采取招标压价的形式，其目的就是希望运用高压手段来控制、管理供应商。就算采购商与供应商建立了良好的合作关系，但应对成百上千个供应商，会导致采购业务人员精力分散以及管理费用提高，采购商与供应商最终只能维持简单的关系，供应商也明白这样的关系，互相之间没有充分的信任，更谈不上战略关系，所以对采购商没有太高的积极性。

在供应商关系管理的形式下，采供双方有了共同目标，供应商成本的降低以及质量的提高都将成为采购商需要考虑的问题。

供应商关系管理体系的一个基本目标是将企业内部的工作流与供应商的工作流直接衔接，直接处理跨越二者的业务流程。例如，针对供应商的生产成本进行产品规格改进，针对供应商的销售成本和运输成本进行共同流程改进，针对供应商库存成本和管理费用重新设定服务水平，等等。

供应商正在从单纯的货物/服务的提供者转变为买方的商业伙伴，采购企业更多地将从双赢的目的出发帮助供应商改进流程，降低营运成本。采供双方要通过沟通、合作来解决共同的问题。

供应商关系的类型

关系与沟通，包括人之间的以及组织之间的，在供应商关系管理体系中，不一定独立地实现这些功能，而是相关部门沟通的集成。

供应商关系管理需要关注所有与供方相关的业务，通过建立基于信息技术的业务模式，使二者之间的供需业务如同在一个企业内的生产计划和送货安排一样及时及有效，甚至将买方的原料仓库与供方的成品仓库合为一体。

国外的理论对供应商关系的划分，有着不同的定义，值得我们注意的是，在英国皇家采购协会（CIPS）中，供应商关系被定义为九种层级（见图9-2）。这样的分类从松散到紧密，从对立的关系到共同命运的关系，一共有九种，非常明确和清晰，可以借鉴。

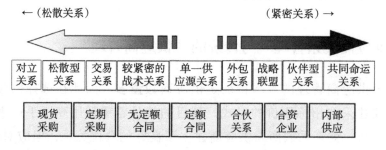

图9-2　CIPS定义的九种供应商关系

美国供应商管理协会（ASCM）把供应商关系定义为五个类别（见图9-3）。

利益的相互		互相需要	公开	信任
保持距离的关系			合作关系	
普通供应商	传统的供应商	认证供应商	伙伴关系	战略联盟
低增值关系			高增值关系	

图9-3　ASCM定义的五种供应商关系

无论是英国的还是美国的理论，都具有一定的权威性，他们也都有各自的道理，而在实际中，我们往往没有分成这么多的关系类别，这样分类也不便于管理。为了更加简化，方便应用，我们在这里把企业与供应商的关系简单地分成四类。

1. 优选供应商

优选供应商指那些对企业有战略意义的供应商。例如，它们提供技术复杂、生产周期长的产品，它们可能是唯一供应商，或者它们提供的产品和服务总体上来说要比其他企业强，积极性也高，所以企业需要与它们保持长期稳定的合作关系，它们对企业的存在至关重要。

更换优选供应商的成本非常高，有些甚至不可能更换，对这类供应商应该着眼长远，培养长期关系。

2. 认可供应商

这些供应商是经过与企业的磨合，达到企业要求、得到企业认可的供应商。例如，供应商的总体绩效基于价格、质量、交货、技术、服务、资产管理、流程管理和人员管理等各方面得出，是得到了企业的认可的。

认可供应商的资格是靠自己的努力获得的。例如，机械加工件，虽然有很多供应商都能做，但经过多方面考评，A 的总体表现比其他的企业好，那么 A 就是认可供应商。

3. 逐步引入供应商

这类供应商一般是第一次为企业提供产品或服务，企业对其表现还不够了解，于是给予一定的时间期限来考察。如果考察完成，可以成为认可供应商，否则就成为逐步淘汰供应商。

4. 逐步淘汰供应商

随着产品完成生命周期，有的供应商自然而然就被淘汰出局了，要理智对待这种供应商。如果其绩效还可以的话，不要破坏平衡，维持相对良好的关系就更重要。一般地，企业不应该再从这类供应商处得到新产品，但企业也不积极地把现有业务移走。

另一种淘汰，就是供应商不但得不到新业务，连现有业务都会丧失。这是供应商管理中最极端的情况。对这类供应商，企业一定要防止"鱼死网破"的情况出现。因为一旦供应商知道现有的业务要被移走，有可能采取极端措施，要么抬价，要么中止供货，要么绩效变得很差。所以，在出手之前，一定要确保另一个供货渠道已经开通。

四、企业如何与供应商建立和保持共赢

在企业与供应商关系中，存在两种典型的关系模式：传统的竞争关系，以及合作伙伴关系，或者叫互利**共赢关系**（win-win）。

合作伙伴供应商是供应商在一个特定长的时间内与其客户就某些产品和服务达成一定的承诺与协议，包括信息共享、分享和分担。伙伴关系必须建立在合作和信任之上，伙伴关系是指在没有共同所有权情况之下达到横向系统集成和业务集成的效果。

理论界和咨询界在对日本 20 世纪八九十年代的供应体系进行研究之后，将所谓日本式的伙伴关系定义为，为了取得整体经营系统（价值链）的效率而结成的买卖双方的独占关系。80 年代初，日本的汽车、家电、半导体企业开始进军国际市场，并取得了显著的成效，其质优价廉的产品使其他各国企业尤其是美国企业受到了极大威胁。研究表明，这一迅速崛起与日本企业和其供应商的特殊关系及其供应体系是分不开的。

（一）将供应面缩小到可管理的水平

最优化供应面（supply base optimization）的过程，就是确定要保持合适数量的供应商及确定供应商的搭配和组合的过程。简单地讲，与 200 家供应商进行业务往来比与 2000 家容易得多。而且，如果企业能够正确地减少供应商，就能够使供应商质量的平均水平得到提高。经过选择而留下的供应商，应该是能够在各个方面提供更好表现的供应商。因为谁都不会将它最好的供应商从供应面中去掉。

随着理论界的不断深化研究，企业在这些新的观念和理论的指导及推动下，在过去数年中正快速地放弃传统上以交易为基础的买卖关系，并且大幅削减供应商的数目，以少量但能维持长久关系的供应商，取代原先数量庞大的供应商。例如，福特汽车公司将其供应商的数目由 5.2 万家减少到 0.5 万家；公共电力与煤气服务公司则和 1500 家供应商解约；斯科特航空公司（Scott Aviation）将供应商由 800 家缩减至不到 500 家。企业放弃使用成群的供应商，而只保留经过精挑细选的少数。企业在精选供应商的过程中，还要充分考虑供应商风险的管控，对于重要的物料，尽量避免独家

供货的局面出现，而应有 AB 角，互为备份。

供应商 AB 角：

采购人员经常会遇到一个棘手的问题：目前采购 A 公司的产品，过段时间 B 公司的产品质量超过了 A 公司，且价格更低，该怎么办？选 A 还是选 B？如果选 B，那和 A 的关系也就完了。到以后如果又有 C 超过 B，还要不要新建立关系？

解决方案：

实行 AB 角制，供应由 AB 两家供应商来完成。B 的产品质量好、价格低，多买一些，A 的产品少买一些。但要让 A 体会到选择的标准。在交货期满足的情况下，订货量应满足下列公式：

$$订货量 = （质量 / 价格）\times 关系$$

即：采购量与供应产品质量成正比，与产品价格成反比，将关系要素通常都视为 1（不合格供应商视为 0）。这样，只要采购方做到公开、公平、公正，则会使 A 供应商心服口服，从而更注重提升品质，改善管理，努力在竞争中做得更好。

（二）对供应商建立高标准的绩效目标

建立高标准的绩效目标，意味着企业希望供应商能够以比它们竞争对手的供应商更快的速度来改善它们的表现。企业通常使用标杆法来进行对比，目的是使自己的供应商以优于竞争对手的供应商的速度完善供应商的工作。例如，爱立信公司宣布，它的供应商必须追求和它同样高标准的目标。它的供应商应该在以下四个方面不断改善它们的工作，以满足公司对它们的要求：与实现无缺陷产品质量同步发展；保持领先的产品和加工技术；准时生产、准时送货；提供具有成本竞争优势的服务。综合的供应商绩效评价系统使得爱立信能够对每一个供应商，按照每一步目标进行对比评价。爱立信宣布，已实现百万分之三点四的无缺陷率，他们现在正在向十亿分之几的缺陷率努力。

（三）将商业道德作为供应商评级的一项重要内容

具体来说，这就是对供应商进行评级，将所有的供应商分为 A、B、C、

D 四个级别，根据对供应商的表现进行综合考察，其中最为重要的一项就是看对方所遵循的商业道德是否与自己的商业道德相符合（《供应商综合绩效评估评分细则》中的技术支持、合作关系项目相关条款）。也就是说，企业所拥有的商业道德水准是决定它能否成为合格供应商的一项重要内容。在考核供应商的表现时，商业道德是其中最为重要的一个因素。

（四）对表现优异的供应商进行奖励

过去企业总是设法找到优秀的供应商，而不愿意与供应商分享由此而得到的利益。这往往会妨碍供应商积极性的提高，因此不可能让供应商主动为改善工作而做长久的打算。

克莱斯勒公司在这方面给我们树立了一个最好的榜样。供应商通过克莱斯勒的供应商降低成本在线系统（supplier cost reduction，SCORE），向公司提供改进意见，使得公司和其供应商在 1997 年及后来几年大约节约资金共 15 亿美元。其中很多节约是来自质量改进而带来的成本降低。克莱斯勒按供应商的贡献与它们分享这部分利益，而分享又会刺激供应商的积极性。

纵观供应商管理的实践，奖励的方式一般有以下八种。

（1）将由供应商改善工作带来的利益分享给供应商。

（2）奖励给供应商期限更长的采购合同。

（3）在总采购额中提高向这些供应商采购的份额。

（4）公开承认其优秀供应商的地位。

（5）在本公司业务范围内，为优秀供应商提供新的业务机会。

（6）奖励排名位于前十的供应商。

（7）把一些新技术介绍给这些供应商。

（8）提供让他们参与新产品早期设计的机会，这样的机会能为供应商带来竞争优势，有助于它们在合同竞标时取胜。

（五）实行供应商认证制度（产品审核、生产过程审核、定期绩效评估）

供应商认证是一种正式的考核供应商的认证过程，通常是由功能交叉的团队执行高密度的现场审计。供应商一旦经过认证，就意味着其工作过程和方法全部都在质量控制之内。认证一般只对某些特定的部件、业务有效，而不是对整个企业和整个产品认证。供应商认证是供应商管理的一项重要内容，也是供应商关系管理的一种重要方法。在供应商认证的实际工作中，特别要注意的是要对供应商进行不断的考核和评价，否则就会产生供应商绩效下滑或供应商管理失控的风险。

（六）给供应商分享资源以提高供应商的能力

在过去几年中，企业在帮助供应商提高能力方面有了明显的主动性。企业这样做的目的主要是培养和拥有自己关键的供应商成员。与供应商分享资源，帮助供应商提高能力的途径一般包括实施教育和培训、提供技术、提供人员、提供设备、提供资金等几个方面。通过分享资源使供应商获得高于竞争对手的供应商的能力，最终达到提高本企业的竞争优势的目的。培训和技术支持是合作成功的重要保障。

本田汽车公司美国分公司 80% 的部件来自供应商，而这个数字高于其他任何一家汽车制造商。因而对它来说，供应商的绩效对它的成功起着非常重要的作用。他们在与供应商分享资源、提高供应商能力方面走在了前面。他们配有两名员工，专职负责帮助它的供应商制订员工培训计划；采购部有 40 名工程师，专门从事改善供应商生产率、提高产品和工作质量的工作，帮助供应商解决各种各样的难题。

（七）重要、关键供应商早期参与企业的产品设计

重要、关键供应商早期参与企业的产品设计，其目的是在供应商进行工程、设计、试验、制造和工具制造等所有环节上获得最大的利益。因为早期的参与可以缩短供应商的产品生产周期，降低产品成本，也可以提高产品质量和工作质量。

《美国产业周刊》（*Industry Week*）发起的"美国最好的工厂"竞赛的结果显示，在进入决赛的所有企业中，90% 的企业都十分强调供应商早期参与产品和工艺设计。早期参与的益处显而易见，它实施起来却比较困难。原因：一是企业对供应商缺乏信任，二是企业难以确定合适的方法。企业要克服这些障碍，充分发挥供应商早期参与产品和工艺设计，对供应链有着非常重大的意义。

五、数字化时代的供应商关系管理

大数据时代的到来，让越来越多的管理者认识到，数据是未来竞争优势的基础，更是企业重要的资源，它影响着企业的运营模式与商业模式。现在，很多决策都是以数据分析为基础做出来的。也就是说，数据会直接影响企业怎样做决策、谁来做决策。如何发挥数据的最大效益，这是所有企业都在思索的问题。

基于互联网，企业与供应商建立的关系所形成的数据是企业赢得市场的重要参考依据之一。传统的供应商关系管理模式如何转变才能适应互联网经济的特点，也是每个管理者在设计本企业发展战略时都要面对的问题。简单来说，大数据时代的供应商关系管理工作就是以供应商资源为基础，积累企业的供应商资源。

企业要努力通过项目合作等形式与供应商建立关系，建设相应的供应商储备数据库，并且通过数据交换和分析为企业的创新和发展提供强有力的支撑和推力。

（一）互联网为供应商关系管理带来的益处

1. 提高业务运作效率

信息技术的应用使企业在内部实现了信息共享。基于此，业务流程处理的自动化程度能够得到大幅度提高，业务处理的时间也相应缩短。更重要的一点是，很多工作得到了简化，这就会使企业内外各项业务的运转更为有效。

2. 降低成本，增加收入

互联网环境下的供应商关系管理提升了供应商的前期参与度，而且双方的高度互动在一定程度上能够有助于企业更全面细致地了解供应商，实现更准确的定位。由于在供应商关系管理过程中掌握了大量的供应商信息，企业可以通过数据挖掘技术，发现供应商的潜在优势，实现交叉互补。

3. 有助于拓展市场

通过互联网，企业可以预测市场活动和销售活动的情况，并对供应商分布、市场需求趋势的变化做出科学的预测，有助于企业更好地把握市场机会，拓展新市场。

4. 构建采供双赢模式，挖掘供应商的潜在价值

供应商可以通过多种形式参与到企业生产管理中，企业的供应商数据库也可以记录和分析供应商的各种优劣势，对供应商进行"一对一"的管理，从而构建多层次的共赢发展模式。在供应商关系管理过程中会产生大量有用的信息数据，企业只要科学地使用网络技术对这些数据加以深入分析，即可发现很多供应商的潜在价值。

（二）SRM 软件系统在供应商关系管理的应用

1. SRM 软件系统

SRM 软件系统可以提高采购方和供应商各相关职能部门联系的紧密性，提高了采购物料和服务的效率以及管理库存和处理物料的水平。SRM 技术可以带来生产成本更低和质量更高、盈利更好的产品。

见识过 SRM 强大功能的人，都迫不及待地想给公司配备一套这样的软件。这样一来交易的成本可以降低，SRM 系统还可以与大部分现有的 ERP 系统连接，并能够帮助这些系统充分发挥其潜在作用。

使用 SRM 软件，可以让选择供应商变得更加容易。企业可以迅速比较价格和采购总成本，可以系统性地管理 TCO，也可以迅速查询供应商的历史记录。例如，当采购原材料时，本来倾向于价格低的一家供应商，但系统通过历史记录发现这家公司的运输很糟糕，造成一部分的产品报废，所以还是需要重新寻找供应商。

SRM 还可以将采购决策标准化。很多公司说不清楚为什么选择这家供应商，但是系统可以把选择标准定义得更加清晰。SRM 也便于分散的采购活动施行集中的战略采购决策和管理。

SRM 可以使采购方和供应商的交流更加快速。信息可以实施传输，供应商可以看采购方的库存，来确定是否要安排发货，采购方也可以通过软件系统立即下订单给供应商。任何问题都可以通过网络迅速沟通解决。

2. SRM 软件系统的组成部分

一个 SRM 软件系统，一般要包括交易性和分析性两个系统，具备以下功能。

（1）战略采购和询价 / 招标提交和分析。

（2）通过网络交易进行物品和服务的采购。

（3）联合的产品设计。

（4）采购和供应商的计划通过网络直接系统，或者电子数据交换（EDI），或者门户网站进行连接。

（5）产品目录管理。

（6）供应商基础数据和评分系统。

 小贴士

甄云 SRM 系统

甄云 SRM 系统致力于打通企业内和企业与上游供应商之间的信息孤岛，能够极大地提升采购商内部的管理效率与透明度，同时提高与外部资源的协同效率。

甄云 SRM 软件套件主要核心功能为供应商全生命周期管理、需求寻源管理（在线询价／电子招投标）、订单到付款生命周期管理、企业互联网采购商城、移动应用等。

对于主材物资，关注的是如何实现供应商管理和供应商之间的敏捷协同如生产需求计划、订单与物流、对账与发票过程；如图 9-4 所示，甄云 SRM 系统提供主材物资采购的全闭环管理，供应商管理闭环和需求到付款管理闭环，通过与 ERP 系统进行深度对接，将内部系统信息共享至供应商，联通企业与供应商的信息流。

MRO 有品类繁杂、单笔采购金额较低、流通环节众多、价格透明度低等特点，这样就容易造成相对的采购成本上升；另外，此类物资往往有众多的供应商进行供应，增大了采购的管理难度。

针对此类业务，甄云 SRM 系统联合 MRO 平台供应商打造云采购平台。平台内有众多一线品牌的一级供应商进行报价与发货，售后与开票将统一由一家平台进行支持，既能降低采购成本，也不用花费太多的管理成本，实现 MRO 类标准物资半外包的业务管理模式（见图 9-5）。

非生产性物资主要解决日常办公用品、低值耗材等采购，通过与各大电商平台，如京东、晨光等平台进行系统集成，打造企业内部商城，同时支持协议供应商自主上传协议商品，打造更为丰富、友好的内部采购商城。

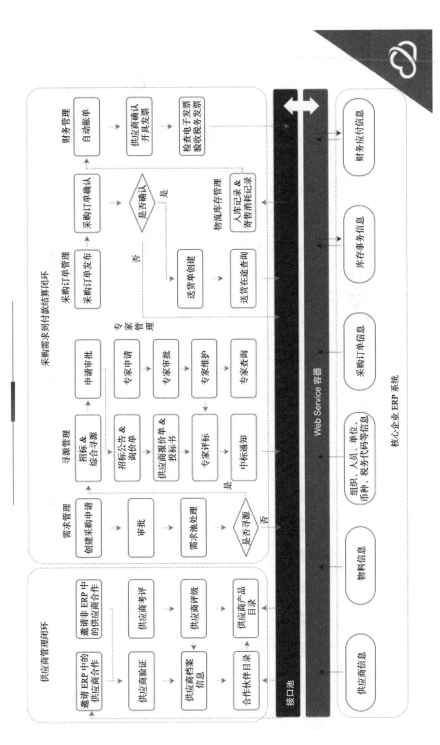

图 9-4 标准采购业务两大闭环流程：生产性物资

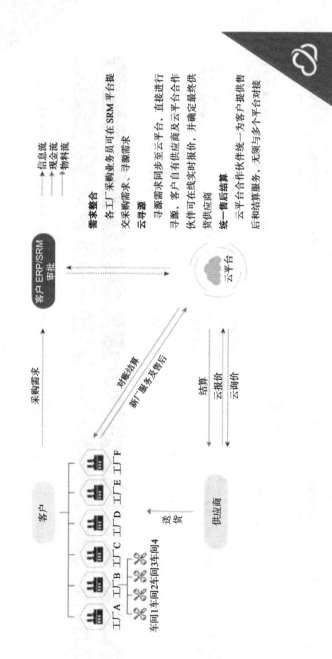

图 9-5　生产性非原料物资采购：创新业务模式

目前，甄云SRM系统已拥有超过300家客户的案例，其中包括新希望集团、中车长客、碧桂园、特锐德等人中型企业。

随着越来越多的客户入驻甄云SRM系统的SaaS云采购平台，甄云SRM系统将为各进驻企业共同打造云采购生态圈，在合作广度与深度上不断扩展，为企业数字化、智能化的采购供应链的提升做出贡献。

甄云SRM系统，帮助某领先厨房电器生产企业实现了采购变革升级。

为了又好又快地实现企业愿景，企业全面推进采购战略变革升级，该企业积极引入甄云SRM系统，为采购搭建一个综合的采购管理平台，促进公司供应链高度协同、快速响应和全程可视化。业务范围既包括生产性物资采购，也包括非生产性采购如办公用品、工程、IT项目等。

项目开始之初存在的问题如图9-6所示。

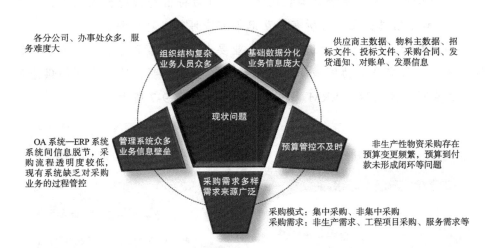

图9-6　项目开始之初存在的问题

甄云SRM系统，助力企业全面深度变革采购管理模式，从供应链源头保障产品品质，让该企业的每一个采购人少花钱，买好货，高效优质采购。

甄云SRM系统的五大措施推动企业采购变革，逐步实现数据化服务、全局管控、运营效率的提升和风险的监控。

统一管理平台：

- 供应商信息统一维护，供应商信息维护转移至供应商，建立供应商信息库，实现从新供应商引入，到资质审查及评估评价，乃至供应商问题反馈及绩效改进等供应商全生命周期流程的线上管理。

- 对到期的企业资质通过系统、邮件等方式进行提醒。

统一业务流程：

- 建立统一规范的业务流程，并将其固化在 SRM 系统中。对集团非生产性物资以及生产物资采购业务进行优化，同时考虑未来的发展愿景，在 SRM 系统统一管理的基础上，对业务流程进行梳理归类，满足多样性业务调整，打造一套规范化、透明化的业务流程，并且全程可追溯。

采购协同一体化：

- SRM 协同管理主要涉及目录物质上下架协同、采购合同协同、订单协同、送货协同、退货协同、绩效改进协同以及财务协同；通过 SRM 系统在需洽谈确认的节点，自动将信息推送至供应商，完成双方信息交互，且所有交互记录有迹可循，可追溯。

通过甄云 SRM 系统打造适合该企业要求的采购管理平台，提升供应链的敏捷性、供应商的协同效率、采购寻源的公开透明，达到全面的供应商管控的目标，使用甄云 SRM 系统带来的好处如图 9-7 所示。

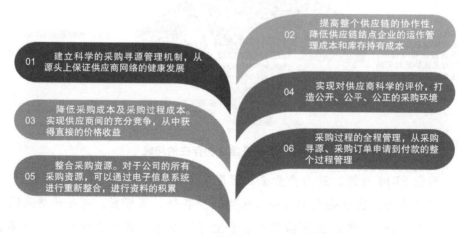

图 9-7　使用甄云 SRM 系统带来的好处

3.通过应用 SRM 系统，我们可以得到的信息

（1）**采购的历史**。这部分存储了历史信息，如以往的交易或者优先供应商名单，或者动态的信息，如开口订单的状态，以及活跃的供应商资料。

信息的准确性和完整性是供内部使用和进行采购的基础。

（2）**未关闭订单**。内部系统追踪和控制供应商所有未交付完的订单。

（3）**运营的同步**。采购收到生产计划系统或高级计划系统（APS）的需求信息，可以把这些补充要求的信息同步给每个工厂、子公司和供应链伙伴。采购还可以与其他部门同步信息，包括质量管理部门、市场营销部、库存计划以及运输部门。

（4）**会计账目**。会计信息直接传输给公司的财务，其可以直接看到价格和订单的匹配、发票入账和应付款的情况，以及信用管理、提前付款的优惠、价格变动和财务对账等信息。

（5）**采购计划**。对于合作伙伴来说，未来的采购计划和预计的需求可以设置成可见的。

（6）**供应商绩效管理**。有了历史的数据，公司可以使用这个功能生成具体的报告和绩效考核。可以通过这个来确定供应商关系的价值，以及持续改善的效果。

（7）**供应商数据库**。内部系统包括一个数据库，其中有所有过去使用的供应商的信息，包括哪些供应商报过价、投过标，以及合格供应商和优选供应商名录。供应商的订单与合同也可以存储在里面。

对于大型企业来说，SRM 系统显得尤为重要，因为它可以连接所有的工厂，例如一家拥有 7 万名员工，在全球二十几个国家有工厂的大型电气系统和元器件制造商，这样的公司需要一套管理系统，能够随时对全球每一个工厂的采购执行情况、数据信息的分析有一个全面的了解，来确认他们是否都是按照总部的采购政策执行的。为了解决这个问题，并降低成本，他们就通过运行 SRM 系统。这样的软件技术可以为他们提供更加全面的、全球化的采购视角，可以让采购经理更加专注地进行战略采购的实践。

六、战略供应商的管理

在开展供应商关系管理时，因涉及众多的供应商，企业在实践中发现，维持与众多供应商的关系会增加经营的复杂性和经营成本。因此不可能与每一个供应商都保持亲密的合作关系，所以对采购企业来说，第一步就是选择对自身有战略意义的供应商来建立双赢关系。

（一）如何评估战略供应商

通过研究发现：10% 的供应商可以持续创造高于其他 70% 的供应商所创造的价值，因此企业应认真评估供应链中产生持续价值的供应商，将之确定为战略供应商。如何评估战略供应商？

企业主要从以下五个方面入手。

（1）供应商对目前和将来销售的影响。

（2）供应商对产品 / 服务创新的重要性。

（3）供应商是否存在对业务很关键的自身能力。

（4）供应商是否能够持续性地改善成本并给客户创造价值。

（5）供应商四象限模型。

 小贴士

苹果公司的战略供应商

供应商在整个供应链中所创造的价值各不相同，其获得利润的能力取决于其成本管理能力和管理整个供应链的能力，因此对整个供应链进行价值分析非常重要。

以苹果公司第 5 代 30G iPod 零售价为例，iPod 零售价为 299 美元，批发价格为 224 美元，零售商获利 45 美元，分销商获利 30 美元；所有零部件成本为 144 美元，集成制造商苹果公司获利 80 美元；7 个主要零部件的供应商成本为 83 美元，其他 444 个零部件成本为 28 美元，零部件供应商共获利 33 美元。

通过以上分析可以看出，企业的供应商管理能力以及对整个供应链的管理，会对企业获取价值的能力产生重大影响，尤其是 7 个主要零部件的供应商对苹果公司的生产、交付、销售、成本等影响非常大。

（二）战略供应商的合作

战略供应商有长期合作的愿望和动机，可以长期保持合作关系。这意味着供需双方有长期规划、互相信任以及高度可靠的关系，同时供需双方应共同分析市场竞争坏境，分析现在的产品需求、产品类型。在实施供应商关系管理的情况下，必须抛弃一切短期的做法，一方的发展不能建立在另一方利益的损失或者说企业的倒退的基础上，只有抱着一方的发展一定会促进另一方的进步这样一种合作的思想才能够建立起双赢的供应商关系管理。

与战略供应商合作就要达到双方企业认知程度的一致，建立共同的价值观。采供双方只有价值观、质量文化、历史文化能相互认同，才能达到和谐同步，构建双赢合作关系。

组织间信任是指一方愿意且期待对方将会完成某一特定的行为，而且在其过程中没有监视和控制对方等行为发生，因此信任是供应商关系管理中一个非常重要的因素。因为彼此间的猜疑与不信任将产生供需不协调。

信息集成与共享是战略供应商关系管理的主要内容之一，这就是在瞬息万变的动态环境下，与战略供应商实现系统对接，供应链信息的互联互通，使供应活动建立在准确的数据基础上，保持需求与供应的平衡。

如果没有良好的信息集成系统，信息将在供应过程中产生牛鞭效应。信息集成系统是信息共享的基础，信息共享是为了共同降低成本，彼此合作，在确定成本时增加透明度，即彼此了解对方生产过程中成本结构的相关部分，并了解单方面成本变化对对方产生的影响。

现有的常见采购模式与战略联盟的具体比较如表 9-1 所示。

表 9-1　现有采购模式与战略联盟的比较

现有模式	战略联盟
最低价格	供应链总成本最低
购买产品导向	最终用户导向
短期市场	长期市场
战术关系	战略关系
风险独立	风险共担
沟通简单	信息共享
对手关系	合作伙伴
独立开发新品	联合设计开发新品
独立开发市场	联合出击分享机遇

（三）战略供应商的新形式：劣后供应商

在2018年出版的《采购2025》一书中，我提出了一个新的概念：劣后供应商。

这是一个新的名词，好多人不理解什么叫劣后供应商。劣后，来自金融投资领域，和优先是反义词，它们也是一对龙凤胎，也是合伙人。优先是低风险、低收益，劣后是高风险、高收益。根据对产品收益分配的优先顺序，可以把合伙人分为优先合伙人与劣后合伙人。优先合伙人按照合伙协议优先获得收益分配，一般来讲可以获得比较固定的收益。劣后合伙人在产品优先向优先合伙人分配收益后，获取剩余的收益或承担亏损。因此，优先合伙人的收益较固定，亏损可能性小，但是无法获取高收益。劣后合伙人必须承担产品亏损的风险，但是有可能获得高额收益。

基于资金、员工、合伙人等一些劣后的观点，我提出了劣后供应商的概念，也给出了劣后供应商的运作模式。

（1）供应商的核心团队以合作者的身份进入甲方经营体，与甲方共同面对终端市场与客户需求，推动产品开发。

（2）甲方在产品量产前无须承担供应商方面的任何成本；供应商可以获得甲方产品"虚拟股权"。

（3）甲方产品量产后，供应商按产品"虚拟股权"份额分享开放产品销售额与利润。

劣后供应商的运作模式的价值如下。

（1）有利于甲乙双方结成命运共同体，建设真正意义上的"战略伙伴关系"。

（2）提高供应链的透明度，使供应商直接感受终端的温度，"听得见炮火声"。

（3）有利于检验采供双方建立合作伙伴的诚意。

七、强势供应商的管理

在采购工作中，我们经常会遇到一些不听话、让采购头疼、很难驾驭和管理的供应商，我们称之为强势供应商。强势供应商都有哪些？我们为什么要使用这些强势供应商？怎样去更好地管理强势供应商？

（一）强势供应商的分类

1. 客户指定或者老板推荐的供应商

采购对这类供应商的影响力是非常有限的，它们很清楚决定它们供货的关键因素不是采购，而是背后的某某某。

2. 具有技术壁垒，享有专利技术的供应商

这类供应商厉害吗？那肯定厉害啊！享有专利具有排他性和保护性，"除了在我这里买，其他地方你没得买啊！"

3. 具有特殊渠道的单一采购源供应商

这些供应商很神通，拥有某品牌的独家代理权，这一独家代理权，可坑苦了采购，虽说条条大路通罗马，这时候采购通向罗马的道路却只有一条！

4. 行业领先的供应商

这类供应商通常拥有强大的实力，其他竞争对手和它往往不在一个档次上，有的还是行业中巨无霸式的企业，和这样的供应商合作是不是有种"伴君如伴虎"的感觉！

5. 掌握核心技术的供应商

有些行业的核心技术掌握在少数几个生产厂家手中，它们自然自信心爆棚，一副舍我其谁的架势，强势得让人望而生畏。

6. 具有垄断性的供应商

有的垄断资源，有的垄断渠道，有的是政策性垄断，有的是技术性垄断。总之，"我的地盘我做主，想买还得求着我。"

（二）产生强势供应商的原因

企业一般不愿意面对强势供应商，但有的时候又不得不面对，到底是什么原因，让我们非要使用这些强势供应商不可呢？我们一般把这些原因分为两大类（见图 9-8）。

1. 技术原因

常见的强势供应商在技术上占据行业领先地位，这些强势供应商要么

有专利，要么研发能力强，掌握核心技术，还具有先进的管理水平和质量水平。说白了，这些供应商之所以强势，是因为它们有资本，它们很清楚自身的实力以及在市场中的地位。很多时候，在一些行业一些产品上，作为客户，我们也确实非常需要这样的供应商，有时候，是因为使用了这些强势供应商的产品，我们的产品才更有竞争力，所以说，在某种程度上，我们甚至还很依赖这样的供应商。

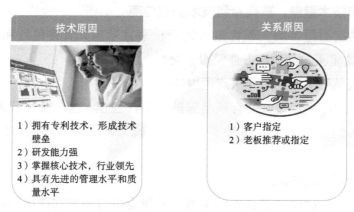

图 9-8　使用强势供应商的两大原因

2. 关系原因

另外，还有一些强势的供应商，要么是客户指定的，要么是老板指定的。客户指定，是因为这些供应商在早期设计阶段，就在公司的客户那里做了大量的工作，就跟客户的技术部门搞好了关系，让客户就把它们的产品融入了设计，让客户在技术规格书中明确指定使用它们的品牌，在这种情况下，公司一般会比较被动；还有一种关系，就是有的供应商和公司的老板有着千丝万缕的利益关系，特别是在民营企业中，因为企业是私有的，企业的股东或者老板只要在合法的范围内，就有权力和自由与任何组织进行交易，而且老板会有很多私人关系，免不了出于人情而指定供应商。例如，他们会频繁地与客户和政府部门打交道，对于客户或者政府部门的工作人员推荐或者介绍的供应商，老板也不好推辞，在这样的情况下，采购部门当然不能拒绝老板推荐的供应商，这些供应商心里很清楚，采购部很难管理它们。

（三）强势供应商的管理

我们如何才能更好地管理这些强势供应商呢？下面给大家分享几个小技巧，这些都是在实战中总结出来的，我称之为"九大武功秘籍"。

1. 秘籍一：高层介入供应商关系管理

强势供应商，都是实力强大的公司，或者具有特殊关系背景的公司。管理这样的公司，供应商关系管理则变得尤为重要，而且需要高层的介入，加大管理的力度。双方的高层介入了，高层之间建立起一个良好的沟通渠道，培养一个良好的合作关系，管理层的关系处好了，下面的人做起事情来，自然会轻松许多。

2. 秘籍二：有理、有利、有节的斗争策略

管理强势供应商一定要重事实，讲道理，一定要从心底认识到，大家是平等互利合作的业务关系。只有我们打心底意识到这一点，我们才能抛弃甲方心态，放下身段，去尊重供应商，从而得到供应商的尊重。

过去的很多时候，我们习惯了抱着甲方心态去管理供应商，说话办事不自觉地流露出甲方的态度和气势，这对于强势供应商来说是不适用的。说实在话，我们有些要求是不太合理的，个别可能还是霸王条款。对于弱势供应商，我们"威逼利诱"一下，人家也就从了，可面对强势供应商，恐怕就没有那么简单了。我们需要晓之以理，诱之以利，甚至动之以情，最后导之以行。

3. 秘籍三：以人为本，换位思考

经常互相拜访，见见面，聊聊天，是增进了解、加深信任的有效方式。我们采购要向销售一样放下身段，经常和供应商见见面，联络一下感情。必要时，我们也可以请销售吃饭，这也不是销售的专利。对待强势供应商，我们采购也可以像管理客户一样来管理他们。我们也可以像做销售一样来做采购。

4. 秘籍四：借助资本的力量，公司间建立利益共同体

需要注意，是公司之间建立利益共同体，而不是个人之间建立利益共同体，如果是后者，不但管不好供应商，还可能会犯一些错误。

什么是公司间建立利益共同体？举个例子：某钢铁厂购买铁矿石，世界上几家大型的公司掌握着铁矿石资源，拥有铁矿石的定价权。这家钢铁

厂，出资参股了一家大型的铁矿石公司，和该供应商形成了利益共同体，确保了铁矿石的供货和价格。当然，这种公司间行为是战略性的，是公司集团管理层高屋建瓴的战略决策。

5. 秘籍五：解铃还须系铃人

对于客户指定的供应商，我们要学会借力打力，调动一切可以调动的资源。客户就是我们的资源。客户指定的供应商认客户不认采购，我们就借助客户的力量，正所谓解铃还须系铃人。在和供应商谈项目要求、交货要求、质量要求、付款要求时，邀请公司的销售部门和客户一起参加，所有的要求和条款都是背靠背的，我们满足了客户需要，客户指定的供应商也要配合我们。

在很多项目的采购中，我们经常会遇到客户指定供应商的情况。通常，我们可以用两种方式来管理这种情况，一种是加强内部管理，我们制定了客户指定供应商的审批流程，根据金额的不同，需要有不同层级的管理层的批准，这样设一个门槛，来规范一下源头；另一种是当审批后的客户指定供应商开展项目后，我们可以邀请市场部和客户的相关代表参加每周的项目协调会，大家一起推动项目的进展。让客户和前端随时了解项目的问题和进展。

6. 秘籍六：帮扶

我们有些企业的采购朋友有时会遇到这样的情况：供应商是老板的亲戚，虽然能力不怎么样，但由于某些原因，我们还一直在用。说实话，这样的供应商是很令人头疼的，它们的强势不是因为有能力、有资本，而是因为有关系。

有些民营公司老板，企业一旦做大了，自己的亲戚也都围着转，老板也总是觉得肥水不流外人田。有一个学员就反映过这样的情况，在他们公司，老板时不时就会点一下采购，在同等的价格条件下，尽量照顾一下他的亲戚，但是他的这些亲戚供应商的产品质量实在不能让人满意，又不配合采购按照要求做出改善措施。

这个时候采购没有必要抱怨，首先我们要对供应商进行绩效管理，定期将关于质量和交期的绩效统计出来，要拿数据说话。开会的时候，我们可以把这些数据拿出来，如果绩效太差，影响产品对客户的交付，老板也会看不下去。这样，通过老板去给供应商施加压力，尽可能让这些供应商有所改善，我们也尽量去帮助这些供应商，例如质量有问题迟迟不能解决，我们可以使用我们的专业知识，提出改善建议，并帮助它们实施改善，让供应商能够不断提高自己的质量水平。

7. 秘籍七：培养竞争者

打铁还需自身硬，我们要管理强势供应商一方面要降低身段，以一个平等的心态去面对它们，另一方面我们也要想办法，提高自己的掌控力。一个非常有效的方法就是尽量开发更多的供应渠道，改变双方的力量对比。有条件要上，没有条件创造条件也要上，我们要想办法培养供应商的竞争对手，因为只有引入了充分的竞争，供应商才有压力，压力会给供应商带来更大的动力去改善质量和提供更有竞争力的价格。

8. 秘籍八：联合采购

有的时候，一家客户的需求量不大，对供应商没有吸引力，也没有谈判的力量。如果将相同需求的几家供应商整合起来，进行联合采购，就会有足够的吸引力了。有些大型集团会把不同工厂的采购需求按照品类整合起来，进行集中采购以取得更有利的地位，获得更优的购买条件。

在应对强势供应商的采购管理时，有的采购商用横向整合，例如吉利整合沃尔沃，联想整合 IBM，都让采购数量和金额大幅增加，提高了自己谈判的地位；有的则使用了纵向整合，例如某些钢铁厂整合铁矿石公司，甚至购买矿山，以确保铁矿石的供应，炼油厂投资控股油田或者全资购买油田也是典型的纵向整合。

9. 秘籍九：订立契约，长期合作

一些强势供应商是管理水平、质量水平比较高的厂家，它们也愿意在平等合作的前提下，签署相应的协议或者合同进行长期合作，大家有什么事情，丑话说在前面，当问题出现的时候，按合同办，省得大家扯皮，这样既保护了自己，也保护了对方。风物长宜放眼量，双方都应有全局观，将眼光放长远，夯实合作基础，团结一致向前看。和强势供应商的合作一定要有规则意识、契约精神。

小贴士

某《财富》500 强企业 S 公司，其采购总监在管理中国区某个工厂的采购时，发现有一个采购量很大的热固性原材料，由于当时只有一家公司可以满足质量要求，所以供应商非常强势，不易管理，每年价格也很难谈。

S 公司决定，建立一个由研发中心、质量人员、采购人员参加的供应商开发项目小组，帮助国内的一家公司，提高他们的设备能力、加工工艺和产品质量。经过不断的测试和改善，最后该公司的产品顺利地通过了总部的产品认证，解决了 S 公司长期以来这种材料只有唯一供应源的问题。

原先那家强势供应商也意识到了竞争带来的压力，慢慢也改变了合作态度，还主动提出了降价方案。现在，这两家供应商都与 S 公司合作得很好。

八、供应商大会

为了能够与供应商保持良好的合作关系与互动，很多公司都会定期召开供应商大会。有些人简单地认为召开供应商大会就是把供应商叫到一起，一方面大家聚一聚，吃顿饭，巩固一下感情；另一方面，由公司管理层出面动员供应商进行年度降价。这其实是片面地理解了供应商大会的作用和意义。

随着供应商管理越来越专业化、系统化，供应商大会也逐渐成为供应商管理的一个重要的组成部分。

总的来说，我们召开供应商大会的目的和意义至少有以下几点。

（一）供应商更好地了解公司

供应商大会是一个非常好的机会，让采购方的主要供应商和业务合作伙伴更好、更全面地了解公司，了解公司的组织结构，了解公司的发展战略，了解公司的业务前景。供应商与采购方是互相支持、共同发展的利益共同体，供应商也希望通过供应商大会这样的正式渠道了解客户的中长期的发展规划、业务的发展方向，从而配合客户的需要制定自己的发展规划，与客户共同成长和发展。

有些公司还会利用供应商大会的机会与战略供应商分享企业文化，期望与战略合作伙伴有相同或相似的企业文化。浙江省著名的厨电企业方太集团，就会在供应商大会上宣讲公司的企业文化，同时会开设一些企业文化体验营，与战略供应商在发展战略和企业文化上达成默契，为双方的合作奠定坚实的基础。

（二）奖励和激励表现好的供应商

供应商大会通常会评选出表现好的供应商，并在大会上给这些优秀供应商颁发奖杯或者证书。这个虽然不是物质奖励，但是很有意义，一方面是对供应商的认可，另一方面给供应商的激励和荣誉也会是长远的，特别是，公司在行业里有一定知名度的情况下，这个荣誉对供应商说是来之不易的，它们会加倍努力地与公司合作下去。

我们在走访供应商的时候，经常会在供应商的展厅或者会议室里，看到一些客户颁发给它们的优秀供应商奖杯，供应商的管理层在介绍时，总是伴着无比的喜悦和荣誉感。

（三）提供双方管理层见面的平台

规模比较大的公司的供应商平时一般跟采购打交道比较多，很少有机会能见到公司的中高层领导，尤其是集团副总裁、总裁级别的领导。公司的这些高管一般都会参加供应商大会并发言，这样供应商可以了解到公司高层的一些想法和理念，也可以与他们见面并交流。

企业与企业之间的关系，归根到底，还是建立在人与人关系的基础上的。客户与主要的供应商，尤其是战略供应商的高管之间定期有机会见面，并进行深入的沟通，对于维护与战略供应商的关系很有帮助，供应商的配合度也会提高。

（四）介绍供应商管理流程

其公司越大，其供应商管理流程越细致也越复杂，而且经常会有新的管理元素加入，即使是本公司的员工，也需要一段时间的熟悉和操作才能更好地理解和运用。

供应商需要有机会更多地熟悉和了解客户这边的供应商管理流程，以免稀里糊涂地犯错，招致客户的不满。借助供应商大会的平台，向所有来参会的供应商的管理层，清晰而明确地介绍一些重要和关键的供应商管理流程中的信息，可以推动供应商更好地按照客户的要求做事，更好地配合客户的工作。

也有一些公司会在供应商大会期间，请一些行业专家给供应商进行培训，或者安排供应商分组讨论，进行头脑风暴等，这样会增强供应商的归属感，大家的交流也会更加有效。例如，云南白药就邀请我在他们的供应商大会期间给供应商做系统的培训，提升供应商采购和供应链的水平，进而让云南白药的供应链更加专业和高效。

 小贴士

美国卡特彼勒公司（Caterpillar）成立于1925年，总部位于美国伊利诺伊州，是世界上最大的建筑和采矿设备、柴油和天然气发动机、工业用燃气轮机以及柴电混合动力机组制造商之一。

卡特彼勒的供应商大会分三个层次。

（1）全球供应商大会。这是最高级别的供应商大会，只有在出现重大全球战略调整或人事变动等情况时才召开。

（2）区域性年度供应商大会。调整或部署战略执行进度，确立供应商的年度目标与衡量指标等，针对这些衡量指标，每季度进行评估。

（3）各工厂单独召开各自的供应商大会。与供应商展开具体业务层面的交流。

九、供应商的发展

供应商的发展包括向上发展和向下发展，如果供应商的绩效考核很好，与客户在战略发展上也非常契合，客户就会投入时间和资源帮助供应商向上发展，不断提升合作层次，不断增加合作业务；如果供应商绩效很差，并且与客户在发展战略上背道而驰，客户就会制订相应的行动计划让供应商向下发展，减少业务甚至是终止合作。

供应商的发展也是动态的，供应商的战略定位也不是一成不变的，会在动态中保持相对稳定。符合优胜劣汰的原则，不但在合格供应商清单中大家是既合作又竞争的关系，还要时不时引入外部供应商参与竞争，就是我们常说的搅局者。我们要让我们的供应商基础保持不断地发展提高，提供更多、更高的供应商价值。

 小贴士

帮扶供应商就是帮自己

在本田实施的"BP计划"的过程中有这样一个案例。本田在美国购买了一家制造厂，打算扩大它在美国本土的市场，对于供应商的选择上也准备采用本土化的战略。但是其一家关键部件的生产厂始终不能达到本田的要求，此时本田的做法是派出一个工程师小组在该公司实施了将近半年的改善计划，终于使其供货质量达到了本田的要求，并且同该供应商建立了很好的合作关系。

日本有许多公司，例如索尼、本田等在同供应商的合作中都构建一种信任和互利的关系。例如，索尼在中国建厂时，它会要求它的供应商也来中国建厂并且提供相关的帮助，初期也许会有问题，但是长期来看这是一种共同培养市场和占领市场的共赢行为。

同样，欧洲和美国的很多汽车生产厂商在车型的设计初期就已经同其供应商进行合作，甚至很多功能都是由供应商来开发的。

十、供应商的淘汰

我们都知道，在人力资源管理中，有末位淘汰制，例如华为就坚持对管理干部每年有10%的末位淘汰，这样，让大家有紧迫感，才能够激发组织更大的活力。

同样，企业也需要淘汰一部分供应商，来保证自身的竞争力。因为企业要对用户负责，要给客户提供最好的产品，所以一方面，它们永远不会停止新供应商的开发，另一方面，它们也要对现有供应商进行优胜劣汰。

作为本书最后一章的最后一部分，我们需要谈谈对供应商的淘汰，也就是供应商的退出管理，这也是供应商全生命周期管理的一部分。

在供应商的全生命周期中，从选择、评估与开发，到开始合作，然后进行绩效评估，根据绩效做出相应的改善。有些供应商由于自身的原因慢慢掉了队，有些供应商发展的速度跟不上公司发展的节奏。一方面我们不断吸引新的供应商与公司建立合作关系，另一方面我们通过对供应商的改善、指导和帮扶，来促使它们提高，使之能够与公司匹配，然而总是有些供应商会在竞争中被淘汰出局。

 小贴士

海尔为什么淘汰供应商

近几年来，海尔每年都会淘汰一些供应商，有些供应商是与海尔合作多年的，被淘汰，从情感上来说，确实有些让人受不了，但是并不能因为这样，就包容一些不能满足公司需要的供应商，这样做会阻碍公司的发展。

优胜劣汰，是永恒不变的规律。

对于优秀的供应商，海尔颁发"金魔方自主创新奖"，是对它们积极进行自主创新的一种肯定，也是海尔与供应商协同创新的见证。

同样，仅2015年一年的时间，大约200家上游供应商因用户差评被淘汰，其中不乏与海尔合作多年的"老朋友"。纯粹的被动型、主动创新意识比较弱的供应商基本上被淘汰了。

在"供给侧改革"下，海尔所实施的供应链扁平化改革，就是由原来的以企业为中心转为以用户为中心，创造有效需求、有效供给。对于供应商而言，几十年来的粗放式、被动式发展的时代要结束了。

有的供应商会抱怨："我给海尔供应的产品质量很好，每年的交付都能顺利完成，在价格方面，我每年也能够给海尔带来成本的降低。海尔为什么不用我了？"在直接与供应商打交道方面经验最丰富的海尔采购模块化负责人鲁俊峰，对这一转型中的艰难与阵痛有深刻的感受：任何变革都肯定会触动既有利益。但不能满足终端用户需求的供应商，被淘汰只是时间问题。

在转型的过程中，有一些供应商是能够积极主动地跟上海尔的转型步伐的，这些企业其实本身已经在有意识地开始研究用户需求了。但有一些供应商不能主动转型，在这个过程中掉队了，它们没有这个适应能力，或者不愿意去和终端用户交互。

当然，供应商被淘汰的原因，还来自用户评价体系"TQRDC"：T是技术，Q是质量，R是响应速度，D是交付，C是成本。

按照这五个方面，用户评价系统自动执行。但不同类别的供应商对于这个TQRDC的权重是不一样的。目前来看，海尔供应商的进入模式，已经满足了透明化，甚至实现自注册、自承诺，即电脑系统根据大数据自主确定供应商！这就基本避免了灰色因素。

在实际的合作中，一些有很强技术实力或经验丰富的供应商，会提出很多建设性意见，如材料替换、工艺变更等，所以公司提倡供应商早期介入研发过程，获得透明的信息，从而在开发阶段避免不符合标准的情况，并降低成本。所以，好的供应商不需要管理，它们的管理可能更先进，提供稳定的高质量产品是它们自身追求的目标，建立良好的沟通就是最好的解决争议的方法。

公司明确择优管理，合作共赢，共同发展是供应商管理的总体方针。公司要不断优化供应链，减少浪费，提高效率帮助供应商降低成本，从而降低公司采购成本，赢得市场。

那些不愿提高的供应商，有些是因为认知的差别，有的实在是有心无力。对于这些供应商，在实际中你也很难改变它们，它们只会应付你一下，有的连应付都不愿应付，我们自然不会纵容这种供应商，其到最后会被自然淘汰。图9-9是一个供应商管理模型，从这个模型中可以看出，经过供应商考核，一些供应商会退出。

供应商关系管理的关键在于，公司要能通过供应商绩效评价机制，对不符

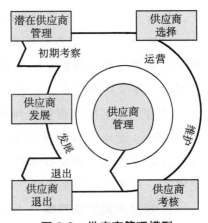

图9-9　供应商管理模型

合要求的供应商，给出一定的期限，提出改善要求。但如果其在期限内仍然不能满足公司的要求，必须要坚决淘汰，不要为其所拖累，影响产品质量和交付的绩效。特别是，对于低层次、质量问题频发，而且各种问题都有的供应商要坚决淘汰。

那些现场混乱，过程合格率很差，员工松散，管理水平又不高的供应商之所以还能生存，可能是因为行业竞争不充分，利润偏高，或是有其他核心竞争力，但你一定会为其所累，必须坚决淘汰它。要让供应商管理系统充分发挥作用，不为成本以及其他人为因素干扰，才能充分保证供应商质量，这样流程才能起到纠偏作用。

【最佳实践】蓝星集团的供应商关系管理

中国蓝星（集团）股份有限公司（简称蓝星）是一家以化工新材料和特种化学品为主业的新型国有企业，通过建立供应商关系管理体系，降低了供应链成本，提高了集团管控能力。其主要做法如下。

制定采购策略，建立供应商关系管理系统

1. 科学分类采购物料

通过对下属企业采购物料的统计和分析得知，蓝星采购的物料有2000多种，分固体、液体、气体三种形态，其中危险品采购数量占采购总量的59%，并且涉及范围广、地区差异大。根据物料特性和采购金额大小，将所有物料分成15个类别。根据采购物料的重要性和对生产总成本的影响程度，将所有采购物料分为**战略物料**和**一般物料**。

战略物料主要是指全年采购总额在1000万元以上的物料以及企业间具有协同采购和内部供应的物料。一般物料是指战略物料以外的所有物料，主要是一些采购金额小、零散的和不定期采购的物料。

目前，蓝星战略物料的种类有约100种，年采购金额已占到总采购金额的85%。战略物料的采购管理由总部负责，下属企业协助。一般物料的采购由企业负责。根据战略物料的确定原则，蓝星每年年末都以文件形式发布下一年度战略物料清单，结合实际情况调整和更新战略物料。

2. 制定类别采购策略

在对各个类别所涉及的企业内外部信息分析和论证的基础上，结合调

研取得的采购物料需求、供应商分析、市场供应数据，对各个类别内每种关键物料进行战略分析，制定每个类别的采购策略。采购策略中的重要内容就是业务优化方案和供应商绩效考核管理。采购策略将在未来1～3年指导各个类别的采购行动，并且根据集团的整体采购战略和企业的业务开展情况，特别是结合市场的变化情况，进行必要的总结、完善和更新。

3.给供应商关系分类

蓝星的供应商关系分类如图9-10所示。

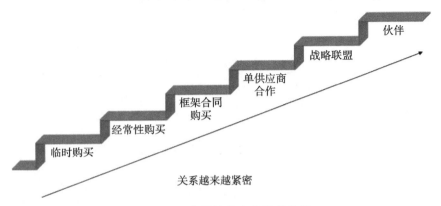

图9-10 蓝星的供应商关系分类

各种关系的适用场景如表9-2所示。

表9-2 蓝星供应商关系的适用场景

关系类型	适用场景
临时购买	金额不大，需求频次较低
经常性购买	需求频次较高
框架合同购买	需求频次较高，需要保障供应
单供应商合作	供应市场成熟，有多个可选择供应商，价格和批量相关度高
战略联盟	需要供应商高度配合，双方致力于建立比买卖更高层次的合作关系
伙伴	产品高度复杂，需要供应商的专业知识、高度配合，双方致力于长期合作关系

强化供应商管理，与战略供应商建立长期合作关系

蓝星通过对供应商进行选择、评价和绩效考核，优化供应商组成，减少小型供应商数量。它与国内外战略供应商建立长期稳定的合作关系，进一步提高战略供应商的比例，努力将传统采购的买卖关系变为战略合作伙伴关系，实现与供应商平等、互动、双赢，达到稳定供应资源、控制采购

风险，进而降低采购成本的目的。

思考题：

1. 你是如何界定现有的供应商关系的？本章内容对你重新定义与现有供应商的关系有什么帮助？

2. 请思考数字化是如何对供应商关系产生影响的。

3. 如何理解劣后供应商的概念？

4. 如何通过供应商大会加强供应商关系的建设？

国内企业供应商管理现状

供应商管理现状

企业供应商管理的内容主要包括：

- 供应商市场定位（分类）分析。
- 供应商偏好分析。
- 供应商开发培育管理流程。
- 供应商质量管理流程。
- 供应商关系管理流程。
- 优秀供应商库建设。
- 供应商年度评审计划。
- 标准的供应商评审表格。
- 供应商数据库维护。

调查数据显示，目前在供应商市场定位分析中，58% 的企业有市场定位分析，但不完善，25% 的企业有市场定位分析，而且较完善，没有做供应商市场定位的只占 13%。这说明超过 80% 的企业都做了市场定位，企业

○ 本部分中的数据由于四舍五入相加可能不等于 100%。

有较高的管理供应商的意识。

在供应商偏好的分析中，35%的企业没有做分析，剩下65%的企业都做了分析，然而其中41%的企业虽然做了分析，但是并不完善，只有17%的企业做得比较完善，另外7%的企业虽然做了分析，但是没有执行。

88%的企业实行了供应商开发培育管理流程，但是较为完善的只有40%。

96%的企业实行了供应商质量管理流程，其中56%的企业已经比较完善了。

78%的企业实行了供应商关系管理流程，但是较为完善的只占32%。

87%的企业建有优秀供应商库，其中44%的企业已经较为完善了。

93%的企业实行了标准的供应商评审表格，其中59%的企业比较完善。

具体数据如图A-1所示。

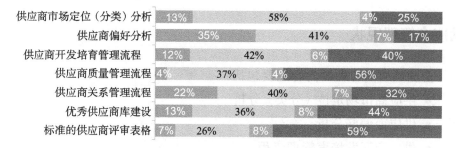

图 A-1　供应商管理现状

总的来说，目前供应商管理中做得最好的是供应商质量管理流程和标准的供应商评审表格，最需要提高的是供应商偏好分析和供应商关系管理流程。

供应商绩效评估情况

调查显示，企业对供应商的绩效评估中：

- 57%的企业采用了定量地评估供应商的质量、成本、交期等基本参数。
- 24%的企业建立了供应商评估体系与标准，并定期对供应商进行评估。

● 19% 的企业能够利用评估结果推动供应商绩效不断改善和提升；评估体系紧跟企业的战略发展、客户和市场要求。

这说明目前 57% 的企业对供应商的绩效评估还处于初级阶段，对供应商的绩效评估仍有待改善，如图 A-2 所示。

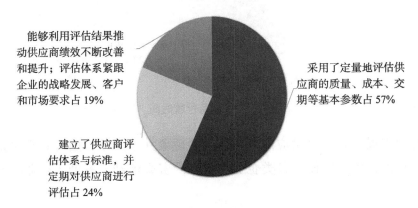

能够利用评估结果推动供应商绩效不断改善和提升；评估体系紧跟企业的战略发展、客户和市场要求占 19%

采用了定量地评估供应商的质量、成本、交期等基本参数占 57%

建立了供应商评估体系与标准，并定期对供应商进行评估占 24%

图 A-2　企业对供应商绩效评估

供应商的支付情况

调查显示，供应商平均支付账期分布如下：

● 60 ～ 90 天的最多，占 38%。
● 45 ～ 60 天的居其次，占 25%。
● 30 ～ 45 天的占 18%。
● 90 ～ 120 天的占 16%。

总的来说，支付账期为 1 个半月到 3 个月的最多，占到 60% 以上，如图 A-3 所示。

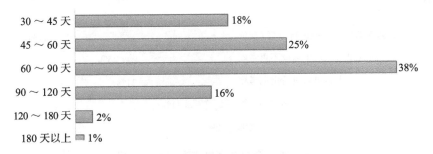

图 A-3　供应商平均支付账期

调查显示，69.77% 的供应商都是准时付款的，晚 3 个月以内支付的占 27.03%，极少数晚于 3 个月以上付款，占 3.20%（见图 A-4）。

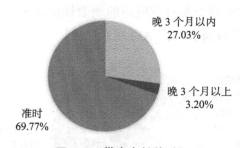

晚 3 个月以内
27.03%

晚 3 个月以上
3.20%

准时
69.77%

图 A-4 供应商付款时间

总的来说，企业对供应商延期付款的现象并不严重，因为只有尽量做到准时付款，才可以使得各类企业有良好的资金流动，有助于企业的健康发展。

供应商的财务及数量情况

调查显示：

- 超过 60% 的企业会考察供应商的财务情况，其中 41% 的企业对自己的供应商会进行不定期的交流和考察，21% 的企业对自己的供应商会进行定期考察。
- 25% 的企业对于自己选定的供应商就不再考察，甚至有 11% 的企业从不主动去了解供应商的财务状况。

总的来说，87% 的企业都会关注自己供应商的财务状况，具体如图 A-5 所示。

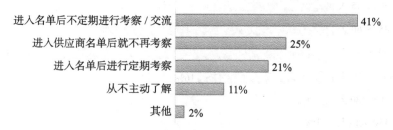

进入名单后不定期进行考察 / 交流　41%
进入供应商名单后就不再考察　25%
进入名单后进行定期考察　21%
从不主动了解　11%
其他　2%

图 A-5 企业考察供应商的财务状况

调查显示：

- 1% 的企业拥有 10 家以内的供应商。
- 3% 的企业拥有 10～19 家供应商。
- 10% 的企业拥有 20～49 家供应商。
- 14% 的企业拥有 50～99 家供应商。
- 21% 的企业拥有 100～199 家供应商。
- 15% 的企业拥有 200～299 家供应商。
- 8% 的企业拥有 300～399 家供应商。
- 8% 的企业拥有 400～699 家供应商。
- 3% 的企业拥有 700～999 供应商。
- 16% 的企业拥有 1000 家以上的供应商。

总的来说，被调查企业中拥有 100～299 家供应商的，所占的比重最大，达到 36%，具体如图 A-6 所示。

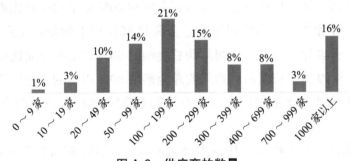

图 A-6　供应商的数量

采购金额

调查显示：

- 33% 的企业的采购金额占企业采购总金额的 30% 以内。
- 27% 的企业的采购金额占企业采购总金额的 30%～49%。
- 24% 的企业的采购金额占企业采购总金额的 50%～69%。
- 16% 的企业的采购金额占企业采购总金额的 70% 或以上。

总的来说，企业前五大供应商的采购额占公司总采购额 50% 以下的占

60%，企业前五大供应商的采购额占企业总采购额 50% 以上的占 40%，具体如图 A-7 所示。企业前五大供应商的影响还是挺大的，要注意处理好与前五大供应商的关系，形成一个良好的供应链。

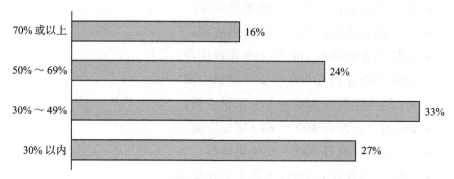

图 A-7　企业前五大供应商的采购金额占公司采购总金额的比例

调查显示：

- 5 家以内的供应商占公司采购总金额的 80% 以上的企业比重为 17%。
- 5 ~ 9 家供应商占公司采购总金额的 80% 以上的企业比重为 22%。
- 10 ~ 49 家供应商占公司采购总金额的 80% 以上的企业比重为 38%。
- 50 ~ 99 家供应商占公司采购总金额的 80% 以上的企业比重为 14%。
- 100 家或以上的供应商占公司采购总金额的 80% 以上的企业比重为 9%。

总的来说，5 ~ 49 家供应商占公司采购总金额的 80% 以上的比重最大，达到 60%，这说明没有出现几家供应商垄断的局面，具体如图 A-8 所示。

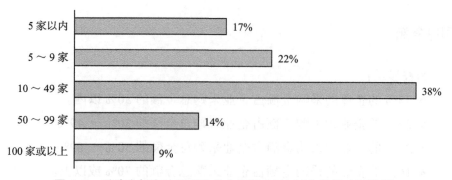

图 A-8　采购金额占公司采购总金额的 80% 以上的供应商数量

对供应商的准入和淘汰机制

调查显示：

- 60% 的企业对供应商有完整的准入机制。
- 25% 的企业对供应商有明确的准入机制，但是主要针对技术 / 质量门槛。
- 9% 的企业对供应商有明确的准入机制，但是主要针对业务配合。
- 3% 的企业对供应商有明确的准入机制，但是主要针对公开招标。
- 只有 2% 的企业对供应商没有明确的准入机制。

总的来说，97% 的企业对供应商有明确的准入机制（具体见图 A-9）。这表明了大部分企业都意识到对供应商有明确的准入机制的重要性，只有严格选择好的合适的供应商，才能促进企业的发展。

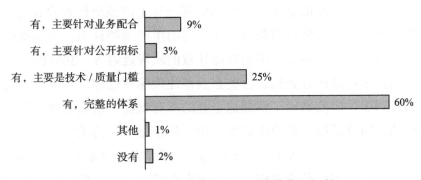

图 A-9　企业对供应商是否有明确的准入机制

调查显示：

- 43% 的企业对供应商有明确完整的淘汰机制。
- 25% 的企业对供应商有明确的淘汰机制，但是主要针对技术质量门槛。
- 15% 的企业对供应商有明确的淘汰机制，但是主要针对业务配合。
- 14% 的企业对供应商还没有明确的淘汰机制。

总的来说，84% 的企业对供应商有明确的淘汰机制（具体见图 A-10）。这表明了大部分企业都意识到对供应商有明确的淘汰机制的重要性，只有严格控制供应商的质量，让供应商有危机感，促进供应商的自身完善，才有利于企业与供应商的合作。

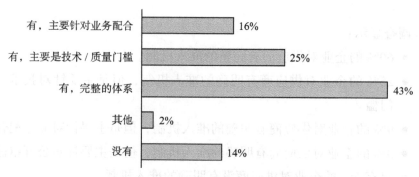

图 A-10　企业对供应商是否有明确的淘汰机制

供应商数据共享

调查显示，76% 的企业与上游供应商分享生产预测计划的数据，这表明企业普遍认为，对供应商提供企业自身的生产预测计划，能够提高供应商的供应精度，减少因信息不明确而导致的缺货延迟等；36% 的企业与上游供应商分享产品库存数据，这些企业很注重库存管理，和供应商共享库存数据有利于供应商准确了解制造企业的库存状况，供应商便于其根据库存的波动，随时调整企业的供应量；20% 的企业与上游供应商分享产品运输在途的数据，产品运输在途数据有利于企业清楚地知道产品的运输状态，并及时安排好接收产品的工作，有利于库存管理；14% 的企业与上游供应商没有分享任何数据，这种状态是不太好的，相当于企业和供应商都是孤立的，没能发挥出两者合作的巨大潜力，具体如图 A-11 所示。

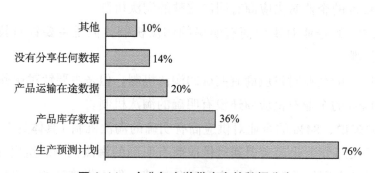

图 A-11　企业与上游供应商的数据分享

在发展良好的供应链中，企业应该与供应链上的上下游企业共享一些产品信息，例如产品生产预测计划、产品库存数据和产品运输站地图数据。这些数据的共享，能够极大地降低整条供应链上的库存量，为供应链上的企业增加利润，但是目前我国的企业在供应链信息共享方面仍有待提高。

供应商的评估频率

企业通过对供应商进行评估，使供应商不断完善自身的业务，大大提高合作的稳定性。

调查显示，96% 的企业都会对供应商进行评估，但是具体的评估频率不同，其中：

- 52% 的企业对供应商进行一年一次的评估。
- 21% 的企业对供应商不足三个月就评价一次。
- 15% 的企业对供应商半年评价一次。

4 ～ 5 个月、7 ～ 10 个月和一年以上评价一次的企业只占少数，这说明大部分企业对供应商评估倾向于一年一次、半年一次和不足三个月一次，只有极少数的 4% 的企业从来不评估供应商，具体如图 A-12 所示。

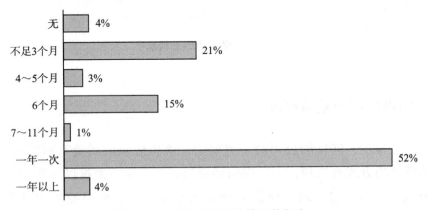

图 A-12　对供应商评估的评估频率

供应商的来料水平

调查显示：

- 超过 80% 来料都能达到公司的要求的供应商占 80% 左右。
- 基本免检的供应商占 14%。
- 超过 50% 来料都能达到公司要求的供应商占 5%。
- 完全不能达到公司要求的供应商达不到 1%。

这是一种正常的现象，企业在挑选供应商的时候，一般都先要对供应商进行考察，然后再确认合作关系。在考察的过程中，如果供应商做得不好，可以取消与这家供应商的合作，选择更好的供应商合作，以保证企业产品需求的供应。供应商超过 80% 来料都能达到公司的要求的，占的比重越大，就越能保证企业工作的顺利开展，同时也说明企业在供应链管理方面做得越好，具体数据如图 A-13 所示。

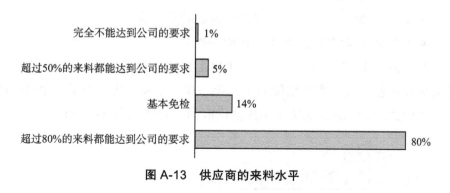

图 A-13　供应商的来料水平

对二级供应商的质量要求

调查显示，90% 的公司对于重要的二级供应商的质量有明确的要求，具体审核的方式有三种：一级供应商审核，以及供应商提供证明和公司自己审核。公司通过要求一级供应商审核来保证二级供应商的质量要求的占 35%，通过要求一级供应商提供证明的占 31%，通过公司自己审核的占 24%，仅有 10% 的企业对二级供应商的质量是没有要求的，这说明公司还是挺重视重要的二级供应商的质量问题的，具体数据如图 A-14 所示。

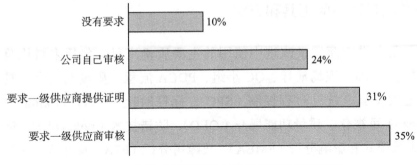

图 A-14　公司对于重要的二级供应商的质量要求

企业对供应商的要求

　　调查显示，企业对供应商在绿色采购、社会责任和可持续发展方面要求最高，都超过了 50%，其中对绿色采购进行要求的达到 56%，对社会责任进行要求的达到 54%，对可持续发展进行要求的达到 53%，企业对供应商在低碳排放与可追溯方面进行要求的只占 45%。

　　3 ~ 5 年后，企业将会要求更多的供应商实行绿色采购、低碳排放与可追溯、社会责任和可持续发展，也就是说五年后对于供应商在这四方面提出的要求的企业占比，将会接近 80%，这也要求供应商要从现在开始注重这四方面的发展，具体数据如图 A-15 所示。

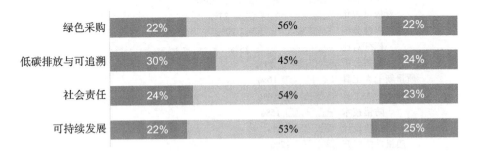

图 A-15　企业对供应商的要求

供应商质量评估的工具和方法

企业在供应商质量改进中使用的主要质量工具，包括来料检验、不合格报告、8D、现场辅导、QC 小组、PDCA 流程、质量老七大工具、质量新七大工具、统计过程控制（SPC）、标杆对比（benchmarking）、看板（Kanban）可视化、质量功能展开（QFD）、防错技术（pokayoke）、试验设计、失效模式和影响分析（FMEA）、故障树分析（FTA）及可靠性分析。

调查显示，排名前六的质量工具为来料检验、不合格报告、现场辅导、8D、统计过程控制、QC 小组，占的比重分别是 85%、68%、47%、43%、40%、40%，如图 A-16 所示。

来料检验，只对采购进来的原材料部件和产品做品质确认与查核，即在供应商送原材料或部件时，通过抽样的方式对品质进行检验，并最后做出判断，是接受该批产品还是拒收该批产品。目前，最多企业选择用来料检验这种方法，因为这种方法简单可行。

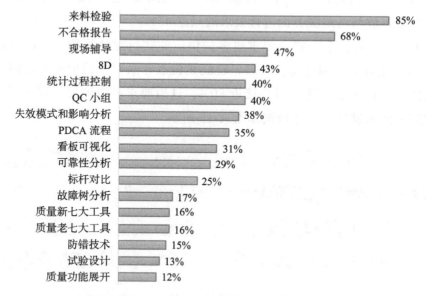

图 A-16　在供应商质量改进中主要使用的工具

调查显示，企业使用频率较高、效果很好的工具，排在前六的是来料检验、8D、不合格报告、失效模式和影响分析、PDCA 流程、统计过程控制，这些工具分别占 27%、26%、20%、18%、17%、16%。

8D 的意思是 8 个人人皆知解决问题的固定步骤，也可以称之为，团队导向问题解决方法（team oriented problem solving，TOPS）。8D、来料检验和不合格报告三个工具，不仅是用得最多的工具，而且是使用频率较高、效果很好的工具（见图 A-17）这是符合常理的，因为只有使用效果好的工具，才会有很多人使用。

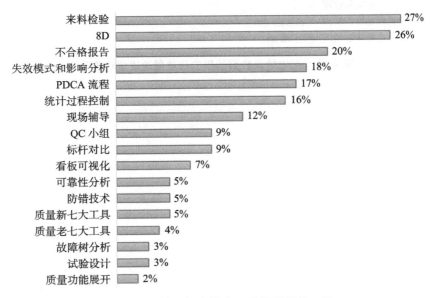

图 A-17　使用频率较高、效果很好的工具

供应商质量改进采用的管理方法有精益管理、六西格玛 / 精益六西格玛、合理化建议、流程再造、卓越绩效模式、方针目标管理、零缺陷管理、全员设备维护管理（TPM）、5S/6S、QC 小组。

调查显示，实施效果最好的前三种方法，分别是精益管理、六西格玛 / 精益六西格玛和合理化建议，占比分别为 37%、24% 和 18%，如图 A-18 所示。

精益管理要求企业的各项活动都必须运用精益思维，精益的核心就是以最小资源投入，包括人力、设备、资金、材料、时间和空间，创造出尽可能多的价值，为顾客提供新产品和及时的服务，精益管理能够提高客户满意度、降低成本、提高质量、加快流程速度和改善资本投入。总的来说，由于精益管理实施起来简单高效，很多企业都倾向于使用此方法。

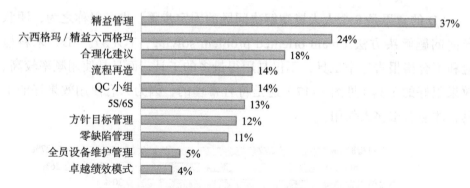

图 A-18   实施效果较好的供应商质量改进管理方法

参考文献

由于编者水平有限，书中不足之处在所难免，诚请广大读者指正。同时，为了给读者奉献较好的作品，我们进行了大量的资料收集、检索、查阅与整理工作。在写作本书的过程中，我们引用了一些资料和文献。这些资料的原创作者为本书的完成提供了很多便利。在此，深表感谢。

作者查阅、参考了大量的文章、文献和作品，部分精彩文章未能正确、及时注明来源及联系版权拥有者并支付稿酬，希望相关版权拥有者见到本申明后及时与我们联系，我们将按相关规定支付稿酬。在此，深深表示歉意与感谢。

[1] 宫迅伟. 如何专业做采购 [M]. 北京：机械工业出版社，2015.

[2] 宫迅伟. 中国好采购 [M]. 北京：机械工业出版社，2017.

[3] 刘宝红. 采购与供应链管理：一个实践者的角度 [M].3 版. 北京：机械工业出版社，2019.

[4] 艾利·高德拉特，杰夫·科克斯. 目标 [M]. 齐若兰，译. 北京：电子工业出版社，2018.

[5] 詹姆斯 P 沃麦克，等. 改变世界的机器：精益生产之道 [M]. 余锋，等译. 北京：机械工业出版社，2015.

[6] 斯蒂芬·查普曼，等. 物料管理入门（第 8 版)[M]. 范海滨，译. 北

京：清华大学出版社，2018.

[7] 乔纳森·奥布赖恩，采购品类管理：使企业盈利最大化的战略方法及实施流程（第 3 版）[M].蒋先锋，庄莉，译.北京：电子工业出版社，2017.

[8] 蒙克萨，等.采购与供应链管理（英文版·第 3 版）[M].北京：清华大学出版社，2007.

[9] 任建新.中国蓝星的战略采购管理体系 [J].企业管理，2011(9).

[10] 覃香梅.交期跟踪系统在铝加工行业的应用研究——以广西南南铝加工有限公司为例 [J].法制与经济，2017(7).

[11] 李帅，等.2014 年中国企业供应商管理调查报告 [J].中国采购发展报告，2014(0).

[12] 赵斌，唐海梅.东方钽业：全球采购资源战略 [J].中国金属通报，2010(1).

[13] 汪明慧.巴斯夫全球采购背后的秘密 [J].石油石化物资采购，2012(1)：66-68.

[14] 苗宇涛，李跃生，米凯.洛马公司质量管理及可借鉴之处 [J].质量与可靠性，2015(4)：56-58.

[15] 曹龙.浅析供应商管理之供应商能力审核 [J].汽车实用技术，2017(9)：71-74.

[16] 税清伟.丰田合资企业的供应商选择和管理 [J].汽车零部件，2013(7)：23-24.

[17] 哈尔滨电机厂有限责任公司.哈电机的供应商绩效管理 [J].企业管理，2015(4):77-80.

[18] 李勇.如何制定成功的供应商管理计划 [J].医药经济报，2014(3).

[19] 施若苐.关于光传输产品的供应商交货期管理 [J].才智，2009.

[20] 彭露.供应商风险管理在供应链管理中的重要性及应用研究 [J].中外企业家，2015(33).

[21] 曾颖.重庆长安离合器制造有限公司财务管理状况分析 [J].技术与市场，2015，22(3)：92，94.

[22] 武茜.乐通化工股份有限公司财务分析 [J].经济师，2015(7)：

103-104.

[23] 刘志鹏.供应商生命周期管理 [J].今日工程机械，2014(2)：96-97.

[24] 张雨涛.供应商绩效评价的探讨 [J].现代国企研究，2018(24)：180-181.

[25] 苗宇涛，范艳清，江元英.波音公司质量管理及可借鉴之处 [J].质量与可靠性，2015(4)：51-55，58.

[26] 唐波.供应链采购中的供应商质量管理 [J].现代经济信息，2017(7).

[27] 任雪堂.中小型供应商质量管理体系存在的问题及改善对策 [J].企业改革与管理，2017(15)：46，49.

[28] 徐英.世界级质量离不开优质供应商——上海西门子高压开关公司供应商质量管理实践 [J].上海质量，2011(8).

[29] 刘帅，王红春.大数据驱动的供应商管理策略研究 [J].物流技术，2016,35(10)：115-118.

[30] 刘伟.企业在全球采购中的风险分析 [J].科技风，2008(20).

[31] 吴桂兴.供应链管理中供应商选择风险分析 [J].现代商贸工业，2014(1).

[32] 张坤，李卫东.铁路车辆制造企业供应商管理存在问题的原因分析及解决建议 [J].物流科技，2012(8)：115-117.

[33] 孔令夷.制造业供应商管理现状及模式选择 [J].生态经济，2013(4).

[34] 熊斌，王佳.构建南方电网全生命周期供应商绩效管理模式 [J].广西电业.2019(1)：48-51.

[35] 朱冬.海尔与供应商从博弈到协同共赢 [J].中外管理，2016(4)：44-47.

[36] 于春燕，任栗志.变供应商为"共赢商"——一汽大众持续拉动零部件企业做大做强 [J].企业研究，2014(8)：14-17.

[37] 范福智，李艳.采购工作中的供应商管理注意事项分析 [J].中国市场，2014(31)：105-106.

[38] 吴斌.大型制造企业战略供应商准入评价体系的优化研究 [J].中国管理信息化，2017，20(7)：101-102.

如何专业做采购

书号	书名	作者	定价
978-7-111-49413-3	采购与供应链管理：一个实践者的角度（第2版）	刘宝红	59.00
978-7-111-48216-1	采购成本控制与供应商管理（第2版）	周云	59.00
978-7-111-51574-6	如何专业做采购	宫迅伟	49.00
978-7-111-54743-3	麦肯锡采购指南	【德】彼得·斯皮勒 尼古拉斯·赖内克 【美】德鲁·昂格曼 【西】亨里克·特谢拉	35.00
978-7-111-58520-6	中国好采购	宫迅伟 主编	49.00